小学数学
这样教

（第2版）

郜舒竹◎著

HOW TO TEACH
CHILDREN TO
LEARN
MATHEMATICS

华东师范大学出版社
·上海·

图书在版编目（CIP）数据

小学数学这样教/郜舒竹著. —2 版. —上海：
华东师范大学出版社,2021
ISBN 978 - 7 - 5760 - 1257 - 6

Ⅰ.①小… Ⅱ.①郜… Ⅲ.①小学数学课-教学研究
Ⅳ.①G623.502

中国版本图书馆 CIP 数据核字(2021)第 031436 号

小学数学这样教（第二版）

著　　者　郜舒竹
责任编辑　师　文
特约审读　周　俊
责任校对　郭　华　时东明
装帧设计　俞　越

出版发行　华东师范大学出版社
社　　址　上海市中山北路 3663 号　邮编 200062
网　　址　www.ecnupress.com.cn
电　　话　021 - 60821666　行政传真 021 - 62572105
客服电话　021 - 62865537　门市(邮购)电话 021 - 62869887
地　　址　上海市中山北路 3663 号华东师范大学校内先锋路口
网　　店　http://hdsdcbs.tmall.com

印 刷 者　常熟高专印刷有限公司
开　　本　787 毫米×1092 毫米　　1/16
印　　张　19.75
字　　数　328 千字
版　　次　2021 年 3 月第 2 版
印　　次　2025 年 1 月第 6 次
书　　号　ISBN 978 - 7 - 5760 - 1257 - 6
定　　价　49.00 元

出 版 人　王　焰

（如发现本版图书有印订质量问题,请寄回本社客服中心调换或电话 021 - 62865537 联系）

"变教为学"意在育人
（第二版代序）

《小学数学这样教》自 2015 年出版以来，赢得了一线教师的诸多好评。其最大的特点是包含了大量一线教师实用的案例分析，既有关于课程内容理解方面的，也有关于学生认知规律方面的，还有关于教学策略与方法方面的，实现了"真情境—小问题—高观点"的编写初衷。

第二版内容基本遵循第一版的体例安排，在原有内容的基础上，对部分内容做了修订和增删。在每一章原有四节的基础之上，增加了第五节的内容，并在原有九章的基础之上，增加了第十章的内容。

书中所倡导的"变教为学"教学改革研究项目，五年间也获得了许多地区、学校的认可和参与。借此第二版序言，进一步谈谈"变教为学"教学改革的初心。这样的初心集中体现为将"教学过程"视为"育人过程"。

关于"教"与"学"的关系有许多说法，比如：先学后教，以学定教，多学少教，等等。所有这些说法似乎都是将"教"的含义理解为教师对知识的讲授，而把课程教学的目的局限于学生对知识的掌握。

事实上，教师"教"的过程与学生"学"的过程是一个统一体，是一个过程的两个方面。其中"教"的含义并不限于对知识的讲解，"教"的作用主要体现为对学生学习过程的引导、诊断、帮助和促进。把教学的过程理解为学生作为人成长与发展的过程，这种成长与发展不仅包括知识的掌握，而且包括行为习惯的养成、学习经验的积累、学习动机的激发，以及表达、交流等社会性能力的养成与提升。教学的终极目的并不仅限于学生知识的掌握和能力的提高，更在于学生作为人的全面的发展。

综观我国小学教育的课堂教学，最突出的问题可以概括为：过多的约束，繁复的说教，攀比的竞争；缺少自由、自主、自然的课堂氛围；学生在自身言行方面缺少"自律"的养成，在知识学习方面缺少"自悟"的经历，在社会交往活动中缺少"自信"的培育。而自律、自悟、自信对一个人的一生来说无疑是非常重要的。

一、从"自由"到"自律"

这里所说的"自由",是相对于外在的"约束"而言的。在我国的学校教育中,针对学生在课堂上言行的约束,通常是以"课堂纪律"的形式出现的,而且不同的教师所规定的"课堂纪律"可能是不同的。比如:上课不许随意离开座位,不许随便交头接耳,不许做小动作,不许睡觉,要积极举手发言,等等。诸如此类的课堂纪律旨在约束或限制学生随意的言行,进而也就约束了学生的自由,以保证课堂的"秩序"。这样的秩序其实是为了教师"讲课"的顺利。

在以教师教的活动为主的课堂教学中,教师会逐渐养成一种类似于演员在舞台上"表演"的心态,即期望观众"专注倾听""反响热烈"。因此学生所有表现为没有"专注倾听""反响热烈"的言行,都会被视为是对"表演"的干扰或蔑视,或者是对"表演"效果的否定,给教师带来了挫败感。比如:在讲课过程中,教师不希望看到学生在讲台下做小动作,因为这样的小动作给教师的感觉是没有"专注倾听",是对教师讲课的干扰甚至蔑视,会直接伤及教师的自尊。再比如:当教师提出问题时,总希望看见"小手如林"的场面,这样的场面给教师的感觉是"反响热烈""讲解成功",带来的是讲课的成就感和满足感。

这样的心理驱使着教师通过"课堂纪律"对学生的言行进行约束。违背纪律的学生就要受到惩罚,惩罚的方式多种多样,比如:严厉的训斥,通知家长,大量的抄写作业,放学不许回家,等等。长此以往的约束,会让学生产生"压迫"的感觉,"压迫"的感觉必然会滋生学生"反抗"的心理。

长期过度的约束还会使一些学生养成"逆来顺受"的习惯,"逆来顺受"的实质就是"欺骗"。在学校教育中经常有这样的情况:有一名学生向教师提出申请去厕所,如果教师同意,立刻会出现更多的学生也提出要去厕所。这样的学生或许并不是真的需要去厕所,而是希望摆脱教师的视线,获得短暂的自由。这样的"欺骗"一旦成功,还会让学生享受到"成功"的喜悦。而这恰恰使学生养成了一种投机心理,对学生未来的发展是极其不利的。

类似的现象还有:在同样的班级,不同的教师上课学生会有不同的表现。学生心目中通常会认为有的老师"厉害",有的老师"不厉害"。"厉害"的老师上课时自己就要"老实"些。这实际上就是不同的教师所立的规矩可能不一样,对违背规矩的惩罚方式也不同,从而造成了规矩和惩罚的主观性。这种主观性使得课堂管理方式因师而异。长此以往,学生心目中就没有了判断是非的标准,不知道什么是可以做的,什么是不可以做的,认为所有规矩都可以通过"投机"而突破。因此可以说"过度的约束等于失去了约束,主观的规矩等于没有了规矩"。

"变教为学"期望的课堂教学氛围是,学生"在自由的氛围中逐渐自悟,在客观的规矩下养成自律"。为此,首先需要减少不必要的约束,还给学生言行自由的权利。同时,还需要通过民主的方式建立客观的规矩,而且要明白建立这样规矩的道理。比如:"倾听时应当安静",这种"安静"不仅有利于听,同时也是对他人的尊重。再比如:"公共场合应当轻声细语",因为大声喧哗会打扰他人。诸如此类客观的规矩不仅在学校内适用,在任何环境下都应当遵守,这样才有可能实现自律的养成。

二、从"自主"到"自悟"

关于"自主"有两方面的含义,第一是把学生的学习看作是"生成"的过程,鼓励学生产生自己的想法,并且能够对自己的想法自圆其说。例如,在"乘法初步认识"一课中,教师布置的一个学习任务为:用自己认为恰当的方式将'2+2+2+2+2+2+2+2'这个算式写得更短一些。学生经过自己的思考写出了许多不同的方式,如:

$$5个2+3个2=16 \qquad \frac{2+2}{8个2}$$

学生虽然没有写出教师所期望的"2×8"的形式,但是作为教师首先应当关注的是学生的想法,而不是写对了还是写错了这个结果。教师应给学生机会对自己的写法阐述理由,只要能够自圆其说,就应当给予充分的肯定。在"变教为学"的课堂中,教师除了关注知识的学习,还应当关注学生作为人的发展。因此"自主"的第二个含义是:当学生在表达、交流的过程中出现任何问题时,都应当组织、引导学生"自己的问题自己解决",尽可能减少教师对学生的指责和说教。

"变教为学"的课堂教学倡导"减少师生交流,增加生生互动",生生互动通常出现在小组交流和全班汇报的过程中。小组交流的目的不仅仅是学生之间想法的分享,更重要的是实现课堂中的平等,即"人人有活动"和"人人有机会",让每一个学生都能够积极主动地参与到学习过程中。

　　小组交流时最容易出现"一言堂"的现象,说得好的学生不停地说,说得不好的学生没机会说,当出现这种情况时就需要教师出面干预,组织学生思考并讨论诸如"什么是交流""为什么需要交流""如何进行交流"等类似的问题。教师要让学生通过自己的思考逐渐明白:交流的过程不仅要说,而且要听;自己发言并不是为了表现自己的才能,而是为集体做贡献;对别人发言的倾听不仅是向他人学习,而且也是对他人的尊重;在阐述自己想法的同时,能够引用别人说过的原话或者想法来支撑自己的想法,这其实就是对他人最好的赞美。

　　全班汇报时容易出现三个方面的问题:第一是上台发言的学生说不好,比如声音小或者含糊不清,不能面向观众等;第二是下面的观众不能专注倾听;第三是学生在质疑时语言或者语气中带有指责性或者攻击性。出现诸如此类的问题时,教师同样应当实施干预,引导学生思考讨论类似于下面的问题:站在讲台发言需要注意什么? 下面的同学应当怎样倾听? 有与别人不同的想法时,应当怎样表达? 所有这些问题的思考,其实就是在养成社会主义核心价值观所倡导的"平等""友善"的道德品质,营造"平等""和谐""民主"的社会氛围。

　　道德品质需要养成,能力提升需要活动。养成的过程就是自悟的过程,活动的过程就是历练的过程。实现"变教为学"需要给学生自主的空间,就是给学生道德品质自主养成的环境,给学生自主提升能力的机会。为此,首先要减少乃至消灭低效、无效甚至反效的说教。

三、从"自然"到"自信"

　　学生的学习需要"自然"的课堂氛围,这种自然的氛围指的是顺应学生学习和发展规律的氛围。

　　"自然"的第一个含义是真实、不做假。在一些公开课上,在开始上课之前,我们经常会听到有的教师给学生提出这样的要求:"今天有其他老师听课,同学们应当把自己最好的一面展示出来。"这样的言语背后的潜台词是"应当把不好的一面隐藏起来"。这实际上是把教学过程当作"演戏",教师是戏的"主角",学生相当于"配角",需要配合教师把"戏"演好。长此以往,这样的做法其实对学生的成长是有害的,学生会逐步形成"做假"的"两面派"心理,养成"欺骗"的习惯。事实上,不管有没有其他教师听课,教师应当营造出的是真实的、符合教育教学规律的课堂教学氛围。

"自然"的第二个含义是宽松，避免学生在学习过程中感到紧张。学生上课时的紧张心理往往源于竞争和攀比的氛围。比如"看谁做得又对又快"，这样的语言一方面是对学生学习活动的催促，另一方面是形成学生之间相互竞争的氛围。这种氛围无意之中会让学生的情绪感到紧张，情绪紧张对学生的思考是有负面影响的，对学生的学习有害无益。另外，这种竞争和攀比的做法在教师和学生心目中将学生区分出所谓的"强者"和"弱者"，"强者"渐渐会形成"蔑视"弱者的心理，"弱者"渐渐可能会失去自尊和自信，也可能会对强者产生"羡慕""嫉妒"的心理，进而也就使得课堂氛围不和谐。

"自然"的第三个含义是教学过程应当顺应学生的发展规律。以学生的表达能力为例，教师通常期望学生能够说正确、说完整、说流利。而事实上，学生的言语表达能力的发展不是短时间就能形成的，是要经过长期的培养和锻炼的。在低年级应当逐步培养学生"敢说"，这一阶段只要学生能够说出来，并且基本能够听懂即可；对于中年级的学生要培养其能够"简说"，也就是能够说得简洁、准确即可；对于高年级的学生可以逐步培养其"会说"，也就是能够流利并且有逻辑地表达自己的想法。在"变教为学"的实践中，开始阶段学生做不好或者说不好是正常的现象。教师需要根据学生的特点，制定出培养计划，在教学中接受学生的"做不好"和"说不好"，让学生逐步经历从"不好"到"好"的发展过程。作为教师的一项职责是促进学生的发展，这里"促进"的一个含义就是当学生做不好的时候，能够适时地给予其鼓励，让学生充满自尊和自信地继续学习。这也充分体现了"立德需要实践，树人需要时间"的基本观念。

华东师范大学出版社的编辑对本书第二版书稿做了仔细的审阅和编校，提出了诸多有价值的修订建议，在此表示诚挚谢意。限于作者的能力，书中难免出现问题，甚至错误，因此期盼读者对本书内容提出意见，以利于本书进一步的完善。

郜舒竹

2021 年 2 月

前　言

　　小学数学"怎样教"其实是一个很难回答的问题,与之相关的一个基本问题是如何理解数学教学。关于数学教学至少可以给出三种理解方式:第一种是把数学教学理解为"教学生数学知识",教学目标指向的是掌握知识和方法;第二种是把数学教学理解为"教学生学习数学",其目标指向的是对数学学习过程的经历和体验;第三种理解是"利用数学教学生",把数学课程内容作为载体,注重的是学生作为人的全面的发展。本书内容并不纠结这些观点的是与非,而是试图从数学课程内容的理解、学生数学学习的规律以及数学教学方法的有效性三个方面,为小学数学教师的培训以及教学研究提供参考。

　　关于数学课程内容的理解,本书力图从数学、历史和人类活动三个方面揭示本质、渗透文化、实现关联,从而达到对其工具性与人文性相统一的理解。全书涉及的课程内容不求全面,主要针对小学数学教学中教师普遍困惑的问题和误解给出作者的研究和解释。

　　关于学生数学学习的规律,书中结合实际的案例分析,给出了辨别数学错误的标准和方法,揭示了一些具有普遍性的学习规律,同时也涉及了将学生数学错误作为教学资源的方法。特别强调学生在学习数学的过程中出现错误的必然性、规律性、价值性,提出教师教学中应当"宽容错误、善待错误、研究错误、利用错误"的观点。

　　关于数学教学方法的有效性,本书提出了"变教为学"的教学方式,倡导将"以教师教的活动为主的课堂教学"转变为"以学生学习活动为主的课堂教学",教师的角色从讲解者和示范者转变为导学者、诊学者和助学者。本书中也用实例阐述了实现"变教为学"教学改革的策略和方法。

　　全书内容与行文遵循"立足本土"与"实事求是"的原则,所有案例均源于作者近十年来深入小学数学教学实践的亲身经历。在问题的研究中,参考了大量古今中外的文献,这些文献也可以成为读者进一步研究的参考。

　　数学教学的复杂性使得本书不可能涵盖所有方面，难免存在疏漏、不当甚至错误之处，希望读者予以指正。

郜舒竹

2015 年 5 月 1 日

于北京

目　录

第一章　数学课程内容的知识属性

任何数学课程中的内容,都源于人的活动。有些是人通过发现,对客观事物及其规律的描述;有些是人依据需求或兴趣从无到有发明出来的;还有些是人为约定俗成地规定出来的。

第一节　知识属性与正误辨别

小学低年级学生在解决问题时常常出现一种"欲减却加,欲加又减"的现象。比如,例题 1-1 表达的是一道看图列式的问题。

例题 1-1

这一问题的原意是已知总量为 7,其中一个部分量为 3,求另一个部分量是多少。期望学生用减法计算,列式为:"$7-3=4$",而学生往往列出的算式为:"$4+3=7$",把减法算式写成了加法算式。

再看一道文字题(例题 1-2):

例题 1-2

湖面上有一些天鹅,飞走了 5 只,还剩 8 只,问湖面上原来有多少只天鹅?

　　本题的意思是知道了"飞走"和"还剩"这两个部分量,求总量是多少。期望学生用加法"5＋8＝13"计算,可许多学生又偏偏列出减法算式"13－5＝8"。当问及学生本题答案时,他们往往能够说出正确答案。

　　这种"欲减却加,欲加又减"的现象在小学低年级学生中普遍存在,究竟是什么原因导致这种现象的发生呢? 这个现象的背后一定隐藏着儿童的某种认知规律。另外,许多教师在判断学生这样做的正误时也出现困惑,当学生这样列式计算时,到底应当判错还是判对呢? 辨别对错的标准究竟应当是什么?

一、儿童的认识规律

　　学生的认知过程大致可以概括为三个阶段:第一是感知,就是利用诸如眼睛、耳朵等感觉器官获取信息;第二是对感知到的信息进行加工,这一阶段是在学生头脑中进行的;第三是作为感知和加工结果的输出,通常表现为书面或口头语言的表达。输出既然是感知和加工的结果,那么其中出现的问题一定与感知和加工这两个阶段有关。

　　例题1-1和例题1-2有一个共同特点,就是学生写出来的算式中数的顺序与题目中学生阅读到信息的顺序是一致的。在第一个问题中,学生感知到的信息首先是"空篮子",第二是"3",第三是"7",它们之间的关系是前二者的和等于第三者。也就是说,通过感知,学生在头脑中形成的问题结构是"□＋3＝7"。由于数字相对简单,学生可以轻易算出"□"中是"4",因此头脑中就不再进行其他加工活动了,按照这个顺序直接就写出算式"4＋3＝7"。第二个问题也是类似的:学生按照阅读顺序感知到信息的顺序是"原有,飞走,还剩",它们之间的关系是第一个减去第二个等于第三个,相应的问题结构是"原有－飞走＝还剩",也就是"□－5＝8",按照这种顺序直接列出算式就是"13－5＝8"。

　　人的阅读顺序通常是"从左向右,从上向下",因此输入到头脑中的信息也是有顺序的。这些信息和相应的顺序就在头脑中形成了一个自然的结构。头脑对信息的加工是一个复杂的过程,其中一个重要内容就是根据需要对这样的结构进行调整。对于低龄儿童来说,头脑加工能力相对较弱,因此感知到的这种自然结构就会对输出产生更大的影响。根据这样的分析,前面案例中学生所列算式也就不足为奇了。

　　我们把学生感知到的"□＋3＝7"和"□－5＝8"叫作"问题的自然结构",把教师所期望的"7－3＝□"和"5＋8＝□"叫作"问题的加工结构"。可以得到的一点启示就是,在解决问题的教学中应当注意两种结构转换的启发和引导。而能够做到这一点的前提是:教师不仅要了解问题的加工结构,更应当了解学生可能感知到的自然结构。

二、是"对"还是"错"

明白了学生这样做的道理,还需要分析这样做到底对不对。对此,很多教师存在不同的见解,认为"对"的主要理由是:这样列式的学生通常都能说出问题的正确答案,说明学生是明白这道题的数量关系,并且能够正确计算的;认为"错"的主要理由是:学生没有分清题目中的已知和未知,应当把已知数写在等号左侧,把计算结果写在等号右侧。

事实上,一个问题中的"已知数"和"未知数"虽然是不同的,但在思考的过程中往往需要把二者统一起来。比如,在学习"方程"的时候,就是用字母代替未知数,把它看成和已知数同样的数参与到运算之中。如果利用方程的知识解决前面两个问题,就是用字母 x 表示未知数,根据题目叙述的顺序列出方程"$x+3=7$"和"$x-5=8$"。这实质上与学生所列算式是一样的。另外,这种已知与未知的统一关系还经常体现于数学结论的推广方面。比如,用任何具体的已知数都无法表示一般意义的长方形面积公式,一旦将具体的已知数用"未知"的字母来代替,更具普遍性的长方形面积公式"$S=a\times b$"就出现了。因此,从更广泛的意义上说,研究一个问题的着力点应当放在数量关系方面,这样的数量关系可以有不同的表达方式,无论什么样的表达方式,"已知"和"未知"往往处于同等地位,放在什么位置上并不是最重要的事情。在例题 1-1 和例题 1-2 中,学生的列式实际上已经表达出了问题的数量关系,所以应当认为是正确的。

至于"已知数应当写在等号左侧,计算结果应当写在等号右侧",实际上是对等号的一种误解。为了说明这一点,先来介绍数学中的"等价关系"。所谓等价关系,可以说是一种很"亲密"的关系。不妨用熟知的"亲兄弟"关系来理解。凡亲兄弟关系一定会符合下面的条件:如果甲和乙是亲兄弟,那么乙和甲也一定是亲兄弟;另外,如果甲和乙是亲兄弟,同时乙和丙也是亲兄弟,那么甲和丙也一定是亲兄弟。稍微"疏远"一些的"朋友"关系就不符合后面的条件。

等号在数学中表示与亲兄弟类似的"亲密"关系,用符号可以表示成下面三个条件:

- 自身性,即:$A = A$。
- 交换性,即:如果 $A = B$,那么一定有 $B = A$。
- 传递性,即:如果 $A = B$, $B = C$,那么一定有 $A = C$。

在数学中,凡符合上述三个条件的关系就叫作等价关系,"相等关系"自然也是一种等价关系。其中的交换性表明等号两侧是可以互换位置的,因此所谓的"已知数应当写在等号左侧,计算结果应当写在等号右侧"的说法是不成立的,至多可以认为是约定俗成的一种习惯。从这个意义上说,也应当承认前面例题中学生的做法是正确的。

三、辨别正、误的标准

课程改革倡导学生的学习应当是自主探索的过程,当学生探索的积极性和主动性充分调动起来的时候,自然会出现各种各样的探索结果,这个时候就给教师带来了一个挑战:如何辨别学生探索结果的对错?

《现代汉语词典》中对"错误"的解释为:"不正确;与客观实际不符合。"如果以此作为辨别错误的标准,就需要进一步理解数学中"客观实际"的含义。小学生学习的数学内容依据其作用可以分为三类,分别叫作规律性知识、规则性知识和规定性知识。

规律性知识是对数学中某种客观规律的描述。比如加法交换律 ($a + b = b + a$),它描述的是两种"加"的过程间的内在联系,是加法运算的自然规律。只要有加法的存在,这种规律就随之存在,不以人的意志为转移。再如,"平面上三角形内角和等于 180 度",反映的是平面上三角形三个内角之间的内在联系,是平面上三角形的自然属性,只要是平面上的三角形都具有这种属性。

规则性知识是依据数学自身逻辑发展的需要人为规定的内容。比如在除法运算中要求"除数不能为零";在有余数除法中规定"余数要比除数小";在对自然数进行分类时规定"1 既不是质数也不是合数";等等。诸如此类的要求并不是对某种客观规律的描述,而是为了保证数学运算或逻辑推理的确定性而制定的规则。这种规则性的内容是人为的,是为了数学自身逻辑发展的需要。

规定性知识是依据人的某种需要或者习惯而人为规定、约定俗成的内容。比如,计算方法中的竖式,在没有电子计算机(器)的时代,为了减轻计算的思维负担,需要借助纸笔作为计算的工具。在此基础上,人们发明了多种多样的计算方法,经过长时间的使用与对比,把为多数人所接受的算法传承下来,作为后人学习的标准算法。虽然这些标准算法是依据数学中的规律形成的,但其更主要的特征是人为规定,目的在于简便。

比如,除法竖式起初就不是现在的样子,而是把商写在被除数的右侧(如图 1-1 所示)。

再如,概念的命名,把具有相同属性的一类对象冠以名称,这种名称也是人为规定的内容。命名的依

```
246)160.884(.654
     1476
      1328
      1230
        984
        984
```

图 1-1　除法竖式示意图

据是使得词义尽可能反映概念的内涵和外延。比如"质数"这一概念,最初的命名叫作"数根",后来演变为质数或者素数。前面所说的"已知数应当写在等号左侧,计算结果应当写在等号右侧",仅仅是一种符合人们习惯的说法而已。

诸如此类的规定性知识还有:圆周角规定为"360 度";圆周率规定用符号"π"表示;在平面上确定位置时规定"横为行,竖为列";在地图中确定方向时规定"上北下南,左西右东";在四则混合运算时规定"先乘除,后加减";等等。

上述三类知识依据其主、客定位可以分别概括其特征为:规律性知识具有较强的客观性;规则性知识可以视为是主、客观兼容的一类知识,简单来说就是规则是为了适应某种规律而制定的;规定性知识具有明显的主观特征,是为了人的某种需要而作出的规定,具有可变性和多样性。将辨别学生错误的标准局限于人的主观方面,显然是不恰当的。应当把这个标准定位于数学中的"客观实际",也就是前面所说的"规律性"。

前面案例中呈现的客观规律是"局部与整体"的数量关系,而如何表达这种数量关系就带有明显的主观性了,属于规定性知识。学生的列式应当说并没有违背客观的数量关系,而仅仅与小学算术中习惯的"已知数写在等号左侧,计算结果写在等号右侧"的表达方式不同。"欲减却加,欲加又减"的现象说明低龄儿童头脑中较少有约定俗成的条条框框,这或许恰恰是儿童创造性思维的基础,是需要我们积极保护、鼓励和引导的。

第二节　知识属性与学习活动

把以教师"教"的活动为主的课堂教学,改变为以学生"学"的活动为主的课堂教学,首先需要改变的是教师备课的思维方式。所谓"备课"不等同于"写教案",

备课的过程更多的是学习和思考的过程,更应当包括教师个体具有创造性的思考。这样的思考应当聚焦于学生应当"学什么",以及学生可以"怎样学"这样两个基本问题上,即思考"知识属性"和针对不同的属性设计学习活动。

对"学什么"这一问题的思考,实际就是对学生"学习目标"(objective)的确定过程。如果把学生视为学习的主体,那么这样的学习目标相对于学生来说就具有客观性,是课程编制者或者教师对学生应当"学什么"的期望(expectation)。对"怎样学"的思考首先是将学习目标转变为学生所应当执行并完成的学习任务(task),之后是思考学生为完成任务所需要经历的学习活动(activity)。"学什么"和"怎样学"两个问题的思考并不是截然分开的,而应当是融合在一起的,并且都要基于对所学知识本质属性的认识。

一、思考"知识属性"

比如关于"平行四边形的面积"这一知识点,反映的是一个平行四边形面积的大小与这个平行四边形内部元素(底边长度和高的长度)之间相互依赖与制约的关系,其本质属性是对客观规律的描述,此类知识的特点是相对于学习者来说具有"确定性",不以人的意志为转移。认识这种知识的基本方法是"发现"(discover),也就是通过观察并比较诸多不同对象,从中发现共性,这样的共性就成为了具有一定普遍意义的规律。

数学课程中另外一类知识其本质属性是人的"发明"(invention),这一类知识通常是依赖于人的主观"需求"(need)而出现的。以分数为例,这种"需求"至少表现在三个方面。从语言的视角看,当表达数量关系的时候,同一种数量关系通常会有两种说法,这两种说法往往是"双向同义"的。如果说"甲的收入比乙的收入多100元",就会有反过来并且意义相同的说法,即"乙的收入比甲的收入少100元"。如果说"甲的收入是乙的3倍",就需要有反过来并且意义相同的说法,如果没有分数,这样的说法就难以实现。有了分数,就可以说"乙的收入是甲收入的三分之一",从而实现了"双向同义"的语言描述。

历史上人们对分数的"需求"还表现在"量"(magnitude)的测量方面。在没有度量单位的时候,人们对量与量之间的比较通常都是"用小量大",当出现"量不尽"的情况时,就"用余量小",如此反复,量尽为止。比如图 1-2 所示的两条线段分别表示量 A 和量 B,其中量 A 是较大的量。

量 A：－ － － － － －　　　量 A：$\underbrace{\qquad}_{B}\underbrace{\qquad}_{B}\underbrace{\qquad}_{C}$

量 B：－ － －　　　　　　量 B：$\underbrace{\ }_{C}\underbrace{\ }_{C}\underbrace{\ }_{C}$

图 1-2　量的比较示意图 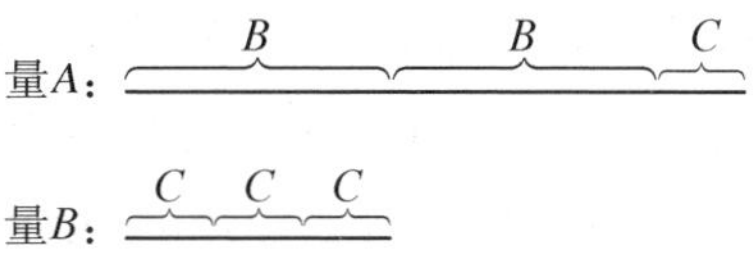　　　图 1-3　"量不尽"示意图

如果需要了解并且表达两个量之间关系的时候，人们首先就会用较小的量 B 去与较大的量 A 重叠测量，目的是为了知道几次量尽，从而就可以知道量 A 中包含了几个量 B。但是测量过程中经常出现量不尽的情况，也就是有剩余的情况出现（如图 1-3 所示）。

图 1-3 中用量 B 测量量 A 重叠 2 次后，出现了小于量 B 的剩余量 C，这时候人们通常会用剩余的量 C 反过来去与量 B 重叠测量，如果仍然量不尽，就继续重复这一"用余量小"的过程。图 1-3 用 C 量 B 的结果恰好三次量尽。这时候就需要用数来描述量 A 与量 B 之间的关系，此时仅有整数就不够了，有了分数就可以说"A 是 B 的 $2\dfrac{1}{3}$（或者 $\dfrac{7}{3}$）"；也可以说"B 是 A 的 $\dfrac{3}{7}$"。用"比"的语言说就是 A 与 B 的比是 $7:3$，或者 B 与 A 的比是 $3:7$。

数学家对分数的"需求"还表现为对除法运算"封闭"的愿望。在整数范围内，两个整数相除，可能得不到整数的结果，这种情况就叫作"整数集合对除法运算不封闭"，也就是整数集合内两个元素的运算结果跑到了整数集合的外面了。因此需要扩大整数集合的范围，把分数合并到整数集合中来，由此形成了数学中的有理数集合，在这个集合中除法运算就能保证封闭了，即任何两个有理数相除的结果一定还是有理数。

二、针对"知识属性"设计学习活动

"发现"的知识与"发明"的知识属性不同，当然学习的方式也就有了差异。发现的过程中的核心环节是"观察与比较"，发明的过程重在"需求与创造"。针对不同属性的知识，备课中就要思考如何为学生设计学习任务和学习活动。

（一）"发现"的过程

对客观规律的认识至少应当包括两个方面。首先应当是定性的认识，比如对于"平行四边形面积"来说，应当认识无论什么样的平行四边形，其面积的大小都受制于底边长度和高的长度。在定性认识的基础上,就可以有定量的认识,即面积的大小等于底边长度与高的长度的乘积。针对定性的认识,需要观察并且比较不同的平行四边形,在不同中发现共性,也就是所有平行四边形面积的大小都受制于底边长度和高的长度;而对于定量的认识,也就是平行四边形的面积等于底边长度与高的长度的乘积,则需要观察平行四边形与面积相等的长方形之间的关系而得到。如果把长方形视为特殊的平行四边形,那么就可以将定性的认识与定量的认识合为一体,把学习目标确定为"发现平行四边形面积的大小与底边长度和高的长度的关系"。

　　既然这一学习目标的实现依赖于观察与比较的活动,备课中需要思考的重要问题就是如何设计能够沟通学习目标及观察与比较活动之间联系的学习任务。这种任务的设计是否有效取决于两个前提,第一是观察者为什么需要观察,也就是要为学生提供观察的理由,这种理由可以使得学生具有观察的动机;第二是观察什么,也就是需要为学生提供观察对象以及思考方向。学习任务的叙述可以是以问题的形式出现的,不妨称之为"问题型"任务。比如针对学习目标"发现平行四边形面积的大小与底边长度和高的长度的关系",可以设计如下的问题型任务:

> **例题 1-3**
>
> 　　下面是三组平行四边形,每一组中两个平行四边形面积是否相等?你是怎么得到结论的(如图1-4所示)?

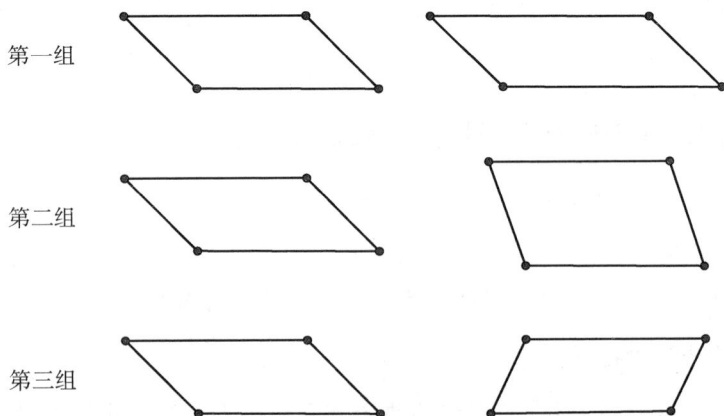

图1-4　平行四边形面积比较图

在例题1-3中,第一组中两个平行四边形是底边长度不相等,但是高的长度相等;第二组中两个平行四边形是底边长度相等,但是高的长度不相等;第三组中两个平行四边形的底边长度相等,同时高的长度也相等。为了回答这样两个问题,学生可能的学习活动有用眼睛"看",看不出来还可以用尺子"量",当然也可以用剪刀把两个平行四边形"剪"下来重叠在一起"看"。所有的活动都是针对"是否相等"以及"为什么"这两个问题,因此活动就不是盲目的,而是有目的的,活动的目的性使得学生具有了参与活动的动机。同时,教师为学生提供的三组图形相当于为学生的观察提供了对象。通过活动最终期望学生发现平行四边形面积的大小与底边长度以及高的长度有关。

学习任务的叙述还可以是"指令性"的,就是指明要求学生做什么。比如,在例题1-3已经完成的基础上,为了能够发现平行四边形面积公式,可以给学生布置如下任务:

> ┈┈┈┈ 例题 1-4
>
> 在方格纸上画出一个长方形,再画出一个与长方形面积相等的平行四边形,和你的同伴说说你的画法。

学生依据前面观察的经验,在画图过程中自然而然地就会把平行四边形的底和高与长方形的长和宽建立起联系。

在以上学习活动的基础上,教师最后可以布置指令性任务:

> ┈┈┈┈ 例题 1-5
>
> 请自己总结出计算平行四边形的面积公式,将你的结论写出来。

通过以上三项任务,学生经历一系列以观察与比较为核心的学习活动,就应当可以达成"发现平行四边形面积的大小与底边长度和高的长度的关系"这一学习目标。

(二)"发明"的过程

对于"发明"的知识,认识的核心环节是感受需求,并且经历自主发明的过程。以分数为例,分数的学习包括分数概念的形成与语言表述、分数之间的相等与不等关系、分数的运算以及分数与除法和比的关系等内容,这些内容需要一个螺旋上升的学习过程。如果把分数的本质属性定位于语言,那么其学习过程就应当遵循语言学习的规律。语言通常是按照"先听说,后读写"的顺序进行学习的。通过"听说"可以感受到分数的存在以及分数概念的含义,通过"读写"让学生经历"发明"的过程,感受数学中文字语言、图形语言以及符号语言之间的相互关系。学习分数之初,首先应当让学生感受到对分数的"需求",体现"让知识因需要而产生"的教学原则。因此,小学三年级"分数初步认识"的学习目标可以确定为如下三条:

- 感受分数在语言中的存在及其必要性。
- 经历分数符号从"多样"到"统一"的发明过程。
- 了解分数的含义。

针对第一条学习目标,可以设计如下的学习任务:

例题 1-6

钟表上表示的时间是"7点半",思考其中的"半"是什么意思? 与同伴交流自己的想法(如图1-5所示)。

图1-5 钟表示意图

学生在执行并完成这一任务的过程中,自然要思考和交流分针转动一圈与半圈之间的关系,或者时针转动一格与半格之间的关系。这种思考与交流一方面能够使学生感受到二分之一的现实存在,同时也能使其初步感受到分数用于描述局部与整体关系的含义。类似的任务还可以设计为如下的形式:

- 将一张长方形纸对折,折痕将整张纸平均分成了两部分。这两部分的大小是什么关系? 用尽可能多的语言说说其中一部分的大小与整张纸之间的关系。
- 用尽可能多的语言说说"10元钱"与"2元钱"之间的关系。

这样的任务可以启发学生在思考和交流的过程中,沟通描述数量关系的多种语言之间的联系。比如,关于"10元钱"与"2元钱"之间的关系,学生可能利用先前熟悉的描述加减关系的语言，说出："10 元比 2 元多 8 元"和"2 元比 10 元少 8 元"。学生还可能利用二年级学习过的"倍的认识"说："5 个 2 元等于 10 元"或者"10 元是 2 元的 5 倍"，此时恰好说明需要一种与之相反的说法："2 元是 10 元的五分之一"，"五分之一"自然而然地因需要而产生了。

通过"听说"初步感受分数的含义后，就需要符号来表示分数。符号作为一种数学中的语言，具有"人造"(artificial)的特点，其发生与发展必然是从"多样"走向"统一"的过程。如果把分数的符号表示方法直接告知学生，表面上看省时省力，但失去的是学生经历发明符号的思考过程。

为了让学生经历这种"发明"的思考过程，针对第二条学习目标，可以设计如下所示的学习任务：

例题 1-7

你认为应当用什么样的符号表示二分之一？向同伴介绍你的发明。

在课堂教学实践中，发现学生依据这个任务开展活动后，的确出现了"多样"的符号表达（如图 1-6 所示）。在这些符号表达中，学生运用斜线、横线、逗号等多种方式表达"分"的

图 1-6　学生分数符号表达

含义。而且还发现许多学生在写"二分之一"的符号时，喜欢将"2"写在左侧或者上面。这实际上反映出学生平时习惯的阅读和书写顺序（从左向右，自上而下）对其认识分数的符号是有影响的。分数"二分之一"的读法是"先 2 后 1"，因此学生书写也是这样的顺序。

在学生充分交流和展示自己"多样"的发明之后，教师可以补充这样一个学习任务：

例题 1-8

同一个二分之一出现了这么多不同的符号，行吗？应当怎么办呢？

这一任务的目的在于引发学生思考，分数符号作为一种数学中的语言，其重要作用是用于交流，多样化会带来交流的困难。因此需要统一，统一的目的是让所有人看到后都能够知道其确定的含义。

这两个任务之后,为了进一步沟通不同语言之间的联系,深化对分数含义的理解,可以再为学生布置如例题1-9所示的任务:

例题1-9

举个例子说明 $\frac{1}{4}$ 的意思。在小组内交流不同的想法。

学生可以通过画图、折纸、讲故事等多样化的活动完成这个任务,过程中自然会加深对分数含义的理解。

中国古代诗词中也有蕴含着分数含义的。比如,明代诗人杜庠创作的《岳阳楼》:"茫茫雪浪带烟芜,天与西湖作画图。楼外十分风景好,一分山色九分湖。"洞庭湖是湖南省和湖北省的分界,岳阳楼位于洞庭湖畔湖南省一侧,在楼中能够远眺君山。"楼外十分风景好,一分山色九分湖"可以用分数的语言描述为:把楼外的风景看作整体,那么山景占了其中的 $\frac{1}{10}$,水景占了 $\frac{9}{10}$,描绘出了近大远小的视觉效果。

课堂教学期望的是学生"自由、自主、自信"地开展学习活动,为此就需要教师在备课中准确把握知识的本质属性,合理设置学习目标。在此基础上,"把目标变成任务,把知识变成问题,把方法变成活动",让学生在课堂的学习活动中"爱做,能做,善做"。所谓"爱做"就是学生对于执行学习任务具有积极性和主动性,也就是所谓内在的动机(motivation),让学习活动成为学生"自觉自愿"的主动活动,而不是"被逼无奈"的被动活动;所谓"能做"是期望每位学生都能够明白自己应当做什么和怎样做,而不是"部分人做,其他人陪";所谓"善做"指的是每位学生都有做好的愿望,活动过程中有机会向同伴学习,也有机会与同伴分享自己的想法,真正做到"每位学生都有活动,每位学生都有机会"。

第三节 数学中的"人为规定"

在一份五年级单元测验试卷上发现这样一道判断题(如例题1-10所示):

例题1-10

长方体的六个面都是长方形。

翻看标准答案发现是"错"。与几位熟识的小学数学教师谈起此事，得到如下几种解释：

- 这道题所考查的知识点是"长方体的六个面中允许相对的两个面是正方形"，如果学生答"对"，说明他没有认识到这一点。所以本题应该答"错"。
- 正方形是特殊的长方形，但不是真的长方形，如果答"对"，不就没有包括正方形的情况了吗？所以本题应该答"错"。
- "正方形是特殊的长方形"这句话在平面图形中是对的，但在立体图形中是不对的。所以本题应该答"错"。

这些模棱两可、似是而非的解释令人困惑，如果学生听了这样的讲解，岂不是越听越糊涂。看来矛盾的焦点在于如何理解"正方形"与"长方形"这两个概念之间的关系。

概念之间的关系大致来说有两种，一种是相容关系，另一种是相斥关系。如果两个概念所包括的对象（外延）有共同的部分，那么这两个概念之间的关系就是相容关系。如果两个概念所包括的对象（外延）没有共同的部分，这两个概念之间的关系就是相斥关系。

比如"质数"和"偶数"这两个概念，由于2既是质数又是偶数，这两个概念所指的对象有公共部分，所以"质数"和"偶数"这两个概念符合相容关系。再如"奇数"和"偶数"这两个概念，由于奇数中没有偶数，偶数中也没有奇数，所以这两个概念属于相斥关系。

相容关系中有一种特殊的情况，如果甲概念具有乙概念的全部属性，就意味着甲概念所包括的全部对象（外延）包含在乙概念所指对象（外延）中，这时称这两个概念之间的关系为属种关系，其中甲概念就是相对于乙概念的种概念（species），乙概念就是相对于甲概念的属概念（genus）。[①]

按照这样的理解来分析长方形和正方形这两个概念之间的关系。首先将长

---

① 注：关于如何翻译"species"和"genus"这两个词，曾经有过不同意见。古希腊时期人们运用类比（analogy）研究事物分类时，通常是通过提取个别的、特殊的"species"的属性进行对比，把相同属性保留下来，就形成了一类"species"，把这样的类叫作"genus"。按照这样的思路，把"species"翻译成"种"，把"genus"翻译成"属"是合理的。在数学中，概念的形成往往是反过来的，比如是先定义"长方形"，而后定义"正方形"，也就是说正方形是在长方形的基础上增加了属性后得到的。所以长方形相对于正方形具有"种"的特征，而正方形相对于长方形具有属的特征。因此"species"和"genus"的翻译就应当反过来。这里采用的是第一种翻译，也就是把"属"理解为是包含"种"的大类。

方形所具有的属性列举出来：

- 是四边形；
- 对边互相平行且长度相等；
- 四个角都是直角；
- 两条对角线长度相等且互相平分；
- 面积等于相邻两边长度的乘积。

不难发现诸如此类的所有属性正方形都是具备的，就是说长方形所包含的对象(外延)中应该含有正方形，所以长方形是相对于正方形的属概念，正方形是相对于长方形的种概念。二者外延之间的关系可以从图 1-7 中明显地看出来。

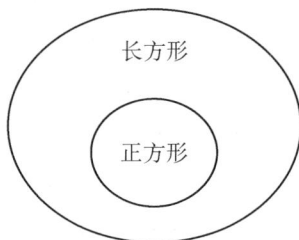

图 1-7　长方形与正方形两者关系图

正是由于正方形具备了长方形的所有属性，所以说"正方形是长方形"这个命题就是正确的。其实这里蕴含的意思是长方形按照相邻边的相等与不等可以分为两类：

$$长方形\begin{cases}第一类：四条边长度相等的长方形，即正方形\\第二类：长和宽不相等的长方形\end{cases}$$

无论是哪一类，都属于长方形这一大类中。符合类似的种属关系的概念还有：长方形与平行四边形、菱形与平行四边形、四边形与梯形、长方体与正方体、偶数与 4 的倍数、数与分数等。

翻阅一下小学数学课本，发现其中对此问题的叙述也有欠妥之处，这也许是出现误解的原因之一。在九年义务教育六年制小学试用课本数学(第十册)中对长方体的面的特征是这样叙述的：

长方体有 6 个面，一般都是长方形(也可能有相对的两个面是正方形)。

其中"一般"和"也可能"的用词搭配，给人一种感觉，就是这里的长方形指的是长和宽不相等的那一类长方形，无意之中偷换了概念，把叙述中的"长方形"和"正方形"之间的关系变成了相斥关系，完全违背了两个概念之间的属种(相容)关系。如果把这句话换成下面的叙述也许会好一些：

长方体有 6 个面，每个面都是长方形(包括两个相对的面是正方形的情况)。

应当承认，数学中概念的定义与命名具有人为的规定性。规定的目的在于保证其含义的确定性,也就是人们对研究对象的理解上不能出现歧义,这样才能保证判断与推理的一致性。如果对同一个概念出现了不同的理解,就会导致"是非不分"的现象。既然在学习长方体之前已经规定了"正方形是特殊的长方形",就意味着明确了长方形的外延是包括正方形的。所谓概念的确定性就是:这样的含义在任何时候以及对任何人都不能再变化了。

数学知识体系基本上是由概念、判断和推理构成的。概念教学首要的任务就是保证概念理解上的确定性,实现这一目的可以有两个途径,第一是揭示每一个概念的内涵和外延,第二是让学生了解概念之间的关系。这对逻辑思维正在形成过程中的小学生来说尤为重要。在课程与教学中,切不可模棱两可、似是而非,更不能自相矛盾。

第四节　数学中的"规则"

数学中有一些知识是对客观规律的描述。比如,"平面上三角形的三个内角和等于 180 度"。这类知识的特点是具有较强的客观性,不以人的意志为转移。还有一类主观性较强的知识,是长期以来由于某种原因而人为规定或者约定俗成的。这类主观性较强的知识的背后往往蕴含着深刻的道理,比如关于"长方形"的定义就是人为规定的,其中蕴含着人们对于概念进行种属分类的思想。有些人为规定的道理随着时间的久远而渐渐被遗忘;也有一些由于缺乏研究而没有显现出来。比如,在小学数学中,有三条熟知的结论:

- 在除法运算中,"0"不能做除数,也不能是分数的分母。
- 在有余数的除法中,余数要比除数小。
- 在对自然数进行质数、合数的分类中,"1"既不是质数,也不是合数。

当学生学习此类知识的时候,自然的疑惑是"为什么呢",此时教师通常的回答是"这是规定"。事实上,这样的回答并没有给出问题的答案,因为学生想知道的是"规定的道理",而这些道理恰恰是课程内容和教师知识结构中缺失的内容。

一、为什么"0"不能做除数

小学数学中数字"0"不能做除数,也不能做分数的分母。究竟是什么原因需要做出这样的规定? 可以从对除法运算的四种理解分别进行解释。

对除法运算的第一种理解是"逐次相减",就是用被除数反复减去除数,直到最后的差小于除数为止。比如，$6 \div 2$ 可以理解为下面的过程：

$$6 - 2 = 4$$
$$4 - 2 = 2$$
$$2 - 2 = 0$$

逐次相减的次数就是除法运算的结果商，上面过程中减去 2 的次数是 3，所以 $6 \div 2$ 的商就是 3。按照这样的理解，如果除数为 0，那么被除数每次减去除数 0 结果都不变。无论减去多少次都得到同样的结果，说明这个除法运算没有确定的商。

除法运算的第二种理解是"等分除"，把被除数看作被平均分的总量，把除数看作平均分的份数，除法的结果就是每份中分得的数量。如果除数为 0，就意味着"份"不存在，也就是"分"的活动不存在。这与除数为 1 的情况不同，如果除数为 1，可以理解为是"分"的特例，即分为 1 份。什么情况才会出现"分"的活动不存在呢，就是总量不存在，也就是总量为 0。没有总量也没有分得的份数，"分"的活动就是虚无的，自然也就没有确定的结果。

对除法运算的第三种理解是"包含除"，把被除数理解为总量，把除数理解为平均分后每份的数量。除法的结果就是总量包含的份数。如果除数为 0，说明每一份的数量为 0，也就是"份"是不存在的。与前面类似，总量也就为 0，自然"分"的活动就是不存在的了。

以上解释或多或少有些牵强，在数学中并不具有说服力。数学中是把除法看作乘法的逆运算，也就是说"$a \div 0 = b$"应当来源于"$a = 0 \times b$"。按照这样的理解，采用"归谬"的方法做一个简单的推理，看看如果 0 做除数的时候会发生什么。不妨用字母 a 表示被除数，字母 b 表示 a 除以 0 的商，即：

$$a \div 0 = b$$

根据乘法与除法的互逆关系，这个等式等价于下面的乘法关系式：

$$a = 0 \times b$$

由于零乘以任何数的结果都是零，所以可以得到 $a = 0$。上面的等式因此就成为了：

$$0 = 0 \times b$$

由于 0 乘以任何数都等于 0,此时除法的商 b 无论取什么样的数值,这个等式都是成立的。这就表明如果在一个除法运算中除数为 0,那么这个除法运算的结果就是不确定的,这在数学的推理中是不允许的。数学中对于运算通常有两个要求:第一是运算结果要存在,第二是运算结果要唯一确定。这主要是由于下面形式的数学推理的需要:

如果 $a_1 \div b_1 = c_1$, $a_2 \div b_2 = c_2$,

并且 $a_1 = a_2$, $b_1 = b_2$,

那么 $c_1 = c_2$。

这个推理形式实际上就是"同样的原因应当有同样的结果"。其成立的前提就是运算结果的存在性和确定性。所以,"0 不能作除数"这一规定最主要的原因是为了保证运算结果的唯一确定。

二、为什么余数要比除数小

在小学"有余数的除法"这一课程内容中,特别强调"余数要比除数小"。这一命题并不是除法运算自然拥有的规律,而是一种人为的规定。为什么要做出这样的规定？一种源于实际的解释是:如果余数不小于除数,说明没有分完,还可以继续分。比如,7 个苹果平均分给 2 个小朋友,每人分 1 个,还剩 5 个;还可以分,就应当继续分完。这个解释易于理解,也有一定的合理性,但并不具备逻辑意义上的说服力。

除法作为乘法的逆运算,"$a \div b = q \cdots\cdots r$"正确与否,应当由"$a = b \times q + r$"是否成立来判断。比如对于 $7 \div 2$,下面两个算式应当同时成立:

$$7 \div 2 = 3 \cdots\cdots 1, \quad 7 = 2 \times 3 + 1$$

如果没有"余数要比除数小"的规定,$7 \div 2$ 在整数范围内就会出现四种形式上不同的结果,依据对应的乘法算式检验都是正确的(如表 1-1 所示)。

被除数和除数分别相等的除法运算,却得到不同的运算结果,像这样运算结果不确定的情况就会给以此为基

表 1-1　乘除对照表

除　法	乘　法
$7 \div 2 = 0 \cdots\cdots 7$	$7 = 2 \times 0 + 7$
$7 \div 2 = 1 \cdots\cdots 5$	$7 = 2 \times 1 + 5$
$7 \div 2 = 2 \cdots\cdots 3$	$7 = 2 \times 2 + 3$
$7 \div 2 = 3 \cdots\cdots 1$	$7 = 2 \times 3 + 1$

础的数学推理带来麻烦,比如,如果没有"余数小于除数"这一条件,下面的推理就不能成立:

如果 $a_1 \div b_1 = q_1 \cdots\cdots r_1$,$a_2 \div b_2 = q_2 \cdots\cdots r_2$,

并且 $a_1 = a_2$,$b_1 = b_2$,

那么 $q_1 = q_2$,$r_1 = r_2$。

为了保证运算结果的确定性,不得已做出"余数要比除数小"的规定。不难看出,"余数要比除数小"的道理与"0 不能作除数"的道理实质上是一样的,都是为了保证运算结果的唯一确定。

三、为什么"1"既不是质数,也不是合数

在"质数与合数"的教学中,经常有学生出现这样的疑问:"为什么不能把'1'归为质数?"通常的解释是利用质数的定义。定义质数一般有两种方式:第一种是"除了 1 和它本身没有其他因数的数是质数";第二种是"恰有两个因数的数是质数"。无论哪一种方式其实都很难解释为什么"1"不能是质数。"1"的因数和它本身虽然是相同的,但是也可以把它们理解为是意义不同的两个数,一个是"因数"的意义,另一个是"本身"的意义。这样的话,"1"也是符合质数定义的。由此看来,"1"不能成为质数还应当有其他原因。

质数与合数的概念可以说是历史悠久。古代希腊人有一种认识世界的"原子论"观点,认为所有事物都被一些最微小的、不能再小的东西制约着。所以,认识世界的一个办法就是"分",分到不能再分,这时就会找到这些最微小的东西,掌握了这些最微小的东西就意味着掌握了事物的全部。

这种观点用于数的认识,就出现了把一个数分解为更小数的乘积的做法。比如,"100 可以分为 25×4",这时出现的"25"和"4"就被认为是导致"100"出现的原因,所以叫作"100"的"因数"。继续分下去,直到不能再分,就变成了"$5 \times 5 \times 2 \times 2$",这时出现的"2"和"5",由于不能再分,就被认为是制约"100"的最微小元素,诸如此类的微小元素就被认为是制约全体自然数最本质的原因,命名为"起始的数"(prime number)。清代学者李善兰翻译为"数根",后来改为"素数"或"质数"。

因此可以说,人们最初的想法是把全体自然数分为两类,一类是不能再分的数,叫作"质数";另一类是可以再分的数,叫作"合数"。起初人们认为数字"1"也是不能再分的数,属于质数。后来为什么把数字"1"从质数中提出来,成为既不是

质数,也不是合数的数了呢?

随着数论研究的发展,人们发现将任何一个自然数分解为质数乘积的形式是许多推理的基础,这个分解的过程在小学叫作"分解质因数"。作为推理的基础,就要求这个分解的形式是唯一确定的。比如,给定自然数"100",将其分解质因数的形式为:

$$100 = 2^2 \times 5^2$$

对于给定的任何一个自然数 N,将其分解质因数的形式可以写成如下形式: $N = p_1^{r_1} \times p_2^{r_2} \times \cdots \times p_n^{r_n}$,其中 $p_i(i=1, 2, \cdots, n)$ 表示质数,$r_i(i=1, 2, \cdots, n)$ 表示质因数 $p_i(i=1, 2, \cdots, n)$ 的个数。

这就显示出,将一个自然数 N 分解质因数后,其表达式中出现了质数 $p_i(i=1, 2, \cdots, n)$、相同质数的个数 $r_i(i=1, 2, \cdots, n)$ 以及不同质数的个数 n。所谓分解质因数的形式是确定的,就是要求如果自然数 N 确定了,那么分解质因数后相应的 $p_i(i=1, 2, \cdots, n)$、$r_1(i=1, 2, \cdots, n)$ 和 n 也要随之确定。

如果数字"1"是质数,这种确定性就无法满足,比如自然数"100"还可以分解为如下的形式:$100 = 2^2 \times 5^2 \times 1^3$,等等。

数学家们经过证明发现,如果数字"1"不作为质数,这个确定性的要求就可以满足了。这就是把数字"1"不能归为质数的根本原因。由于数字"1"也不能满足合数"除了 1 和它本身外,还有其他因数"的要求,所以"1"就成为了"既不是质数,也不是合数"的数了。其中的道理与前面仍然是一样的。

四、函数的确定性思想

以上问题的解释都可以归结为数学中函数的确定性思想。张景中院士在《感受小学数学思想的力量——写给小学数学教师们》一文中指出:"在数学里,数量之间的确定性关系叫作函数关系。"[①]如何理解这里的确定性? 举个简单的例子,小学生学习加法运算的时候,通常是按照自然数的位数由少到多,而后逐步扩展到小数、分数。在这个过程中,无论加数是什么样的数,通过运算都会得到一个"和",这个和是随着加数的确定而唯一确定的。换言之,数学中不允许出现相同

---

① 张景中,感受小学数学思想的力量——写给小学数学教师们[J].人民教育,2007(18):32—35.

的加数计算出不同的和的情况。

如果用 $z=x+y$ 表示加法法则决定的函数关系,那么其中的加数 x 和 y 叫作这个函数关系的自变量,其中的和 z 叫作这个函数关系的因变量。函数的确定性其实是为了保证下面这种形式的推理是可行的,即:

如果 $z_1=x_1+y_1$,$z_2=x_2+y_2$,

并且 $x_1=x_2$,$y_1=y_2$,

那么,$z_1=z_2$。

简单说,函数的确定性就是随着自变量的确定,使得这个函数的因变量也随之确定。用一般的函数表达式 $y=f(x)$ 来表达,就是要求如果 $x_1=x_2$,要有 $f(x_1)=f(x_2)$ 成立。

在前面论及的除法运算中,可以把被除数和除数看作函数关系中的自变量,商和余数看作因变量,那么"0 不能作除数"和"余数要比除数小"的规定都体现的是函数的确定性思想。在分解质因数的过程中,如果把分解前的数看作自变量,分解后的表达形式看作因变量,那么规定"1 既不是质数,也不是合数",也体现了函数的确定性思想。

总之,函数确定性的意义一方面在于描述自然的规律。比如在描述物体运动时,经常需要研究"时间"和"速度"的关系。把时间作为自变量,对应的速度作为因变量的函数关系,体现的是"时间"一旦确定,对应时刻的速度就随之确定。换言之,对同一物体来说,"相同时刻,不同速度"的现象是不可能出现的。函数确定性的另一个意义在于数学自身逻辑发展的需要。前面的例子表明,如果没有这种确定性,就会使得最基本的推理形式无法进行,也表明了数学中的逻辑是以自然规律为基础的。

数学教学应当明理,也就是不仅要"知其然",还要"知其所以然"。当今数学教学倡导自主、合作、探究、生活。此时应当清醒地认识到,"所以然"的知识往往具有历史性、贯通性、综合性和人文性,是前人大师长期以来的结晶,是学生难以利用生活经验通过自主或合作的方式探究出来的,是需要教师通过努力学习和研究并潜移默化地传输给学生的。因此,数学教育研究仅限于"如何教"和"如何学"这样的问题是不够的,还应重视"教什么"和"学什么"的研究,特别是"所以然"知识的研究。

第五节　数学中的"有"与"无"

在一份小学数学试卷中,有这样一道试题(如例题 1-11 所示):

例题 1-11

　　一个有余数的除法算式中,除数是 5,余数最大可能是几? 余数有几种可能?

　　该试题意图考查的知识点显然是"余数要比除数小",因此对于"余数最大可能是几"的问题,其答案自然应当为 4。但对于"余数有几种可能"的问题,一些教师的意见存在分歧。

　　分歧的焦点在于,除了余数可能是"1,2,3,4"之外,对于整除的情况,应当看作是"没有余数"还是"有余数"? 换句话说,余数为 0 的情况应当看作是"有余数"还是"无余数"?

一、没有余数与余数为 0

　　如果从日常生活的经验来看,比如 6 个苹果平均分给 2 个小朋友,每人分得 3 个苹果,此时通常就叫作"分完"了,或者叫作"无剩余"。如果是 7 个苹果平均分给 2 个小朋友,就是每人分得 3 个苹果,剩下 1 个苹果,此时就叫作"没有分完",或者叫作"有剩余"。这样就形成了"有余数"和"无余数"的两种情况,这两种情况表现出"有"与"无"的关系,是截然相反、相互对立的关系。

　　用数学的语言说,在正整数范围内研究除法,自然会出现"整除"和"不能整除"两种情况。用字母 a 表示被除数,字母 b 表示除数,如果数 a 能够被数 b 整除,那么这个除法算式就可以写为如下的算式 1:

$$a \div b = q$$

　　其中的字母 q 表示除法的结果,也叫作商[①]。如果这样的除法不能整除,除法运算的结果就会出现余数,如果用字母 r 表示这个余数[②],那么这个算式就要写为如下的算式 2:

[①] 注:"商"英译为"quotient",故通常用字母 q 表示。
[②] 注:"余数"英译为"remainder",故通常用字母 r 表示。

$$a \div b = q \cdots\cdots r$$

由于"余数要比除数小"的要求,其中余数 r 的取值可以是"1, 2, …, $b-1$", 一共有 $b-1$ 种可能性。从形式上看,整除的算式 1 中没有余数"r",不能整除的 算式 2 中有余数"r"。由此看出,整除的除法和有余数的除法从算式上看也表现 出"有"与"无"的差异,是一种对立的关系。

而数学家思考问题时常常会运用辩证法的思维方式,认为对立的双方在一定 的条件下是可以相互转化的。因此就会创造条件将处于对立状态的对象纳入同 一个系统之中,使之成为同一个系统中的不同状态,这种思维方式通常叫作"使之 一致"(unifying)。

运用"使之一致"的思维方式,就可以转变对"没有余数"的看法,把"无"看作 "有",也就是把"无余数"看作是"有余数,且余数为 0"。这样"无余数"的情况就与 "有余数"的情况取得一致,统一到一个系统中了。前面的算式 1 和算式 2 就可以 统一为一个算式 3:

$$a \div b = q \cdots\cdots r$$

只需要认为其中的余数 r 可以是 0,把"没有余数"看作是"余数为 0",余数"r" 的取值范围从"1, 2, …, $b-1$"的 $b-1$ 种可能,扩大为"0, 1, 2, …, $b-1$"的 b 种可能。其中的余数 r 为 0 时就是算式 1 的情况,r 不等于 0 时就是算式 2 的情 况。这样就将截然不同、对立关系的两种除法算式,统一为一个算式了。这个算 式在数论中通常叫作"带余除法定理",常常写为乘法的形式:

$$a = bq + r, \ 0 \leqslant r < b$$

虽然叫作"带余除法定理",但其中是包含"$r=0$",也就是整除的情况的,此时 把余数为 0 认为是有余数的。因此前面试题中,如果把余数为 0 认为是"无余数", 那么答案就有 4 种可能;如果把余数为 0 认为是有余数,那么答案自然就有 5 种可 能了。

类似的例子还有,对于"$2 \div 5$",如果在整数范围内,这个算式是没有意义的, 就像把 2 个苹果平均分给 5 个人,这个分的过程是无法实现的。但是在数学中,仍 然认为这个算式是有意义的,也就是认为除法的结果商为 0,余数等于被除数 2, 写为:

$$2 \div 5 = 0 \cdots\cdots 2$$

在教学或者考试中,对于这种具有人为规定意义的内容,重要的是理解规定的道理,感悟其中蕴含的思想,而不是结论本身的对错。

二、如何理解运算中的"无"

小学数学课程中,乘法运算的意思是"相同加数求和",就是说至少应当是两个或者两个以上的相同加数相加,才会出现乘法运算。比如:"3×2"可以看作是 2个 3 相加,即"$3+3$",也可以看作是 3 个 2 相加,即"$2+2+2$"。

按照这样的理解,乘法算式"1×1"以及"0×0"等算式就是没有意义的,因为"相同加数相加"的过程根本没有发生,对应的"相同加数求和"的加法算式也无法写出。因此如何理解诸如"$1 \times 1 = 1$"以及"$0 \times 0 = 0$"等没有乘法意义的乘法算式,就成为数学教学需要研究的问题。事实上,这些算式的结果都是数学家做出的人为规定,有关乘法运算这样的规定可以概括为如下两条:

规定一:1 乘任何数的结果还是这个数。

规定二:0 乘任何数的结果都是 0。

任何人为规定通常有两个方面的来源:其一是符合人的直觉,其二是符合相应的规律或规则。例如,为什么规定"1 乘任何数的结果还得这个数"? 如"2×1",除了直觉上表示"1 个 2"或者"2 个 1 相加",结果应当等于 2,更重要的原因是要符合运算律,比如可以把数字 1 看作是"$4-3$"的结果,那么就可以运用分配律对 "2×1"进行如下计算:

$$2 \times 1$$
$$= 2 \times (4-3)$$
$$= 2 \times 4 - 2 \times 3$$
$$= 8 - 6$$
$$= 2$$

其结果等于 2,说明规定"$2 \times 1 = 2$"不仅符合直觉,也不违背乘法对加、减法的分配律。

对于"0 乘任何数的结果都是 0"的规定,也有类似原因,比如可以把 0 看作是"$3-3$"的结果,也运用分配律对"2×0"进行计算:

$$2 \times 0$$
$$= 2 \times (3 - 3)$$
$$= 2 \times 3 - 2 \times 3$$
$$= 6 - 6$$
$$= 0$$

这就说明规定"$2 \times 0 = 0$"不仅与"2 个 0 相加等于 0"的直觉相符,同时与分配律也不矛盾。正是这样的规定,将"无乘法"与"乘法"变得一致,实现了"无"与"有"的统一。

在初中数学课程里的表示相同因数相乘的指数与幂的运算中,也有类似情况。比如,3 个 4 相乘"$4 \times 4 \times 4$",可以表示为幂的形式"4^3",其中的 4 叫作幂的底,3 叫作指数。在这里就出现了如何理解"4^1"和"4^0"的问题。这两种情况都没有发生"相同因数相乘"的过程,因此就需要规定相应的取值。

如果规定"$4^1 = 4$",直觉上比较容易理解。但是如何规定"4^0"的取值,从直觉上就很难看出来。因此就需要运用"同底数幂相除,指数相减"的运算律进行计算,可以把指数"0"看作是"$2-2$"的结果:

$$4^0$$
$$= 4^{2-2}$$
$$= \frac{4^2}{4^2}$$
$$= 1$$

鉴于运用运算律计算结果等于 1,因此就需要规定"$4^0 = 1$",更一般的规定就是"$a^0 = 1$, $a \neq 0$"。

在高中数学课程中,有一个与运算相关的概念叫作"阶乘",表达的是一个自然数依次连续向下乘每一个自然数,比如 3 的阶乘等于"$3 \times 2 \times 1$",用符号"3!"表示。按照这样的定义,那么"1!"和"0!"就成为特例,其中事实上的阶乘过程并没有发生。

如果规定"1! = 1"是符合直觉的,也是与相应的运算规律不矛盾的。如果用 n 表示任意一个自然数,按照阶乘的定义,应当有如下等式成立:

$$n! = n(n-1)!$$

在等式中让 $n = 2$,那么就得到:

$$2! = 2 \times 1!$$

由于等式左边的"2!"等于 2,所以等式右边的"1!"就应当等于 1。因此对于规定"1! =1",直觉与运算规律都是相符合的。同样凭直觉看,"0!"的取值似乎应当是 0。在前面等式中,如果 n 等于 1,那么就得到:

$$1! = 1 \times 0!$$

因为等式左边"1!"等于 1,所以等式右边"0!"不能等于 0,而应当等于 1。因此不得不违背直觉,规定"0! =1"。虽然这样的规定从直觉上难以接受,但按照与运算律无矛盾的原则,只能这样规定。有了这样的规定,就将没有发生阶乘运算的特例融入到阶乘运算的系统中了,实现了"无"与"有"的一致和统一。

三、点与线的对立统一

在几何图形的研究中,也经常需要这种对立统一的眼光。比如,平面上的三角形和梯形,应当是完全不同的图形。如果改变一下思维方式,用运动的眼光来看待梯形,那么三角形就可以与梯形统一到一个系统中。

所谓运动的眼光,是将作为四边形的梯形,看作是一条自下而上运动线段扫过的轨迹所形成的图形(如图 1-8 所示)。

在图 1-8 中,运动的线段 EF 从 AB 位置运动到 CD 位置,留下的轨迹就形成了梯形 $ABDC$。运动线段 EF 在运动过程中,其长度均匀地缩短,如果继续向上运动,直至其长度变为 0,也就是线段 EF 变为了一个点,其轨迹就形成了一个三角形(如图 1-9 所示)。

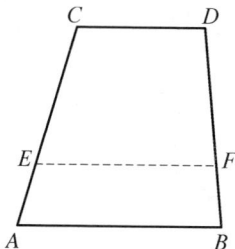

图 1-8　梯形示意图

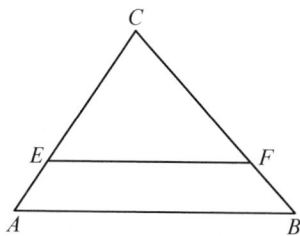

图 1-9　三角形示意图

点与线段原本是完全不同的几何图形,不仅从直观感受上看是截然不同的,从度量的角度看,线段是有长度的,而点是没有长度的。按照对立统一的思维方式,可以把"无长度"看作是"有长度,且长度为 0",那么点就可以认为是特殊的线段,因此也就可以将三角形看作是特殊的梯形,梯形面积公式"$\dfrac{a+b}{2}h$"中的上底长度 b 为 0,那么这一公式就转变为三角形面积公式"$\dfrac{a}{2}h$"了。关于数学中"运动的眼光",在本书第七章中将会详细阐述。

第二章 发现与发明

发现与发明是人类生成并完善数学知识的基本活动,教学就是给学生机会去经历这样的活动。因为有活动才会有经历,有经历才会有经验,有经验才会有素养。

第一节 数学中的规律

《义务教育数学课程标准(2011 年版)》(以下简称《课标(2011 年版)》)第一学段和第二学段分别列入了"探索规律"的课程内容,其中第一学段对这一内容给出的解释为"探索简单情境下的变化规律",第二学段的解释为"探索给定情境中隐含的规律或变化趋势"。这些说法尚显笼统、宽泛。需要进一步搞清楚的问题是:这里所说的情境具有什么特点? 其中的"规律"是什么意思? "探索规律"指的是什么样的学习活动?

一、情境及其规律

为了理解这里所说"规律"的含义,先来分析《课标(2011 年版)》中给出的例题。针对"探索规律"这一课程内容,《课标(2011 年版)》中一共出现了 4 道例题,其中第一学段中共有两道(在《课标(2011 年版)》中为例 9 和例 10),见例题 2-1 和例题 2-2。

例题 2-1

在下列横线上填上合适的数字、字母或图形,并说明理由。

1, 1, 2; 1, 1, 2; _____, _____, _____;

A, A, B; A, A, B; _____, _____, _____;

□, □, ─ ; □, □, ─ ; _____, _____, _____;

例题 2-2

在表 2-1 中,描出横排和竖排上两个数相加等于 10 的格子,再分别描出相加等于 6,9 的格子,你能发现什么规律?

表 2-1 加法规律表

9	A								
8		A							
7			A						
6				A					
5					A				
4						A			
3							A		
2								A	
1									A
+	1	2	3	4	5	6	7	8	9

例题 2-1 所给出情境的特点是多个对象(数字,字母,图形)有序排列,并且按照确定的个数 3 重复出现,构成循环,学生发现这样的规律后就可以预见后面相应位置的情况了。例题 2-2 的特点是给相加为 10 的格子涂色后,恰好构成了自左上到右下的"对角线"图案(表 2-1 中字母 A 处)。

《课标(2011 年版)》第二学段课程内容中关于"探索规律"的两道例题分别是例 30 和例 31,本书此处见例题 2-3 和 2-4。

例题 2-3

联欢会上,小明按照 3 个红气球、2 个黄气球、1 个绿气球的顺序把气球串起来装饰教室。你知道第 16 个气球是什么颜色吗?

例题 2-4

一个房间里有 4 条腿的椅子和 3 条腿的凳子共 16 个,如果椅子腿数和凳子腿数加起来共有 60 条,那么有几个椅子和几个凳子?

例题 2-3 所描述情境的特点与前面例 2-1 是类似的,仍然是多个对象有序排列,并且按照固定个数重复出现,体现的是循环的规律。例题 2-4 从表面看不具备前面例题中"有序排列"和"图案"的特征,但可以用下面的表格(如表 2-2 所示)将问题情境改造为"有序排列"的表述方式。

表 2-2　情境改造表

椅子(4 条腿)	0	1	2	3	…	?
凳子(3 条腿)	16	15	14	13	…	?
总腿数	48	49	50	51	…	60

　　表 2-2 第一行表达出椅子个数依次递增的有序排列,第二行表示凳子个数依次递减的有序排列,第三行则显现出总腿数"每个数比前一个数多 1"的排列规律。

　　从上面 4 道例题可以发现,这里所说的规律指的是运动或变化过程中的不变因素,这样的不变因素将不同对象或同一对象的不同运动状态联系起来,进而使得这种运动或变化状态、趋势可以把握。简单来说,所谓规律就是"变中的不变",比如前面的例题 2-4 的表 2-2 中,随着椅子和凳子个数的不断变化,总腿数从 48 开始也在不断变化,在这个变化过程中,对应的椅子个数和凳子个数的和(16)是确定不变的,进而导致总腿数每次增加 1 也是不变的,正是这样的规律使得椅子个数、凳子个数以及总腿数之间建立了联系,进而使得它们的变化状态和趋势可以把握了。

　　与这一含义较为接近的英文单词应该是"pattern",这一单词在英汉词典中通常译为"模式"。《麦克米伦高阶英语词典》中针对"pattern"的第一条释义为:"一系列行为或事件,共同展示了事物是如何规范地发生与发展的。"与这里所说的"规律"的含义基本一致。因此,所谓探索规律的一个重要内容就是在运动与变化过程中寻找不变因素,在国外许多教科书中把这样的内容叫作"发现规律"(finding pattern),就是我们通常所说的"探索规律"。

二、怎样发现规律

　　"发现"作为人类的认识活动,要基于客观存在和主观意愿的共同作用。这种主观意愿主要包括两方面,第一是相信规律的存在,第二是有把握事物及其变化的意愿或动机。在此基础上,通过对个别、具体对象及其关系的观察和比较,找到能够制约这些对象及其关系的确定性因素,进而通过归纳和解释确定具有普遍性的规律,之后根据情况对这样的规律进行推广和应用。

　　如果把"发现规律"看作是学生的学习活动,那么这样的学习活动一般来说起码应当包括六个环节。一是建立"目标和动机",这一环节的目的是让学习者明确"我想要做什么"或者"我需要做什么",为后面的活动明确目标,形成动机。二是明确"情境与对象",这个环节具有承上启下的作用,一方面可以帮助学生回忆已有的相关知识和经验,另一方面建立后面活动的观察对象。三是针对相关情境或研究对象的"观察与比较",这是发现规律的核心环节,不仅需要观察对象本身,更需要把注意力放在对象之间的关系方面。四是对初步结论的"归纳与解释",通过观察与比较,可能会得到一些相对零散的结论或者猜想,这时就需要找到他们的共性,归纳出具有一定普遍性的结论或者猜想,而后对这样的结论或者猜想的正确性进行解释和验证。五是对所得结论的"推广或应用",任何一个规律往往会孕育着更具普遍性的规律,同时发现了规律往往意味着很多相关问题可以得到解释,因此这个环节的目的在于培养学生推广与应用的意识。六是对发现过程和结论的"反思和总结",发现规律的过程中会生成很多想法,把这些想法及时总结并固化为文字,这样的过程可以培养学生及时反思和总结的习惯,同时逐步培养学生用语言表达自己想法的能力。下面用一个实际例子说明这样的过程。

例题 2-5

20 世纪末期曾经出现了一个世界范围的困惑与争论:即将来临的 21 世纪的第一年应当是 2000 年,还是 2001 年?[①]

要想回答这个问题,自然应当把公元纪年的规律搞清楚。首先需要明确两个前提。第一,公元纪年起始年为公元 1 年或元年,也就是没有公元 0 年;第二,一个世纪规定为 100 年。为了便于观察和比较,可以把从公元元年开始的纪年方式有序地排列出来。

表 2-3　公元纪年表

世 纪	1	2	3	…	21
年	1—100	101—200	201—300	…	?

观察表 2-3,纵向看公元 1 世纪最后一年是公元 100 年,公元 2 世纪最后一年是公元 200 年,依此类推可以得到初步结论:"公元 n 世纪最后一年的年数是

---

① 裘明.21 世纪第一年为何年? [J].科技术语研究,1999(01):3—5.

$n \times 100$。"据此就可以初步得到结论,21世纪最后一年是2100年,因此倒推100年得到21世纪第一年是2001年。

横向看相邻两个世纪对应年数相差100,比如公元3世纪第一年201比公元2世纪第一年101多100。由此推断出21世纪第一年应当比1多20个100,因此21世纪第一年应当是2001年。我们还可以先求出20世纪最后一年是2000年,进而得到21世纪第一年是2001年,这样就进一步验证了结论的正确性。运用同样的规律可以知道公元22世纪的第一年是2101年,等等。如果把以上内容设计成一节课的教学方案(以下简称"教案"),则可以用如表2-4所示的方式呈现。

表2-4　例题2-5的教案

活动目的、类型	学　习　内　容	说　　　明
目标与动机	我们现在生活在哪一个世纪? 你知道这个世纪的第一年是哪一年吗?	学生可能出现不同意见的分歧。借此建立后面活动的目标和动机。
情境与对象	公元1世纪是从哪一年到哪一年? 把公元1世纪、2世纪和3世纪的第一年和最后一年表示出来。	如果学生画表格有困难,教师可以画好模板,让学生填写。
观察与比较	从表格中发现了什么? 你能得到什么结论?	如果学生出现困难,可以将问题具体化,比如:"什么地方相同?""有什么联系?"等。
归纳与解释	与同伴说说你的发现和得到的结论。 怎样验证你的结论是正确的?	这个活动需要较长的时间,尽可能让每个学生都在小组中表达想法的机会。
关联与应用	下一个世纪的第一年是哪一年? 伟大的科学家牛顿出生于1642年,去世于1727年。还可以怎样介绍牛顿生活的时期? 直尺的刻度为什么从0开始?	还可以让学生结合自己的经验提出类似问题。
反思与总结	你认为什么是规律? 怎样能够发现规律? 发现规律有什么好处?	这个环节强调独立思考和书面表达。目的是培养学生的总结和概括能力,同时能够用书面语言表达自己的想法。

以上学习过程的核心环节是"观察",观察的重点特别要关注对象之间的关系,这种关系往往体现为"变化过程中的不变因素"。这样的学习活动设计应当说

突出了规律的本质。除此之外,学习活动的设计中还应当重视渗透文化和关联思考。比如表2-4中关于牛顿生卒时间的问题以及直尺刻度的问题设计,都是出于这种考虑。

三、广义的规律

广义的规律指的是事物之间必然的联系,这样的联系大致说有两种类型。一种是前面所说的"运动与变化过程中的不变因素",需要通过观察和比较去发现,不妨叫作"显性的规律"。还有一种事物之间的联系体现为"原因和结果"或"本质与现象"之间依赖与制约的关系。通过观察与比较往往发现的是"结果"或"现象"这样显性的内容,探索规律还应当包括揭示产生结果的"原因",或导致现象发生的"本质"。这样的规律可以称之为"隐性的规律"。下面用小学数学课程中"数的整除特征"为例进行说明。

"2,3,5的整除特征"通常是小学五年级的课程内容。其教学过程大致来说是通过观察和比较一些具体特例,找到"变化中的不变因素",而后归纳出结论。以"5的整除特征"为例,通常是先在1—100的数表中找到"5"的倍数,然后发现其个位数字都是"5"或"0",因此得到"个位数字为'5'或'0'的数是'5'的倍数"的结论(如表2-5所示)。

表2-5　5的整除特征

在下表中找出5的倍数,并涂上颜色。看看有什么规律。

1	2	3	4	5	6	7	8	9	10
11	12	13	14	15	16	17	18	19	20
21	22	23	24	25	26	27	28	29	30
31	32	33	34	35	36	37	38	39	40
41	42	43	44	45	46	47	48	49	50
51	52	53	54	55	56	57	58	59	60
61	62	63	64	65	66	67	68	69	70
71	72	73	74	75	76	77	78	79	80
81	82	83	84	85	86	87	88	89	90
91	92	93	94	95	96	97	98	99	100

个位上是_____或_____的数,是5的倍数。

这样的设计存在两个问题,第一个问题是从特例中归纳(实际上是"不完全归纳")出的结论应当是"如果一个数是'5'的倍数,那么其个位数字是'5'或'0'",而不是其逆命题"如果一个数的个位数字是'5'或'0',那么这个数是'5'的倍数。"第二个问题是没有引发学生去进一步探索隐性的规律,也就是5的倍数具有这种特征的原因是什么? 为什么'5'和'2'具有相同的整除特征?

事实上,任何一个正整数都可以写成一个10的倍数与其个位数字之和的形式,比如:"84"可以写成"$8 \times 10 + 4$","2 015"可以写成"$201 \times 10 + 5$",等等。而"10"是"5"的倍数,因此这个数是否是"5"的倍数就由个位数字决定了。同样道理,"10"同时也是"2"的倍数,所以"2"和"5"的整除特征是一样的。这样的内容还能为中学数学和物理中的"科学记数法"做铺垫,所谓"科学记数法"就是把一个多位数,比如 $n+1$ 位数"$\overline{a_0 a_1 a_2 \cdots a_{n-1} a_n}$"写成如下的形式:

$$a_0 \times 10^n + a_1 \times 10^{n-1} + a_2 \times 10^{n-2} + \cdots + a_{n-1} \times 10^1 + a_n \times 10^0 \ ①$$

基于以上分析,为了引导学生用"探索规律"的过程学习"数的整除特征"这一内容,可以将"2"和"5"的整除特征放在一起同时学习,为此可以设计如表 2-6 所示的教案。

表 2-6 "2"和"5"整除特征的教案

活动目的、类型	学 习 内 容	说 明
目标与动机	随意写出一个 10 位整数。 不用计算,想一想这个数除以 2 的结果是整数吗? 除以 5 呢?	本环节的目的是引出:我们需要判断能否整除的简捷方法。
情境与对象	用自己喜欢的方式写出 100 以内(包括 100)所有 5 的倍数和 2 的倍数。	唤起学生对倍数概念的回忆,同时为下面的学习提供情境和观察对象。
观察与比较	2 的倍数有什么特点? 5 的倍数有什么特点? 你能得到什么结论?	这一环节是本节课重点环节,需要充分的时间。

① 还可以写成更简单的形式 "$\sum\limits_{i=0}^{n} a_i \times 10^{n-i}$"。

(续表)

活动目的、类型	学 习 内 容	说 明
归纳与解释	2和5的倍数有什么共同的特点? 为什么2和5的倍数会出现共同的特点呢?	这个环节是引导学生探索隐性规律。如果学生有困难,教师应当给出适当提示。
关联与应用	"两个奇数相加的和一定是2的倍数",这句话对吗? "100个奇数相加的和一定是5的倍数",你相信吗? 说说理由。	这样的问题要重视学生阐述理由,特别是与前面的讨论结合起来。
反思与总结	写出一句话,说明2和5的整除特征是什么?	这个环节的目的在于培养学生的概括和书面表达能力。

这个教学设计与前面"发现规律"的设计框架是一样的,其中对隐性规律的探索体现在"归纳与解释"这个环节中了。

《课标(2011年版)》以及教科书是将"探索规律"与诸如数的认识、数的运算以及常见的量并列为课程内容,这可能是想突出这一内容的重要性。事实上,比较建议把探索规律看作人的认识活动以及学生的学习活动,贯穿于整个数学学习的过程中。

第二节 归纳与类比

"规律"往往体现为事物之间的联系,这种联系相对于探索者主体来说具有客观性,因此探索规律的核心环节是"观察",通过观察发现这样的联系。观察的过程必然伴随着思考,怎样的思考方式有助于规律的发现,是一个值得研究的问题。

一、"由此及彼"的观察与思考

所谓"由此及彼"指的是在观察活动中,不仅关注单个或者同类事物及其属性本身,而且关注多个或者不同类型事物及其属性之间的关系。从一个或者一类事物及其属性联想到另一个或者一类事物及其属性,这种思考方式在逻辑学中也叫作"类比推理"(analogy)。

例如,对于除法"商不变"规律的学习,就可以采用"由此及彼"的思考方法,通过与加法、减法和乘法类似规律的类比,联想出除法的这一规律。

首先,观察一组加法算式:

$$9+3=12;\ 8+4=12;\ 7+5=12;\ \cdots$$

归纳出加法运算具有"和不变"的规律,即"一个加数增加多少,另一个加数就减少多少,那么加法的和不变"。

接下来,观察一组减法算式:

$$60-12=48;\ 55-7=48;\ 72-24=48;\ \cdots$$

总结出减法运算具有"差不变"的规律,即"被减数与减数同时增加或者减少相同的数,那么减法的差不变"。

再来观察乘法算式:

$$2\times36=72;\ 4\times18=72;\ 8\times9=72;\ \cdots$$

得到乘法运算具有"积不变"的规律,即"一个因数扩大的倍数与另一个因数缩小的倍数如果相等,那么乘法的积不变"。

在此基础上,自然而然的想法就是"除法有没有类似的规律呢"。这样的思考方式就属于"由此及彼",也可以叫作类比推理。

按照通常的理解,学习数学的理解方式(mathematical understanding)有两种类型。第一种是追求"会做",叫作"工具性理解"(instrumental understanding),这种理解方式的学习主要依赖于"模仿"和"练习"。第二种理解方式叫作"关联性理解"(relational understanding),[①]这种理解方式的学习过程相对复杂。运用"由此及彼"的观察与思考自然有易于数学学习的关联性理解。下面以平行四边形和梯形面积的学习进一步说明由此及彼探索规律的过程。

二、运用案例一: 学习平行四边形面积

平行四边形面积公式反映的是一个平行四边形面积与其底边长度和高的长度之间的关系,是以长方形面积以及平行四边形与长方形关系的认识为基础的。"面积"在数学中属于"连续量",数学家研究连续量往往需要从更加直观的"离散

① Jennifer Suggate, Andrew Davis & Maria Goulding. *Mathematical Knowledge for Primary Teachers*(5th ed)[M]. London: Routledge, 2017: 3.

量"入手。为此可以先来观察图 2-1 中篮球的两种摆放方式。图 2-1 左图是将 15 个篮球摆放成长方形形状,图 2-1 右图是将同样的 15 个篮球摆放成平行四边形形状。

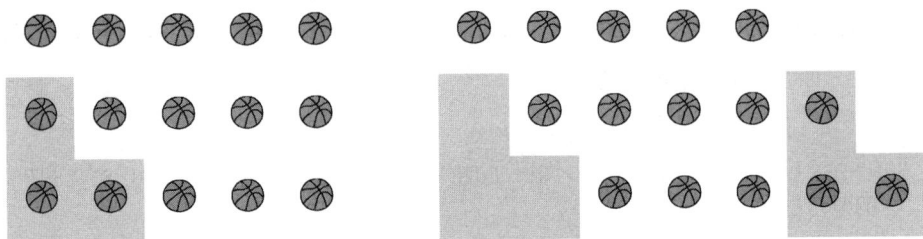

图 2-1   篮球摆放成两种图案

可以先来思考讨论:为什么摆放形状不同,而篮球个数是一样的呢?针对这个问题可以有两种不同类型的回答。

第一种是孤立、静止地看两个图形,它们具有一个共同特征,就是"每一行都是 5 个篮球,一共有 3 行",因此篮球个数相等,都是"($5 \times 3 =$)15"个。

另一种是用联系与变化的眼光看两个图形,认为这两个图形是可以通过某种方式相互转化的。比如将左图阴影处的 3 个篮球取出,安放到右侧的相应位置,左图就变为了右图。还可以认为左图第二行整体向右平移 1 格,第三行整体向右平移 2 格,同样左图就变为了右图。这两个过程反过来就是将右图转化为左图的方法。所有这些变化过程并没有使得篮球总数发生变化。所以两种摆放方式中的篮球个数是相等的。

在此基础上就可以开始认识面积相等的长方形和平行四边形的关系了。图 2-2 左图画出了一个长方形,右图画出了一个面积相等的平行四边形。

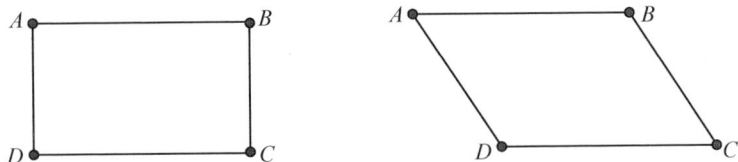

图 2-2   面积相等的长方形和平行四边形

需要研究的问题是:两个图形形状不同,为什么面积会相等呢?有了前面图形之间相互转化的经验,就可以自然而然地想到如何将长方形转化为平行四边形,或者将平行四边形转化为长方形。像这样从篮球摆放问题引出长方形与平行四边形关系的认识过程,运用的就是"由此及彼"的思考方式。

三、运用案例二: 学习梯形面积

梯形面积公式通常是将梯形转化为平行四边形而得到的,这种方法易行并且易懂,不足之处是没有揭示出梯形内部诸元素(上底、下底、高)之间的关系。另外一种方法是类似于前面与离散量类比的思考得到梯形面积公式。

将图 2-1 中 15 个篮球摆放为两个不同的梯形形状(如图 2-3 所示)。

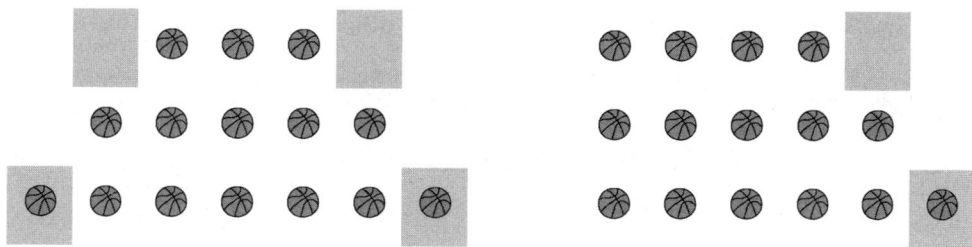

图 2-3　篮球摆放梯形图案

图 2-3 中左图可以看作是将前面图 2-1 左图第一行左、右两端(图 2-3 左图第一行阴影处)的 2 个篮球取出,并放置在第三行两端(图 2-3 左图第三行阴影处)而得到的。图 2-3 右图可以看作是将图 2-1 左图第一行最右端 1 个篮球(图2-3 右图第一行阴影处)取出,并放置在第三行最右端(图 2-3 右图第三行阴影处)而得到的。

这样的移动过程使得第一行和第三行的篮球个数分别发生了变化,但第一行和第三行的篮球总数并没有变化,也就是平均数没变。无论是左图还是右图,第一行和第三行篮球个数的平均数仍然等于原来图 2-1 长方形中每一行篮球个数,因此篮球总数可以用第一行与最后一行篮球个数的平均数乘以行数得到。对于图 2-3 左图来说,篮球总数为:

$$\frac{3+7}{2} \times 3 = 15(\uparrow)$$

同样,右图中篮球总数为:

$$\frac{4+6}{2} \times 3 = 15(\uparrow)$$

有了这样的认识,就可以把一个梯形(如图 2-4 所示)的上底和下底分别看作前面篮球摆放图形的第一行和最后一行。图 2-4 梯形的高看作是前面图 2-3 的行数。

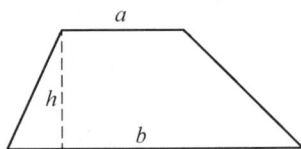
图 2-4　梯形面积示意图

因此,梯形面积就可以类比推理为"上底和下底长度的平均值乘以高的长度",也就是 $\dfrac{a+b}{2} \times h$。之后,可以运用剪拼的方法对这个结论进行验证。

我们经常听到有学生和教师说梯形面积公式为:"上底加下底乘高除以 2",这样的说法实际上把"上底和下底相加"与"除以 2"割裂开了。根据前面的经验,应当把 $\dfrac{a+b}{2}$ 看作是一个整体,表达的是上底与下底的平均数,这个平均数实际上就是梯形中位线(即梯形两腰中点的连线,见图 2-5 中的虚线)的长度。

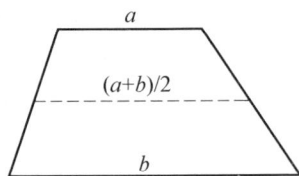
图 2-5　梯形中位线

四、"类比"有时不可靠

类比与归纳类似,是认识事物有效的思维形式,但都属于合情推理(plausible reasoning),也叫作启发式推理(heuristic reasoning),所得到的结论有时是不可靠的。运用这样的思考方式得到的结论应当叫作"猜想"(conjecture),凡是猜想,都需要对其正确性进行检验(convincing)。

例如,六年级学生在学习圆锥体积时会产生疑问:"为什么圆锥体积是底面积乘高的三分之一,不是二分之一呢?"这一疑问实际上就是源于与三角形面积公式的类比推理(如图 2-6 所示)。

图 2-6　圆锥示意图

作为立体图形的圆锥与平面上的等腰三角形形状上相像,而三角形面积公式为"底乘高的二分之一",即 $\dfrac{1}{2}ah$。由此及彼推理出圆锥体积应当是"底面积乘高的二分之一，即 $\frac{1}{2}\pi r^2 h$。"这样的推理应当说是符合人的思维规律的，但是所得到的结论却是错误的。

$$125\times(8+10)$$
$$=(125\times 8)+10$$
$$=1000+10$$
$$=1010$$

再比如，学生学习乘法对加法的分配律时经常出现如图 2-7 中所示的错误。[①]

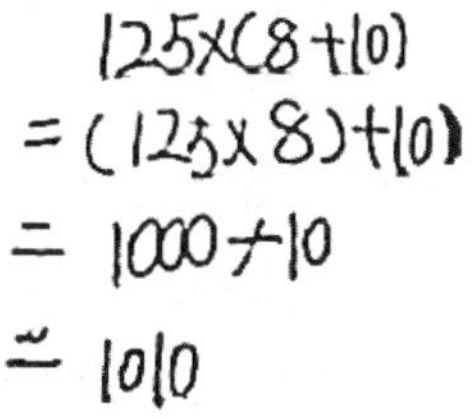

也就是对于形如"$a\times(b+c)$"的算式，学生容易将其变形为"$(a\times b)+c$"。这实际上是他们在潜意识中认

图 2-7　分配律错误案例

为"$a\times(b+c)=(a\times b)+c$"，这应当是从过去所熟悉的加法结合律"$(a+b)+c=a+(b+c)$"或者乘法结合律"$(a\times b)\times c=a\times(b\times c)$"类比推理而来的。

在学习"3 的整除特征"时，由于之前学生已经熟悉了"2 和 5 的整除特征"，都是根据个位数字判断整除性的。因此，自然而然地类比推理出"凡个位数字是 3 的倍数的数，就能被 3 整除"这样的错误结论。

因此，教师在运用由此及彼的观察与思考方式设计学习活动时，在充分地观察和比较得到初步结论后，应当安排对其正确性进行检验的活动。学生通常会有"得出结果，万事大吉"的心理。教师应当引导学生用批判与怀疑的态度对待这样的结果，让学生能够运用多种方法对自己的结论的正确性进行检验，并能够向其他同学证明自己所得结论的正确性。

第三节　"人造"的知识

在"认识钟表"的课堂教学中，教师依据教科书通常都会要求"整点的时刻读几时，不读几点"。比如：时针指向 3，分针指向 12 的时候，我们就读作"3 时"。而学生依据生活经验仍然习惯读"3 点"。另外，在时间段表达方式的教学中，学生生活经验习惯说"小时"，而教科书却要求读作"时"。同一个"时"字出现了两个不同的含义，比如"3 时"，如果没有上下文就无法判明表达的是某一时刻，还是一个时间段。

遇到此类教科书的表述与学生生活经验不一致的情况，而其中的道理又很难说清楚时，教师一般不得不采用"强迫"学生接受的做法，这样自然违背了"学生的学习应当基于已有的知识和经验"这一基本要求。因此，有必要对数学教科书中

[①] 郜舒竹,徐春华.对旋转体体积的再认知[J].数学通报,2005(01)：54—57.

几个表达时间的字词做进一步的理解和修正。

自古以来，不同地域、不同民族的人都有记录时间的需求。通常是依据诸如太阳和月亮等天体运行的循环规律，按照"年、季、月、旬、周、日、时、分、秒"来记录时间的。在我国汉朝以前，"时"有"季"的意思，如《礼记·孔子闲居》有这样的说法："天有四时，春秋冬夏。"[1]这种说法延续至今仍然存在，比如"四时养生"是中医保健中的说法，其中的"四时"实际上是四季的意思。

随着时间的推移，"时"的用法渐渐地延伸到表示每日计算时间的单位了。在谷衍奎所著的《汉字源流字典》中是这样解释"时"的："旧时计时的单位。我国古代把一昼夜平均分成十二段，每一段叫一个时辰，每个时辰又分为初、正，共二十四小时。今又指小时，一天的二十四分之一，时辰的一半。"[2]其中所说的时辰在我国古代主要有两种记载方式（如表2-7所示）。

表2-7　我国古代时辰的两种记载方式

地支	子	丑	寅	卯	辰	巳	午	未	申	酉	戌	亥
现象	夜半	鸡鸣	平旦	日出	食时	隅中	日中	日跌	晡时	日入	黄昏	人定
时间	0—2	2—4	4—6	6—8	8—10	10—12	12—14	14—16	16—18	18—20	20—22	22—0

第一种方式是用"十二地支"（表2-7中第一行），第二种方式是用自然现象以及人的活动方式（表2-7中第二行）。比如平旦、日出、隅中、日中、日跌和日入均表示太阳当时所处的位置。[3]而食时、晡时都是指人们开火做饭、吃饭的时间。由此可见，古代的一个时辰相当于今天的两个小时。后来为了表达得更精细，在一个时辰中又有了"初"和"正"两个时刻的描述，"初"表示一个时辰的开始时刻，"正"表示这个时辰的中间时刻，这样一个时辰就平均分为了两个部分，从"初"到"正"是第一个部分，从"正"到下一个时辰的"初"是第二个部分。因此逐渐就把一个时辰叫作"大时"，它的一半叫作"小时"。随着西方钟表的传入，"大时"一词就不常用了，"小时"的说法沿用至今。

《汉字源流字典》中对"点"字的解释是："古代夜间的计时单位，一夜分五更，

---

① 赵仲邑.古代汉语[M].南宁：广西人民出版社，1984：178.

② 谷衍奎.汉字源流字典[M].北京：语文出版社，2008：421.

③ 每一个时辰所在时间段，学术界有两种意见。第一种意见认为"子时"应当是半夜"11:00—1:00"，以下类推；第二种认为"子时"是半夜"0:00—2:00"，以下类推。本文采用的是第二种。

一更分五点,如今又指小时,一昼夜的二十四分之一。"之所以用"点"记录时间,有可能与古代用敲钟、打鼓以及打更等方式来告知时间有关,敲击几下就是几点。现在日常用语中仍然保持着用"几点钟"表示整数时刻的说法。

　　我国台湾地区的数学教科书中仍然保留着"几点钟"和"几时"的说法,从学生熟悉的"几点钟"开始认识,逐步过渡到"几时"的读法。由台湾康轩文化股份有限责任公司出版的小学数学教科书第一册中就有"几点钟"的教学内容,这是该书第一次出现认识时间的内容,其中"这是4点钟"就是对学生的示范说法(如图2-8所示)。

填一填
· 在钟面上填数字。
· 这个钟的长针指着哪里?短针指着哪里?
· 这是4点钟。

填一填

(　　)时(　　)分　　(　　)时(　　)分

图2-8　我国台湾地区小学数学教科书
　　　　"这是4点钟"扫描图

图2-9　我国台湾地区小学数学教科书
　　　　"认识时与分"扫描图

　　"小时"的说法来源于"时辰",表示的是时间段,也就是经过时间;而"点"和"时"在日常用语中逐步演变为表示某时刻了,比如"午时三刻"中的"午时"就表示午时这个时辰的开始时刻,即中午"12时",午时三刻就是中午12点45分。[1]

　　鉴于表达时间用语的多样性,中华人民共和国国务院于1984年2月27日颁布了《关于在我国统一实行法定计量单位的命令》,其中对时间的单位名称规定为:"分,[小]时,天(日)"(如表2-8所示)。

表2-8　我国对时间的单位名称的规定

量的名称	单位名称	单位符号	换算关系和说明
时　间	分 [小]时 天(日)	min h d	1 min = 60 s 1 h = 60 min = 3 600 s 1 d = 24 h = 86 400 s

---

[1] 蒋南华.也谈古代文学作品中的十二时问题[J].贵州教育学院学报(社会科学版),1992(03):28—32.

该文件最后的注释对其中"[小]时"中方括号的解释为："[　]内的字，是在不被混淆的情况下，可以省略的字"。这句话的意思是说"如果不会混淆，那么可以省略"，其中蕴含着两层意思：其一是"可以省略，也可以不省略"；其二是"如果会混淆，那么不能省略"。另外需要注意的是，这里的"[小]时"实际上是时间段的含义，并不是某一时刻的含义。

在表达时间段的时候，还是应当说"小时"更为恰当，特别是在字义容易混淆的情况下更应如此。比如下面这样一句话："妈妈中午 1 时开始睡午觉，睡了 1 时。"其中出现了两个"1 时"，不要说语言能力相对薄弱的小学生，即便是成年人也会感到费解。如果改为如下的说法或许更好："妈妈中午 1 点开始睡午觉，睡了 1 小时。"这样的表达并不违背国家对于统一计量单位的要求，而且更加清晰明确。

教科书的编制通常应当遵循三条原则，即内容重要、前后关联以及表述良好，其中的"前后关联"可以有很多种方式，比如"螺旋上升"就是关联性的一种体现。前后关联的方式可以多种多样，但所使用的术语在教科书中不同位置出现时，其含义应当是确定的，也就是没有歧义的。因此，在数学教科书以及数学教学中表达时间段含义的时候，还是沿用我国文化传统中约定俗成的"小时"这一说法为好。

数学课程内容是依赖于语言来表达的，语言理解要从字词的理解开始。数学课程内容中字词的歧义现象无疑是影响数学教学的重要因素。明确和理解这种歧义现象对于改善数学课程的教学应当是有益的。小学数学课程中字词的歧义现象大致来说可以有如下三种情况。

第一种是"一字多义"的现象，也就是同样的字在不同的情况下有不同的意思。前面论及的"时"，既可以表达时刻，又可以表达时间段。如果不用"小"字界定，那么"2 时"这个词汇就出现了两个意思，第一是"2 点"这一时刻，第二是从某时刻到另一时刻经历了"2 小时"。再比如"直线"和"直角"这两个词汇，其中都用到"直"这个字，但其意思是有区别的。直线中的"直"表达的是不改变方向，其相对概念是"曲"，与平常所说"一直走"中的"直"含义相同；而直角中的"直"描述的是两条直线的一种位置关系，其相对概念是"斜"，与垂直中的"直"含义相同。还有像长、宽、高、底、直径、半径等几何概念，都同时具有形和量的双重含义，也就是既表示几何形体中的线段，也表示其长短大小的度量意义。作为角的单位名称

"度",同时又表示温度中的单位。凡此种种都表现出一字多义的歧义现象。

第二种是"意义相离"的现象,指的是数学中的含义与实际意义不一致或难以沟通。比如"小数"中的"小"并不是很小的意思,也就是说"小数"并不是指很小的数,而是进率小的意思。再比如,梯形中的"上底"和"下底"中"上"和"下"的关系,并不是说上底一定在下底的上面,或下底一定在上底的下面。类似的例子还有三角形、平行四边形或梯形的"高",并不是很高的意思,而是作为名词"高度"的简称,这里的高度是相对于长度和宽度而言的。在数学课程内容中最常见的加减乘除以及和差积商中的"乘"和"商"这样的字,其实都是与其一般意义很难沟通的。主要原因是这些用语是经历了千百年的历史起源与发展,起源的时候其数学意义与一般意义应当是一致的。而长期的发展,这些汉字的含义几经引申或假借,在数学中保留下来的字词就逐步脱离了其一般意义,造成了意义相离的歧义现象。

第三种是"对应错位"的现象,也就是相对意义的概念,其用语不匹配。在"长方形的认识"的课堂观察中发现,当教师说:"我们把长方形较长的一边叫作长,那么同学们猜一猜,较短的一边叫什么呢?"同学们异口同声说"短"。如果教师的问法改为:"我们把长方形较短的一边叫作宽,那么同学们猜一猜,较长的一边叫什么呢?"这时学生就会说:"窄。"很显然,在数学中长和宽的对应关系并不符合学生的经验,学生认为"长"应当和"短"相匹配,"宽"应当和"窄"相匹配。在圆的认识中,"半径"和"直径"是相对应的概念,而其中的"半"应当与"整"或"全"相匹配,与直径中的"直"并不匹配。直径中的"直"可以用两种方式理解。第一种理解方式是看同一个圆周上两个相距最远的点,那么连接这两个点的直线段的距离是最近的,这条直线段就是连接这两点的直径,其他的连接方式都会比这个距离要远,此时直径中的"直"与直线中的"直"意义相同。第二种是利用直角或垂直理解,一个圆的任意一条直径都对应着直角的出现。比如直径上的任意一个圆周角一定是直角,同时过直径端点圆的切线一定与这条直径垂直(如图 2-10 所示)。

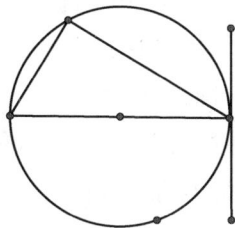

图 2-10
直径示意图

数学课程内容中的语言是帮助教师和学生理解数学的媒介,也是沟通数学知识与教师、学生的桥梁。加强对这种语言的理解与规范应当是数学课程与教学研究的重要课题。

第四节　数学语言的双重意义

在某节"分数的初步认识"课中，有一个有趣的现象：许多学生在知道了分数线下面的部分叫作"分母"后，都说分数线上面的部分应当叫作"分公"。看来学生们还没有完全理解分数线上下的"母子关系"。

数学语言是表达数学对象、运算及关系的一种形式。一般来说，数学语言有两个来源：一是自古至今发展、演变而来的；二是由其他文字翻译而来的。无论是哪一种来源，其数学含义一定与其本身的含义有联系，找到这种联系并渗透到教学中去，无疑对加深学生的理解是有好处的。下面以乘法中"乘、因、积"这三个关键字的历史渊源为例来说明这一点。

一、"因数"与乘法

我国古代曾经把乘数为一位数的情况称为"因"，乘数为多位数的情况称为"乘"。例如，将"23乘以5"称为"将23以5因之"。《辞海》中对"因"有如下释义："因，佛教名词，佛教常以事物相互间的关系来说明它们生起和变化的现象，其中以事物生起或坏灭的主要条件叫作因。"古代算学家们或许正是把握住了如下事实的本质：23乘以5必然产生新数，而产生这个新数的"主要条件"就是5，所以称5是因。这一点可以在《算法统宗》中找到依据："乘者，以数生数也。数不能自生，相得乃生，故亦曰因。"

在中国古代的筹算中，无论乘数是一位还是多位，都称为乘法。但是在做多位数的乘法时，需要排列、调整上中下三层算筹，演算过程比较繁复。到了隋、唐时期，便简化出了一种以一位乘法代替多位乘法的计算方法。例如，当乘数为35时，则先以5乘后，再用7乘，这样5和7就称为因数或因子。这种将多位乘数分解为两个一位乘数或多个一位乘数先后相乘的方法，宋朝算学家们称之为"重因"。

由此可见，"因数"的概念与乘法是密不可分的，其作用在于"生数"，"重因"的算法还体现了"化繁为简"的方法论思想。

二、"乘"与"积"的渊源

根据左民安所著的《细说汉字》中介绍，"乘"的甲骨文、金文和小篆字形都可以看作是"人在树上"的形状,因此推断"乘"字的本义是"凌驾于上"的意思,由此又引申出"升高"的意思。"乘"作为运算方法,最早见于数学典籍《周髀算经》。其中有这样的记载:"数之法出于圆方,圆出于方,方出于矩……矩出于九九八十一。"三国时期东吴数学家赵爽在对《周髀算经》的注释中用到了"乘":"推圆方之率,通广长之数,当须乘除以计之。九九者,乘除之原也。"这应当是"乘"作为数学概念的最早源头。那么古人怎么想到用"乘"字表示乘法这种运算呢? 这与"乘"的结果——"积"有很大的关联。

"积"用来表示数学中的概念,首先应当是"面积"和"体积"。所谓面积,就是"面之积累";所谓体积,就是体之积累。《九章算术》的方田章、商功章中,都有大量关于面积、体积计算的记载。《说文解字•禾部》对"积"的解释为:"积,聚也。"因此"积"有由少到多、由小到大的量变的意思。"积"字的繁体为"積",其中左面的"禾"表示粮食,右面的"責"根据《说文解字》的解释是"求"的意思。由此推断,"积"最原始的意思是"囤积粮食",而粮食囤积时正是层层升高的样子,这样"积"就与"乘"升高的意思联系起来了。

综上,与乘法运算紧密相关的因数、乘法和乘积三个词汇,从历史渊源来看的确存在着密切的联系。如果教师在数学教学中,依据学生的接受水平适时、适量地渗透这些内容,无疑会使学生加深对这些数学概念的理解。数学是靠语言来表达的,这种语言通常有文字、符号和图像三种形式,学生学习数学是从认识和理解这些语言开始的。中国汉字文化源远流长,如果教师在数学语言的使用上能够"知其然"且"知其所以然",对教学一定是大有帮助的。

第五节 "圆周长"中的发现与发明

任何人学习任何知识都不可能看见就会,听到就懂。就一节课的学习过程来说,应当是感知、思考、交流等环节的循环往复、螺旋上升的过程(如图 2-11 所示)。

这种循环往复、螺旋上升并不是依赖教师告知的过程,而是学生自己逐步"自悟"的过程,是一个从开始的"迷惑"逐步走向"清晰"的过程。其间,至少应当包括四个层次:(1)明确问题,产

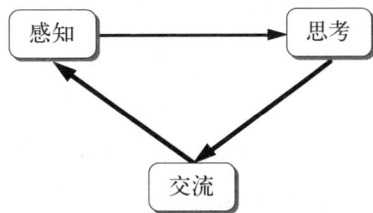

图 2-11 学习过程示意图

生动机;(2)过程方法,获得结论;(3)多样比较,错误辨析;(4)关联应用,总结提升。

一、明确问题,产生动机

学习过程起始阶段的感知,通常是学生利用感觉器官获取信息的活动,比如观察的活动、操作的活动、倾听的活动等。在这样的感知活动中,不同的学生会形成不同的关注点,同时产生想知道的愿望。其中的关注点就成为下面思考活动的目标,想知道的愿望就成为进一步思考的动机。

感知活动中伴随着思考活动,初步的思考活动通常是在疑惑、想知道等心理因素驱使下形成一个或一系列问题,同时伴随着对这些问题价值的判断,以及对问题答案与解决策略初步的想法。诸如此类的想法往往是不完善、缺乏证据的,可以认为是主观臆断,也可以认为是猜想(conjecture)或者假设(hypothesis)。这样初步的思考活动对于学生的学习是必不可少的,是学生学习过程必须经历的过程。

需要注意的是,在初步的感知与思考过程中,不同的学生往往会产生不同的关注点及其相关想法,每个学生对于自身的想法就有表达的需求和愿望。因此,每个学生就应当有表达的机会,同时能够有机会了解别人的想法。这样表达和交流的活动,实质上是对想法逐步清晰和完善的过程,同时也是对每位学生提供新的感知信息的过程。

通过以上活动,学生应当形成了清晰的问题目标和解决问题的动机,同时对问题的答案和问题解决的过程与方法产生初步的设想。至此可以认为是感知、思考、交流的第一次循环(如图2-12所示)。

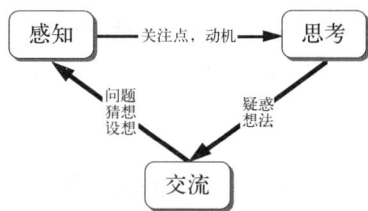

图 2-12   学习过程示意图一

这一过程中生成的问题、猜想以及解决问题的设想等内容,就成为了进一步学习的感知对象。比如,对于小学数学课程中"圆的周长"这一内容,其重点在于探索圆的周长与直径(或半径)的关系。这样的关系可以分为两个层次,从性质的角度说,圆的周长与直径具有依赖与制约的关系;从量化的角度看,圆的周长与直径的比值是固定不变的常量。引导学生学习这样的内容,首先应当让学生通过感知活动感受圆的周长与半径不是相互独立的,它们之间是有关系的。

比如可以给学生布置如下任务：

● 用圆规画出两个大小不同的圆,一边画一边想：圆的周长和半径或者直径是否有关系?

● 用自己的语言和同伴说说这样的关系。

学生通过"用圆规画"这样的操作活动,自然可以感知到如下事实：

● 直径(半径)越大则周长越大。

● 直径(半径)越小则周长越小。

● 周长越大则直径(半径)越大。

● 周长越小则直径(半径)越小。

也就是圆的周长与直径(半径)具有依赖与制约的关系。在此基础上,学生自然就会产生想进一步了解圆的周长与直径(半径)量化关系的愿望。相关的问题就是"圆的周长与直径究竟具有怎样的关系",至此应当说学生就形成了进一步学习的动机和目标。

二、过程方法,获得结论

接下来进入图 2-13 所示的学习过程的第二次循环,第二次循环过程的目标指向前面产生的问题、猜想和设想,目的是求解或证实,因此其感知与思考活动就是围绕寻找理由或者证据以及解决问题的过程与方法而开展的。

针对前面"圆的周长与直径究竟具有怎样的关系"这个问题,就需要通过"搜集数据、整理数据、分析数据"的过程来解决。所谓"搜集数据"就是对于大小不同的圆形进行测量,"整理数据"就是把测量的结果用清晰的方式进行记录。比如,可以设计如下的表格记录测量的数据。

表 2-9　圆直径与周长数据记录表

物　体	直　径	周　长
盘　子	25 厘米	79 厘米
硬　币	1 厘米	3.15 厘米
……	……	……

在实际教学中,应当尽可能多地测量各式各样、大小不同的圆形实物(也应当包括前面学生用圆规画出的圆形),并把所有数据记录在同一个表格内。在此基础上,就可以开始"分析数据"。分析数据的过程实质上就是发现规律的过程,也就是在运动与变化的过程中发现不变因素的过程。比如在表 2-9 中发现盘子的周长与直径的比值为 $\frac{79}{25} = 3.16$,硬币的周长与直径的比值为 3.15,等等。这些比值的一个共性就是相互之间比较接近,因此以上活动所获得的结论就是:

无论什么样的圆形,其周长与直径的比值都非常接近于 3.1A,其中的数字 A 不确定。

以上"搜集数据、整理数据、分析数据"的过程,其中包含了观察(observation)、比较(comparing)、试验(experiment)、数据记录(data record)、分类(categorizing 或 classifying)、排序(ordering)、发现规律(pattern finding 或 recognizing relationships)、测量(measurement)、数据解释(data interpreting)和推理(reasoning)等活动。在这些活动的基础上就得到了具有一定可信度的结论或者是问题的答案。需要注意此时的结论还没有达到完善的水平。因此就需要进一步地表达和交流。表达的方式可能是书面的,也可能是口头的;表达的形式可能是文字的,也可能是符号的、图像的。

在学生的表达过程中,自然会出现与教师预设不同的内容,这些"不同"可能是学生"正确的自创",也可能是"荒谬的错误"。如果在成人世界的工作活动或者学术活动中,"荒谬的错误"通常是要努力避免的。但对于学生的学习活动来说,无论是"正确的自创",还是"荒谬的错误",都应当成为进一步感知与思考的对象,是进一步深入学习的资源。这样的过程就构成了如图 2-13 所示的学习过程的第二次循环。

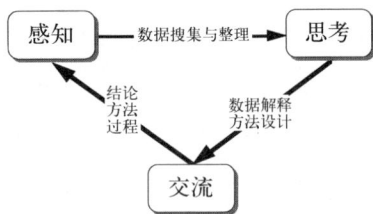

图 2-13   学习过程示意图二

三、多样比较,错误辨析

接下来第三次学习过程的循环,应当以前面活动中学生所生成的"不同"结论以及过程与方法作为感知和思考的对象。其核心活动在于对各式各样"不同"的理解与比较,同时包括对"错误"的辨别及其原因的分析,通过表达和交流逐步形成相对统一的认识(如图 2-14 所示)。

比如针对前面圆的周长所获得的结论"无论什么样的圆形,其周长与直径的比值都非常接近于 3.1A,其中的数字 A 不确定",可以组织学生围绕下面的问题展开讨论:

图 2-14 学习过程示意图三

不同的圆形周长与直径的比值非常接近,说明了什么? 可以结合正方形的周长与边长的关系进行思考。

学生熟悉的正方形的周长与边长的比值是固定不变的值,运用类比推理可以联想到圆形周长与直径的比值也应当是固定不变的值。而且这个固定不变的比值应当近似于 3.1A。在此基础上,继续提出下面的问题引导学生思考讨论:为什么不同的同学针对不同的圆形得到的比值会出现微小的差异呢? 这个问题的思考讨论期望学生在两个方面有所感悟:

第一是由于人感官以及测量工具的局限,任何实际测量都不可能做到绝对准确,总会出现误差。

第二是我们目前所熟悉的整数、分数以及有限小数都不足以表达圆与其直径的比值。

事实上,在数千年的历史长河中,人们都困惑于"圆周长与直径的比值究竟是什么"这个问题,距今约 4 000 年前的古代巴比伦人(公元前 3000—公元前 729)用"3"代表这个比值,古希腊时期的阿基米德(Archimedes,公元前 287—公元前 212)发现这个比值介于 $3\frac{10}{71}$ 和 $3\frac{1}{7}$ 之间,我国南北朝时期数学家、天文学家祖冲之(公元 429—500)发现这个比值介于 3.1415926 和 3.1415927 之间,等等。[1]

到了距今 300 多年的 1706 年,数学家威廉姆·琼斯(William Jones,公元 1675—1749)才首次使用希腊字母"π"表达圆周长与直径的比值。不过,这一符号真正为大家所接受并开始广泛使用,应当是 30 年后的 1736 年,瑞士数学家欧拉(Leonhard Euler,公元 1707—1783)在自己的著作中开始使用之后的事情了。之所以使用希腊

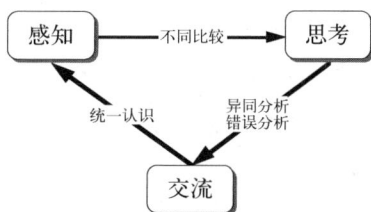

---

① Dorothy Rice. History of π (or PI)[J]. *Mathematics News Letter*. 1928, 2(05): 6—8.

字母"π"代表圆周长与直径的比值,是因为希腊文中表示"外围,边缘"的词汇是
"περιφερεια"(对应的英文单词是"periphery"),其第一个字母是"π"。[1]在研究"π"的过
程中,人们逐渐发现这个比值是不能用已经熟悉的整数和分数表示的,证明了这
个比值"π"是一个无理数,只能够用分数或者小数表示出它的近似值。

在此基础上,就可以得到圆周长与直径的关系为 $C = \pi d$,圆周长与半径的关系
为 $C = 2\pi r$。 公式中的字母"C"表示圆周长,对应的英文单词为"circumference",字
母"d"表示圆的直径,对应的英文单词为"diameter",字母"r"表示圆的半径,对应
的英文单词为"radius"。

四、关联应用,总结提升

有了相对统一的结论,就可以进入关联与应用的学习过程。关联与应用自然
是以关系识别作为核心活动的,其目的在于把以上学习活动中形成的结论或者方
法,与其他知识与方法建立联系,与人的实践活动建立联系。在这样的过程中,学
生对已学习的内容有了较为广泛、深刻的理解,自然还会产生新的问题。通过数
学学习力图实现"让知识越学越少,让问题越学越多"的目的(如图 2 - 15 所示)。

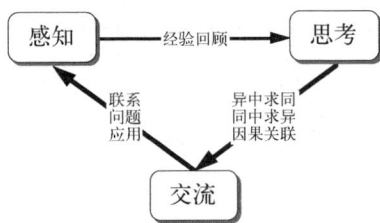

图 2 - 15   学习过程示意图四

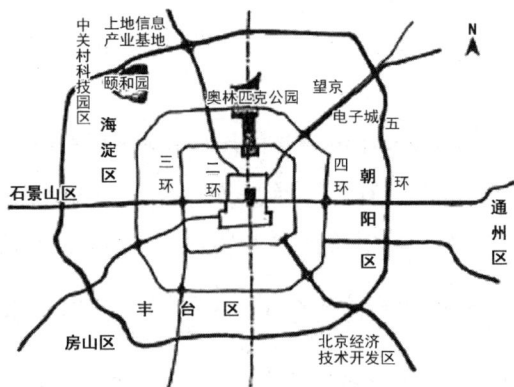

图 2 - 16   北京市环路示意图

比如,在我国许多城市的建设发展中,都围绕城区修建"环路",北京城目前就
有从二环路到六环路的 5 条围绕北京城区的环路(如图 2 - 16 所示)。

---

[1] N. Rheta, Rubenstein & K. Schwartz Randy. Circles Around, About, Across, & Through[J]. *Math Horizons*. 2003, 11(02): 20—23.

人们出行时经常面临的一个问题就是面对多条路线选择的时候,如何确定最快捷的路线。不妨假设环路都是圆形的(如图 2-17 所示)。

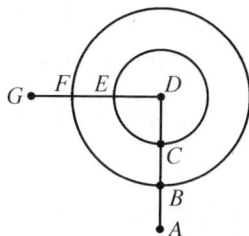

图 2-17 圆形环路
示意图

如果不考虑堵车等因素,图 2-17 中从 A 处出发到 G 处,至少就有三条行车路线供选择。

路线 1:$ABCDEFG$。

路线 2:$ABCEFG$。

路线 3:$ABFG$。

其中路线 2 中从 C 到 E 是沿着内环路线的弧线行驶,路线 3 中从 B 到 F 是沿着外环路线的弧线行驶。这一问题的解决依赖于对各条路线的长度进行比较,也就是需要研究直径与圆周长的关系。对这一问题的思考与讨论,学生可以体验到所学习的"圆的周长"的知识的实际价值,这种对知识实际价值的体验对于激发学生进一步的学习动机是有所裨益的。在解决问题的过程中,可以启发学生与类似相关联的问题作对比,比如如果假设环形路线都是正方形(如图 2-18 所示)。那么三种供选择的路线分别为以下三种。

路线 1:$ABCDEFG$。

路线 2:$ABCMEFG$。

路线 3:$ABNFG$。

在发现这三条线路长度分别相同的基础上,可以引导学生将图 2-17 和图 2-18 两个路线图画在一起进行观察(如图 2-19 所示)。

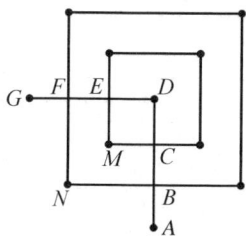

图 2-18 方形环路示意图

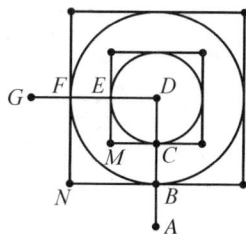

图 2-19 环路对比图

这时就为观察和比较提供了更加直观的模型,学生可以充分利用直觉进行猜测,而后通过计算进行验证。

在此基础上可以进一步提出新的问题,如果环形路不是正方形和圆形,而是

其他图形,比如椭圆形(如图 2 - 20 所示),那么应
当怎样解决类似的问题呢?

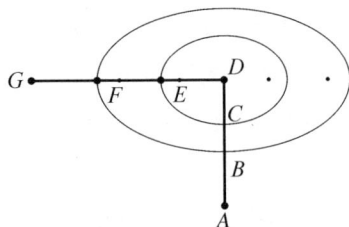

图 2 - 20   椭圆路线示意图

诸如此类的问题仅依赖中小学的数学课程内
容是难以解决的。尽管如此,在解决问题的基础上
提出新的问题的思维方式本身,对学生的一生来说
都是一种重要的素质,引导学生提出新问题的做
法,注重的不是问题本身以及问题是否能够解决,
注重的是学生作为人的思维方式的培养,是"教书育人"的具体体现。

以上所介绍的四个层次是一个螺旋上升的学习过程,每一个环节都需要经历
"感知、思考、交流"的过程。这样的设计并不是遵循"从易到难"的原则,而是"发
现问题—分析问题—解决问题—推广应用"的一般认识论的原则。

第三章　数学知识的历史性与人文性

　　谈及数学知识,我们通常会与科学性(真理性)、严谨性(逻辑性)、应用性联系在一起,而数学活动往往被认为是定义、计算、证明、解决问题的活动。这就使得数学知识渐渐失去了"人味儿",变得枯燥、难学。事实上,数学知识在发生、发展过程中,充满了人的思维、情感,就像艺术中的人文性。数学课程与教学中呈现出这样的人文性,能够让数学知识更具魅力。

第一节　数学术语的人文内涵

　　数学中的术语,从语言的角度看,通常有两方面的含义,其一是学生熟悉的一般意义,其二是在数学中的特定意义。有些时候这二者是很接近的,比如数学运算中的"加"与"减",在数学中表达运算过程的含义与日常用语的含义基本是一致的。但也有二者的含义很难沟通的情况,比如乘法运算中的"乘",学生熟悉的含义可能是"乘车""乘风破浪"等;而在数学中表达的是"相同加数求和",这两个含义似乎风马牛不相及。这时必然会给学生的理解造成困难。因此,在数学课程与教学研究中应当重视"语文"的因素,实现数学语言的一般意义与数学意义的沟通,让学生能够通过语文理解数学。下面通过几个例子进行说明。

一、"几何"与"方程"究竟何义

　　"几何"一词是明代学者徐光启(1562—1633)在与意大利传教士利玛窦(Matteo Ricci, 1552—1610)合作翻译古希腊欧几里得的《几何原本》的时候首次使用的。关于徐光启选用这个词的原因经过考证主要有两种观点:第一种认为是在翻译《几何原本》中"geometry"这一英文单词时考虑了两方面因素,其一是这个词汇具有"测量地球"的意思,而测量的过程实际上就是想知道"多少"的问题,古汉语中"多少"通常用"几何"这个词汇来表达,这是意译;其二是考虑英文单词的前缀"geo"的发音接近汉字"几"的发音,所以"几何"是意译和音译兼容的翻译。[①] 另一种观点认为"几何"是对"magnitude"这一英文单词的意译。[②] "magnitude"是"量"的意思，而研究量其实关心的就是"多少"，所以用"几何"。两种观点的共同之处就是"几何"与测量以及数量的多少直接相关。姑且不论哪一种观点是正确的，这些内容起码包含了语言及其文化方面的知识，这些知识对于数学学习都是重要的。

"方程"这一数学术语与"几何"不同，并非外来语的翻译，而是我国古人命名并沿用至今的。由于时间久远，其一般意义与数学意义的联系已经不明显了。就是说从"方程"的字面上很难联想出其"含有未知数的等式"这一数学意义。在古汉语中"程"最初是一种度量单位，后来引申为有度量的意思。比如，"程者，权衡丈尺斛斗之平法"[③]的说法，就把"程"理解为各种不同大小的计量工具之间如何平衡(其实就是互相转化)的方法。这样的理解在许多词汇中都有所体现，比如"路程"就是度量所走路的结果。按迄今的考证，"方程"一词在我国数学文献中使用最早的是《九章算术》第八章。刘徽在其注释本中对方程的解释为："群物总杂，各列有数，总言其实，另每行为率，二物者再程，三物者三程，皆如物数程之，并列为行，故谓之方程。"[④]这句话的大意是说，多个未知数的时候，就需要分别排列出来共同考虑。两个未知数排两行，三个未知数排三行，有几个未知数就排几行，有行有列，所以叫作方程。其中"方"指的是排列出来的形状，"程"就是度量方法的意思。这实际上就是现在数学中的线性方程组。在《九章算术·音义》中对"方程"的解释为："方者，左右也。程者，课率也。左右课率，总统群物，故曰方程。"[⑤]这句话的意思是说给未知量配上相应的系数，使得左右相等就是方程。其中的"方"是左右，"课率"用现在的语言说就是配上系数。这样的解释与现在所说的"含有未知数的等式"十分接近。

二、加法的结果为什么是"和"，而不是"合"

数学术语是前人命名或者翻译，经过长时间历史沿革沿用至今的。由于文字

① 松村勇夫.关于代数及几何的字源[J].中国数学杂志,1951(01)：18—20.
② 杰.几何不是 Geo 的译音[J].数学通报,1959(11)：31.
③ 司马迁.史记·卷一百三十(集解引如淳语)[M].北京：中华书局,1999：2508.
④ 杜石然."九章算术"中关于"方程"解法的成就[J].数学通报,1956(11)：11—14.
⑤ 李继闵.《九章算术》导读与译注[M].西安：陕西科学技术出版社,1998：624.

本身含义的逐步变迁，原始的含义发生了变化。比如，为什么加法的结果用"和"而不是"合"？按照一般的理解，似乎"合"更为恰当。按照何金松所著《汉字文化解读》的解释，[①]"和"最初的意思是树上的小鸟此唱彼和的场景，后来引申为很多人演唱或演奏时乐音的谐和，所谓乐音的谐和是指多种声音听起来就像一个声音。由此可以推断"和"是"两个或多个在一起就像一个"的意思。比如日常生活中所说的"和面"（音：huó miàn），其意义就是面粉和水融为一体。中国传统的娱乐项目"打麻将"中的"和牌"（音：hú pái）是把零散的牌融为一个互相关联的整体。这显然与数学中加法的意思相吻合。而"合"字起初的意思是"关闭"，后来引申为"聚集"，才有了现在联合的意思。

三、为什么一定要把"6÷2"读作"6除以2"

按照《现代汉语词典》的解释，"除"字的一般意义有"去掉"或"减少"的意思，又可以引申为"分"的意思。如果把除法运算理解为"逐步减少"，就与乘法的"逐渐升高"相对应为互逆关系，也就是数学中所说的"互逆运算"了。至于为什么要把"6÷2＝3"读作"6除以2"，或"2除6"，而不能读作"6除2"，这其实是古汉语中倒装的习惯，所谓"6除以2"，用现在习惯的读法应当是"以2除6"。"2除6"实际上是省略了"以"，也是"以2除6"，都是用2去分6的意思。类似的例子还有分数的读法，$\frac{2}{3}$读作"三分之二"实际上是"分三之二"，"之"在古汉语中有"的"的意思，所以"分三之二"就是"分为三份中的两份"，与分数的意义基本上是一致的。

类似的问题还有，除法的结果为什么叫作"商"？一般意义下这个字往往与"商量""经商"这些用语的意思联系在一起。我国古代有一种计时仪器，叫作"漏壶"，也叫作"漏刻"。壶内有一浮标部件，上面刻有刻度，随水浮沉，称为"漏箭"。人们只需查看漏箭外表所显露的刻度，便可掌握壶内水位的高低，从而知道当下的时辰。我国古代字书《正字通·口部》对"商"有这样的解释："商乃漏箭所刻之处。"[②]由此看出，"商"在古代表示计时工具漏刻中的刻度。刻度实际上就是确定标准，也就是指明"一"，以便于测量"几"。所谓"商量"，其实就是先确定"商"，然后"量"（音：liáng）。小学数学中整数的"等分除法"实际上就是"已知几倍是多

① 何金松.汉字文化解读[M].武汉：湖北人民出版社，2004：58.
② 邵启昌.中国数学若干概念汉语词义研究[J].四川师范学院学报（自然科学版），1998(02)：3—5.

少,求一倍"。这样就沟通了"商"的一般意义与数学意义之间的联系了。

四、"小数"是很小的数吗

"小数"并不是指很小的数。在十三经之一的《礼记·内则第十二》孔颖达正义有这样的记载:"亿之数有大小二法,其小数以十为等,十万为亿,十亿为兆也。其大数以万为等,万至万,是万万为亿,又从亿而数至万亿曰兆。"①大意是说,有大小两种方法得到"亿"和"兆":一种是用小数十,那么十万就是亿,十亿就是兆;另一种是用大数万,那么万万就是亿,万亿就是兆。这里的"小数"和"大数"指的都是我们现在所说的进率。因此,"小数"实际上是"小率",也就是"进率小于1"的数。在十进制的小数体系中,这个进率就是 $\frac{1}{10}$ 。因此,小数实质是自然数十进制记数法的拓展,英文中表达"小数"的词汇,与"十进制"是同一个词汇,即"decimal"。

五、"正比例"和"反比例"是比例吗

"正比例"和"反比例"分别用"正"和"反"来限定"比例"。那么正比例和反比例是不是比例? 首先来看"比例"的含义,这个词汇并不是用"比"限定"例"。《说文解字·人部》对"例"字的解释为:"例,比也"②,这说明"比例"实际上是两个字义相同的字组合而成的,隐喻的数学意义是"两个比相同"。所以"比例"这个数学术语指称的数学对象是两个比的相等关系,比如"1∶2=2∶4"就是一个比例。这种比例在 19 世纪的欧洲叫作"几何比例"(geometrical proportion)。当时,还有一种比例叫作"算术比例"(arithmetical proportion)③,表达的是两个"差"相等的关系,比如"19-7=127-115"就是一个算术比例。算术比例的一个重要性质就是,如果把符合算术比例的四个数按顺序写出来:

$$19, 7, 127, 115$$

那么首尾两个数的和与中间两个数的和相等,也就是:

$$19+115=7+127$$

① 郑玄注,孔颖达疏.礼记正义[M].北京: 北京大学出版社,1999: 828.
② 许慎.说文解字[M].北京: 中华书局,1963: 167.
③ Augustus De Morgan. *Elements of Arithmetic* (4ᵗʰ ed)[M]. London: Taylor and Walton, 1839: 99.

这个性质与几何比例中"内项积等于外项积"的性质非常类似。正比例和反比例与比例是不是属种关系？也就是说正比例和反比例是不是特殊的比例？数学教科书中把"正比例"定义为两个量的比值是固定不变的数，则称这两个量成正比例；如果两个量的乘积为固定不变的数，那么这两个量成反比例。从定义来看，正比例和反比例这两个数学术语所指称的数学对象是"两个量之间的关系"，而不是两个"比"之间的关系。因此应当说正比例和反比例都不是比例。"正"与"反"对比例的限定，使得比例这一数学术语的语义发生了变化。尽管如此，正比例、反比例和比例还是有着密切关系的。

古时算术中正比例和反比例的含义与现在不同。首先有"正比"和"反比"的概念，如果把"$a:b$"视为正比，那么"$b:a$"或者"$\frac{1}{a}:\frac{1}{b}$"就是反比。这里反比中的"反"相对于"正"有两种含义：第一种是比的前项和后项交换位置，比如把正比"$a:b$"改为"$b:a$"变为反比，这种反比对应的英文是"inverse ratio"；第二种是对比的前项和后项取倒数，顺序不变。比如把正比"$a:b$"改为"$\frac{1}{a}:\frac{1}{b}$"也成为反比，对应的英文是"reciprocal ratio"。一个非常有趣的性质是，如果对一个正比分别按以上两种方式连续取反比，比值是不变的，用符号表示就是：

$$a:b=\frac{1}{b}:\frac{1}{a}$$

这样就可以延伸出当时正比例和反比例的概念。如果把"$a:b=c:d$"叫作正比例，那么就把"$a:b=\frac{1}{d}:\frac{1}{c}$"叫作反比例。英文中"反比例"有两种说法，一种是"inverse proportion"，另一种是"reciprocal proportion"。其中前者是比例的前项和后项交换位置的意思，后者是取倒数的意思。在晚清时期的一本《师范讲习社师范讲义》中还可以看到下面的例证（如图3-1所示）。

6 : 3 :: 18 : 9

此爲正比例

$6:3::\frac{1}{9}:\frac{1}{18}$

此爲反比例

图3-1　晚清师范讲
义扫描图

由此看出，正比例和反比例起初是一对相关的概念。之所以有正比例的用语，是因为存在与它比值相等的反比例存在。无论是正比例还是反比例，都是特殊的比例，与现在的意义不一样了。

六、"函数"是数吗

"函数"一词,表面看是用"函"限定"数",但其数学意义并不是指称数,也不是对数的限定。这一词汇是清代学者李善兰(1811—1882)在 1859 年翻译德·摩根(Augustus De Morgan)所著的《代数学原理》(*The Elements of Algebra*)一书时,首次使用的数学术语。原书中"function"一词的解释为:"以任何方式包含 x 的表达式都是 x 的函数,所以"$a+x$"和"$a+bx^2$"都是 x 的函数。[①]"李善兰把"function"翻译为"函数",解释为"凡此变数中函彼变数者,则此为彼之函数。"[②]这一解释更接近李善兰翻译的另一本名为《代微积拾级》(*Elements of Analytical Geometry and of the Differential and Integral Calculus*)的书中对"function"的定义:"当一个变量等于一个包含另一个变量的表达式的时候,第一个变量就叫作第二个变量的函数。"[③]综上可以看出,李善兰用"函数"这个词汇的用意,其中的"数"是"变数",也就是现在所说的"变量";而"函"是包含的意思。二者组合在一起叫作"函数",表达的就是"变量包含变量"的关系,比如"$a+x$"是一个变量,包含着变量"x",那么"$a+x$"就是"x"的函数。所以"函数"指称的不是数,而是变量之间的包含关系,与当时人们对"函数"的认识是吻合的。现在数学中对函数的理解事实上已经发生了变化,是集合与集合之间的"对应"关系,而不仅仅是变量之间的"包含"关系了。

按照通常的认识,数学属于科学,强调真理性和逻辑性,而语文属于人文学科,更强调"人"的因素。人文学科的知识一般具有规定性和可变性的特征。所谓规定性体现的是人的主观意志占主导地位,一旦为多数人所认可,就成为约定俗成的知识了。所谓可变性指的是随着人们对事物认识的不断变化,这种约定俗成的知识也会发生变化。比如前面论及的"几何"这一词汇,在如今的数学课程标准中就变成了"空间与图形"。现在所使用的"质数",过去曾经是"数根"。莫

---

① 原文:Any expression which contains x in any way is called a function of x. Thus, $a+x$ and $a+bx^2$ are functions of x.选自:Augustus De Morgan. *The Elements of Algebra* (2nd ed)[M]. London:Taylor and Walton, 1837:168.

② 燕学敏.晚清数学翻译的特点——以李善兰、华蘅芳译书为例[J].内蒙古大学学报(自然科学版),2006(03):356—360.

③ 原文:One variable is said to be a function of another variable, when the first is equal to a certain algebraic expression containing the second.选自:Elias Loomis. *Elements of Analytical Geometry and of the Differential and Integral Calculus* (9th ed)[M]. New York:Harper & Brothers Publishers, 1851:113.

绍揆先生曾经建议分数的读法应当改变[①]，比如 $\dfrac{5}{6}$ 应当读作"五分以六"，这样更符合人自左至右、自上而下的阅读习惯，而且与除法算式的读法相一致。

人是需要人来教育的。在数学教学中融入"语文"类的人文知识，把创造知识的前人大师的情感、思维等因素融入数学课程与教学，让学生通过语文理解数学，这或许将成为数学课程与教学发展的一个方向。

第二节　加倍取半，算术之源

所谓"加倍"，用现在算术的语言说就是"乘 2"，日常用语中也说"翻一番"；"取半"也可以说成"减半"，就是"除以 2"的意思。在古代欧洲所使用的拉丁文中，加倍常用"duplation"表达，取半常用"mediation"表达。现代英语中加倍和取半分别常用"doubling"和"halving"表达。加倍和取半可以看作是具有互逆关系的两种运算。

一、广泛应用的加倍、取半

从历史的视角看，过去人们心目中的算术运算并不局限于现在所熟悉的四则运算（加、减、乘、除），还包括诸如加倍、取半、平方、开方等。到了距今约 500 年左右的 16 世纪，才逐步将具有相同特征的运算合并，成为现在的四则运算。在那一时期出版的一些拉丁文算术书的目录中，常常可以看到"duplation"和"mediation"的条目。有些书中还列出了自然数的加倍、减半表格（如图 3－2 所示）。[②]

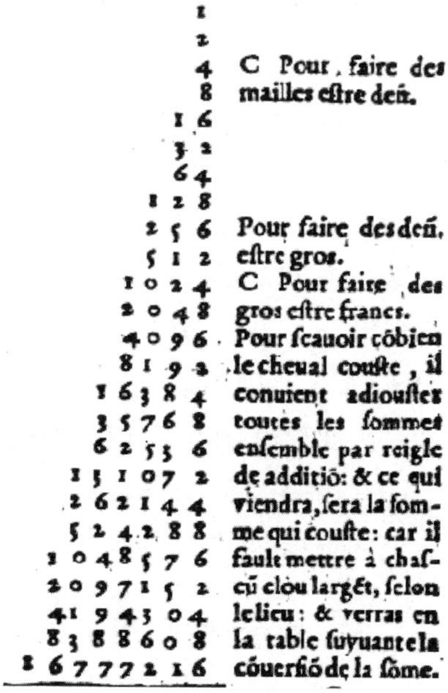

图 3－2 中左侧的数字表格自上而下看，就是从 1 开始逐次加倍得到的数据，自下而上

图 3－2　拉丁文算术书中的加倍、减半表格扫描图

---

① 莫绍揆.试论初等数学符号的改进[J].数学通报，2000(12)：28—30.

② Martin Levey. Abraham Savasorda and His Algorism：A Study in Early European Logistic[J]. *Osiris*，1954(11)：50—64.

看就是从 16 777 216 逐次减半得到的数据。

历史上人们对加倍、取半的钟爱,可以从许多方面得到证实。比如,在英语中表述"半"就有专门的词汇"half",对"half"取半还有专门的词汇"quarter"。在汉语中表述时间时,一小时的一半叫"半时",半时的一半也有专门的词汇表述,称为"一刻"。我国古代描述时间的方法是将一昼夜平均分成 12 份,一份就是一个时辰(相当于现在的 2 个小时),其中的"子时"也叫"夜半",表达这个时辰是一夜的一半的意思。类似的例子还有"事半功倍""半途而废"等。

加倍、取半的想法在音乐中也有体现。比如五线谱中的音符,其作用是代表音的长短。用全音符作为标准,对"全音符"的长度取半,就叫作"二分音符";对二分音符的长度取半,就得到"四分音符",依此类推(如表3-1所示)。

因此,所谓的二分音符其实表示的就是全音符长度的一半或二分之一,四分音符表示的是二分音符长度的一半,或全音符长度的四分之一。

表 3-1   音符示意表

名　　称	音　　符
全音符	𝅝
二分音符	𝅗𝅥
四分音符	♩
八分音符	♪
十六分音符	𝅘𝅥𝅯
三十二分音符	𝅘𝅥𝅰
六十四分音符	𝅘𝅥𝅱

11 世纪前后的西班牙数学家萨瓦索达(Abraham Savasorda,约 11 世纪),在他的数学百科全书中说:"人们利用算术做事情,首先需要的是乘法,第二是用少分多,第三是用多表达分出来的少,第四是减法,第五是加法,第六是分数的转化。"由此看出,当时人们认为乘法和除法在实际应用中相对于加法和减法来说是更为常用的运算。加倍和取半作为乘法和除法中最简单的情况,在那个时期受到人们的重视,就是自然而然的事情了。

二、加倍、取半用于计算

历史上加倍、取半也常常用于复杂的乘法和除法的计算。比如对于"17×15"就采用图3-3的方式计算。其过程是将因数"17"逐次加倍,直到计算出"17 的 16 倍是 272",而后减去"17"的 1 倍就得到"17 的 15 倍为 255"。用现在的算式表达出来就是:

$$17 \times 15 = 17 \times 16 - 17 \times 1$$

1	17
2	34
4	68
8	136
16	272
1	17
15	255

图 3-3　“17×15”的加倍计算法示意图

1 · 42	=	42
2 · 42	=	84
4 · 42	=	168
8 · 42	=	336
16 · 42	=	672
31 · 42	=	1302

图 3-4　“42×31”的加倍计算法示意图

再比如要计算“42×31”，可以采用如图 3-4 中所示的加倍的方式计算。与前面类似，首先还是将因数“42”逐步加倍，直至计算出“42 的 16 倍等于 672”时停止。由于“1+2+4+8+16=31”，所以等号右侧所有乘积之和就是“42×31”的结果。这一过程用现在的算式表达出来应当为：

$$
\begin{aligned}
&31\times 42\\
=&(1+2+4+8+16)\times 42\\
=&1\times 42+2\times 42+4\times 42+8\times 42+16\times 42
\end{aligned}
$$

在 20 世纪初流行于欧洲的俄罗斯农夫算法，其实也是从上述方法演变过来的。比如要计算“49×28”，就可以将“49”逐步取半并记录在上面一行，将“28”逐步加倍并记录在下面一行对应的位置(如图 3-5 所示)。

49	24	12	6	3	1
28	56	112	224	448	896

图 3-5　俄罗斯农夫算法示意图

在第一行遇到奇数取半的时候相当于少算了一次，比如对“49”取半得到“24”，相当于少算了一次“28”，对“3”取半得到“1”，少算了一次“448”，在最后需要将少算的部分补上。因此“49×28”最后的结果为：

$$28+448+896=1\,372$$

其中的原理是:"在一个乘法运算中,一个因数扩大的倍数如果与另一个因数缩小的倍数相同,那么乘积不变。"加倍、取半的方法也常用于除法计算,比如"$19 \div 8$"就可以采用如图 3-6 所示的方式计算:

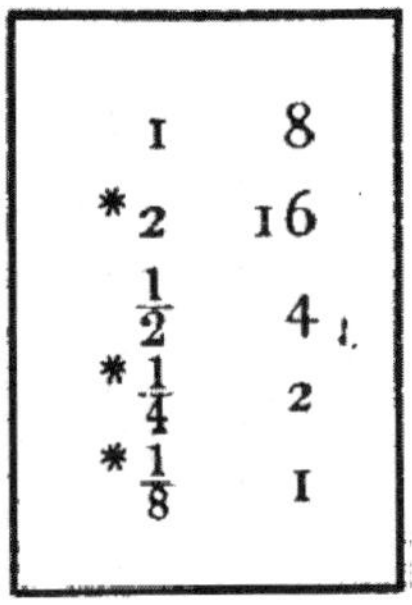

基本思路是将除数"8"通过加倍和取半凑出被除数"19"。第一次将 8 加倍得到 16;第二次将 8 取半得到 4;继续对 4 取半,相当于求出"8 的 $\frac{1}{4}$ 为 2";再对 2 取半,相当于求出"8 的 $\frac{1}{8}$ 得到 1"。其中的 16、2 和 1 三个

图 3-6 "$19 \div 8$" 的加倍、取半计算法示意图

数的和恰好等于 19,因此对应的 2、$\frac{1}{4}$ 和 $\frac{1}{8}$ 的和 $2\frac{3}{8}$ 就是 $19 \div 8$ 的结果。用现在的算式表达就是:

$$
\begin{aligned}
& 19 \div 8 \\
=&(16+2+1) \div 8 \\
=&16 \div 8 + 2 \div 8 + 1 \div 8 \\
=&2 + \frac{2}{8} + \frac{1}{8} \\
=&2\frac{3}{8}
\end{aligned}
$$

三、解决问题中的加倍、取半

加倍、取半作为计算的一种思考方式应当是很自然的。在我国数学古籍中有许多采用加倍、取半的方法解决实际问题的记载。以《孙子算经》为例,除了雉兔同笼问题之外,还有下卷中"禽兽问题"[1]的解决也用到了这样的方法(如图 3-7 所示)。

"禽兽问题"原文叙述为:"今有兽六首四足,禽四首二足,上有七十六首,下有四十六足,问禽兽各几何?"意思是说:"一种怪兽有 6 个头、4 只脚;一种怪禽有 4

---

[1] [唐] 李淳风.孙子算经(卷下)[M].武英殿聚珍版书本.

个头、2 只脚。现在一共有 76 个头、46 只脚。问怪兽和怪禽各有多少?"

《孙子算经》中给出的解决过程为:"倍足,以减首,余半之,即兽;以四乘兽,减足,余半之,即禽。"这个过程是先求怪兽的只数,后求怪禽的只数。下面对每一步作详细说明。

求怪兽只数的第一步是"倍足",就是对题目中的"46 只脚"加倍成为"92",相当于怪兽变成 8 只脚,怪禽变成 4 只脚了。可以猜测这样加倍的目的在于使得怪禽的头数和脚数相等,都是"4"了。同时加倍后怪兽的脚数"8"比头数"6"多"2"。这样总脚数"92"比总头数"76"多出来的部分就是怪兽只数的 2 倍了。第二步是"减首",也就是用加倍后的"92"减去题目中的"76"个头,得到"16"。由于这个"16"是怪兽只数的 2 倍,因此就得到第三步"余半之",也就是对"16"取半得到"8",这就是怪兽的只数了。这个过程可以用如下的综合算式表达:

$$(46 \times 2 - 76) \div 2 = 8$$

求怪禽只数的第一步是"以四乘兽",也就是用"4"去乘怪兽只数"8"得到怪兽一共有 32 只脚。第二步是"减足",就是用总脚数"46"减去"32"得到怪禽一共有 14 只脚。由于每一只怪禽有 2 只脚,所以第三步对"14"取半就得到怪禽只数为"7"了。用综合算式表示就是:

$$(46 - 8 \times 4) \div 2 = 7$$

在历史文献问题的叙述中也能看到"取半"的说法。比如《孙子算经》中的一个"取米问题":"今有器中米不知其数,前人取半,中人三分取一,后人四分取一,余米一斗五升。问本米几何?"其中的"前人取半",就是"第一个人取走米的一半"的意思。

加倍、取半是符合人们认知规律的运算方法之一,这一点还可以从如今的数学教学中得到证据。在"鸡兔同笼"问题的教学中,如果教师让学生尝试用自己喜欢的方法解决的时候,学生通常会采用"取半"的方法。就是将总头数平均分,使

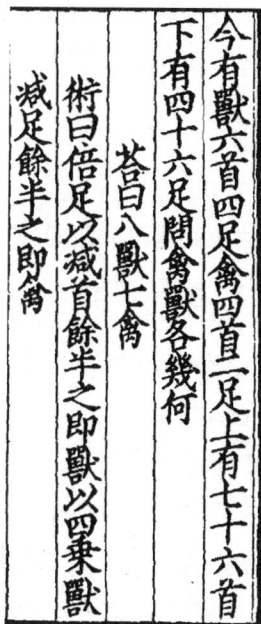

图 3 - 7　《孙子算经》中的"禽兽问题"

得鸡和兔的只数相等,然后再进行尝试,最终找到答案。比如对于"鸡、兔共有35头,94足,问鸡有多少只,兔有多少只?"这样的问题,有学生给出的做法是:

$$35 \div 2 = 17 \cdots\cdots 1(只)$$

$$35 - 17 = 18(只)$$

由此假设如果是17只鸡和18只兔,那么总腿数就是:

$$17 \times 2 + 18 \times 4 = 106(条)$$

比实际的"94"多出了(106 − 94 =)12条腿,而后在先前假设的18只兔中减少6只,同时在17只鸡中增加6只,就得到答案为鸡有23只,兔有12只。

学生这种将"总头数"取半的想法实际上反映出解决问题的一种思维规律,就是在思考解题方法的时候,需要将不确定的因素变为确定的因素。题目中给出的已知条件是鸡只数和兔只数的总和,在这个条件下两种动物各自的只数是不确定的,取半后就成为确定的数据了,相当于把未知条件变成已知条件了。因此这个方法的背后蕴含着"化未知为已知"的方法论思想。

加倍、减半既可以看作是乘、除运算的特殊情况,也可以认为是加、减运算的特殊情况。比如"6 + 6"就是对"6"加倍的过程,"12 − 6"就是对12减半的过程。通过历史的考察发现,加倍、减半是符合人的认知规律的运算,也是应用最为广泛的运算。因此在数学课程与教学中应当充分利用这样的资源。

第三节   "竖式"的历史

在倡导"自主学习"的今天,对教师的一个挑战是如何看待并应对学生不同于预设的生成。以计算教学为例,教科书所呈现的过程并不能穷尽所有可能的方法,这就容易使得教师误认为教科书中的方法是唯一正确的,或者是最好的,与之不同的方法都是错误的,或者是不好的。因此教学中极易对学生富于创造性的自创算法采取抵触甚至否定的态度。

从历史的视角看,计算的过程与方法是多种多样的。当今教科书中所谓的标准方法是人们长期以来约定俗成,认为书写最简约、工整的方法,是无数种计算方法经过演变并筛选出来的。从认知的角度看,这些方法并非是最自然的,书写的简约和工整隐藏了应当有的思考过程。因此需要回眸历史审视计算方法，一方面可以感受到多样化的算法，另一方面可以让隐藏在算法背后的想法显现出来，寻找到对学生的学习来说最自然的方法。

一、与现在不同的竖式

在如今数学教科书中整数加法、减法和乘法的竖式计算中，通常都会提出两个要求：第一是数位右侧（个位）对齐，第二是从低位算起。历史上的算法并非都是如此，比如对于"135×12"就有如图 3-8 所示的竖式计算方法：①

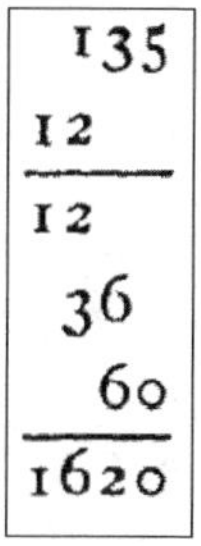

图 3-8　从高位算起的
乘法竖式(1)

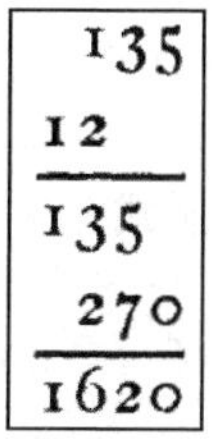

图 3-9　从高位算起的
乘法竖式(2)

这个计算过程是将上面的因数"135"看作"100＋30＋5"，第一步是计算出 100 个"12"等于 1 200，2 个"0"省略不写，把"12"写在横线下第一行；第二步是计算 30 个"12"等于"360"，用同样方法写在第二行；第三步算出 5 个"12"等于"60"写在第三行。最后计算出三个部分积的和。这个过程是从高位到低位逐步计算的，而且每一步计算结果都另起一行，避免了计算过程中的进位。

类似于此还可以把下面的因数"12"看作"10＋2"，先计算 10 个"135"等于"1 350"，再计算 2 个"135"等于"270"，之后把这两个部分积相加得到 1 620（如图 3-9 所示）。

由此可以看出，所谓"从低位算起"并不是唯一确定、不能违背的，从高位算起应当是更加自然的思考方式，比如日常生活中的估算通常都是从高位算起的。

除法是四则运算中难度最大的一种，历史上出现过许多现在看起来极其繁琐

① David Eugene Smith. *History of Mathematics*[M]. Volume II. Boston, New York: Ginn and Company, 1925: 108.

的计算方法。与现在除法竖式比较接近的一种是出现于公元 980 年的 Gerbert[①] 方法。以“900÷8”为例，现在教科书中针对此题的竖式计算应当是如图 3－10 所示的写法：

```
    1 1 2
 8)9 0 0
   8
   1 0
     8
     2 0
     1 6
       4
```

图 3－10　标准除法竖式

```
10 − 2)900(90 + 18 + 3 + 1 + 1/2 = 112 1/2
        900 − 180
              180
              180 − 36
                    36
                    30 − 6
                     6 + 6 = 12
                              10 − 2
                               2 + 2 = 4, 4/8 = 1/2
```

图 3－11　*Gerbert* 方法示意图

Gerbert 方法与现在标准除法竖式不同的是将除数写为“10－2”，将商写在被除数右侧，而且并不是取最大数作为试商，而是取便于计算的数(如图3－11所示)。

上述过程的第一步选择商为 90，是为了与 10 相乘得到 900；第二步商 18 是为了与 10 相乘凑出 180，以下依次类推。这个求商的思考过程与现在教科书中的过程显然是不一样的。Gerbert 方法经过演变，还出现过如图 3－12 所示的除法竖式，这个过程的特点是将标准算法中隐藏的位值原理显现出来了，表面看书写得比较繁琐，但过程更加自然、直观，并易于理解了。

```
    1 1 2
        2
      1 0
    1 0 0
 8)9 0 0
   8 0 0
   1 0 0
     8 0
     2 0
     1 6
       4
```

图 3－12　逐级写商的除法竖式

二、《御制数理精蕴》中的以乘算除

《御制数理精蕴》是清代康熙皇帝亲自主持编写的一套科学著作，其中下编卷一“归除”章中介绍的除法计算极具特色，利用乘法竖式的写法计算除法。比如，针对问题：“设如有米六十四石，令八人分之，每人得几石?”也就是 “64 ÷ 8” 的计

① C. Louis & Karpinski. Two Twelfth Century Algorisms[J]. *Isis*, 1921, 3(03): 396—413.

算,采用了如图 3-13 所示的写法:

原书中对计算过程的描述为:"法以六十四石为实列于下,八人为法列于上,因法之八大于实之首位之六,故将法退一位书之。再看实足法几倍,今足八倍,故书八于法上。乃以得数之八与法之八相因得六十四书于实下,与实相减恰尽,得数为八石也。"[①]这一过程可以用现在的语言分如下几个步骤解释:

图 3-13
《御制数理精蕴》中
"64÷8"的写法

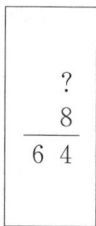

第一步,把被除数"64"写在下面,除数"8"写在上面。因为除数"8"大于被除数最高位"6",所以要退一位写(如图 3-14 所示)。这实际上是运用乘法计算除法,相当于思考"8 乘以多少等于 64?"

第二步,看被除数最多包含了除数的几倍,可以看出最多包含 8 倍,所以在除数上面写"8"(如图 3-15 所示)。

第三步,将得数"8"与除数"8"相乘得"64",写在被除数"64"下面(如图 3-16 所示)。

第四步,与被除数相减,恰好得"0"。说明得数就是"8"(如图 3-17 所示)。

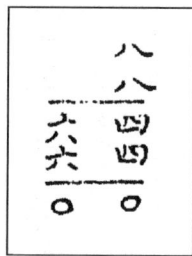

图 3-14
《御制数理精蕴》中
"64÷8"除法第一
步详解示意图

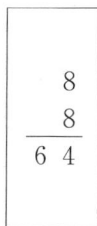

图 3-15
《御制数理精蕴》中
"64÷8"除法第二
步详解示意图

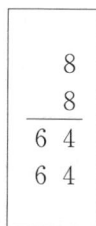

图 3-16
《御制数理精蕴》中
"64÷8"除法第三
步详解示意图

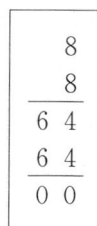

图 3-17
《御制数理精蕴》中
"64÷8"除法第四
步详解示意图

书中对于比较复杂的除法也采用同样的方法计算。比如"9 225÷45"的写法就是如下的竖式(如图 3-18 所示):

---

① 选自[清] 御制数理精蕴:下编卷一[M].钦定四库全书子部.

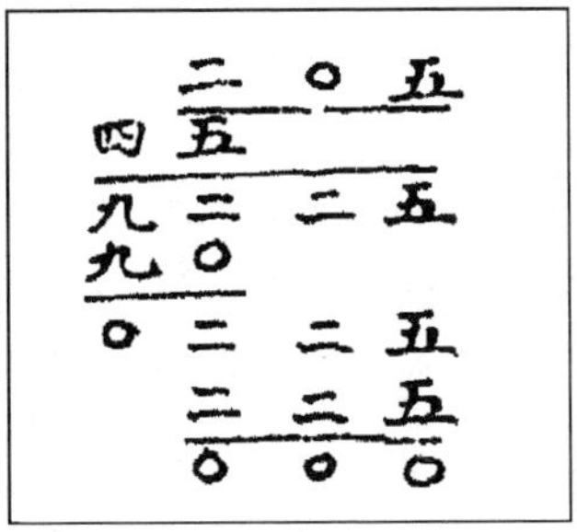

图 3－18　《御制数理精蕴》中“9 225÷45”的写法

```
         二 ○ 五
      ┌──────────
四五) 九 二 二 五
      九 ○
      ──────────
      ○ 二 二 五
         二 二 五
      ──────────
         ○ ○ ○
```

图 3－19　《御制数理精蕴》中“9 225÷45”转化为现代标准写法示意图

其中的“九二二五”是被除数“9 225”，“四五”是除数“45”，最上面的“二〇五”是商“205”。计算过程与前面基本上是一致的。把这个竖式中的除数“四五”移出来写到左侧，就与现代教科书中的除法标准竖式的写法基本上一致了(如图 3－19 所示)。

初学除法最大的困难是，除法竖式与已经熟悉的乘法竖式书写方式不一致。《御制数理精蕴》中的方法提供了从乘法竖式自然过渡到除法标准竖式的思路，这样的思路能够使得学习者在已有知识和经验的基础上自然而然地获得新知识。

三、竖式的认识与教学

从历史发展的视角看，计算方式主要有心算、工具算和笔算。心算就是不利用纸笔和其他工具进行计算；工具算指的是借助诸如算筹、算盘等工具进行计算，当然近现代的计算工具还包括电子计算机(器)；笔算就是仅借助纸、笔进行计算，数学课程中的竖式其实就是历史上传承下来笔算的一种形式，写出竖式进行计算的目的在于记录计算过程，减轻思维的记忆负担。

长期以来，人们对于计算追求的是“准确”与“快速”，因此在多种多样的笔算中就逐步摒弃了冗长、繁琐的方式，遗留下书写形式最为简捷并且规范的形式供后人学习。而对于初学者，特别是低龄的儿童来说，这些简捷并且规范的竖式往往不是最容易理解的形式。因此在数学课程与教学中适当地呈现一些表面看不简捷，但是更为自然的竖式作为过渡，对于帮助学生理解计算过程中的原理或许会有所裨益。

1947 年经中华民国教育部审定，由中华书局出版的《初级小学算术课本(六)》

中对于所有问题的计算都呈现出两种形式的竖式(如图 3－20 所示)。

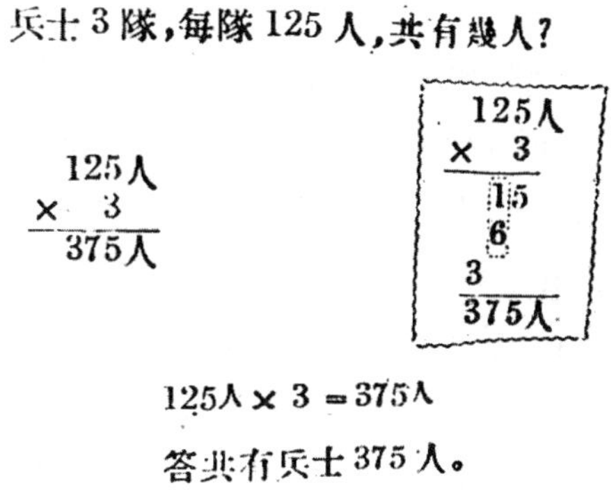

兵士 3 隊，每隊 125 人，共有幾人？

```
  125人          125人
×   3          ×   3
  375人            15
                   6
                  3
                 375人
```

125人 × 3 ＝ 375人

答共有兵士 375 人。

图 3－20　中华民国算术教科书扫描图

比如对于问题："兵士 3 人，每队 125 人，共有几人？"就分别列出如图 3－21 所示的两个竖式：

```
  1 2 5          1 2 5
×     3        ×     3
-------        -------
  3 7 5            1 5
                   6
                 3
               -------
                 3 7 5
```

图 3－21　竖式对比示意图

图 3－21 中右侧竖式不如左侧竖式书写简捷，但把"125 × 3"过程中的"5 × 3""20 × 3"和"100 × 3"三个环节分别呈现出来了，对于学习者来说更加自然、更加直观、更容易理解。将二者摆放在一起对比学习，显然有助于对左侧标准竖式的理解。

综上对于计算教学中的竖式应当形成的认识是，教科书中的竖式并不是唯一的，也不是学生最容易理解的。教学中应当与心算结合起来，当心算过程过于复杂，有记录的需要时，就可以鼓励学生用自己认为合理的方式记录，在此基础上通过引导与讨论，逐步过渡到标准竖式的认识。

第四节　估算的人文特征

在小学数学估算内容的教学实践中，有这样的一种认识，题目中如果有"大约"二字,就不能精确计算,一定要估算,得到的结果不允许是准确值。这实际上是对估算的误解,这种误解的原因一方面是对估算本身的认识不足,另一方面也可能是对"大约"的用法不够明确。

按照《现代汉语词典》的解释,"大约"作为副词后接数量时,一般表示不十分准确但比较接近的意思。比如:"北京到南京的距离大约 1 200 千米。"这句话中的"大约 1 200 千米"所表达的意思是,"1 200 千米"不准确,但也差不多。"大约"并不是一个具有严格意义的数学术语,因此在不同语境的使用中,其含义是会出现差异的。

一、"无法准确"中的"大约"

在数学课程内容的语言表达中,"大约"的第一种用法是表达"无法准确"的数量或数量关系。比如圆周率是一个圆的周长与这个圆的直径的比值,由于这个比值是无理数[①],因此无法用整数或有限的十进小数表达出来,只能说"圆周率大约是 3.14"或者"近似于 3.14"。类似的例子还有"化分数为小数"。如果将 $\frac{1}{3}$ 化为十进小数,由于结果是一个无限循环小数,如果用有限小数表达就不得不用上"约"或"近似于"这样的词汇,比如"$\frac{1}{3}$ 约等于 0.33"。为了准确表达无限循环小数,数学家想出来的办法就是加上"循环点",比如 $\frac{1}{3}$ 可以准确地表达为"$\frac{1}{3}=0.\dot{3}$"。[②]

"无法准确"的第二种情况是表达某类事物或动物的数量属性。比如:"世界

---

① "无理数"英译为"irrational number",在数学中是相对于"有理数"的一个概念。"有理数"英译为"rational number",其中的"有理"(rational)来源于"比"(ratio)的意思,也就是说所谓有理数其实是"可比"的数,无理数是"不可比"的数。古希腊人崇尚"万物皆数",其中的数其实就是可比的数,也就是现在所说的整数以及整数之间的比。当有人发现用一个正方形的边长去测量这个正方形的对角线永远量不尽时,对当时人们关于数的认识产生了巨大冲击,因此被后人称之为数学的第一次危机。从而拓展了人们对数的认识,发现除了整数和整数的比之外,还存在一种数是不能够用整数或整数的比表达的。这种数就被称之为无理数了。在小学数学中的圆周率指的是一个圆的周长与这个圆的直径长度的比,换言之就是如果用直径去量周长,三次后再用周长剩余长度反过来测量直径,如此反复,这个过程永远量不尽。因此圆周率就是一个不可比的数,也就是无理数,用有限十进小数无法表达其准确值,沿革历史的约定俗成,就用希腊字母中的第 16 个字母"π"表达其准确值了。前面提及的边长为 1 的正方形的对角线长度也是一个无理数,用符号"$\sqrt{2}$"表达准确值。

② 到了大学的数学课程中还可以用无穷级数的方式表达为"$\frac{1}{3}=\sum_{n=1}^{\infty}\frac{3}{10^n}$"。

上最小的鸟是蜂鸟，大约只有 2 克重。世界上最大的鸟是鸵鸟，大约有 100 千克重。"①这里所说的"蜂鸟"和"鸵鸟"，不是一只而是一类。当然不可能每一只蜂鸟的体重都是 2 克，也不可能每一只鸵鸟的体重都是 100 千克。因此，这里所使用的"大约"反映的是一类动物体重的普遍规律，即"蜂鸟的体重都近似于 2 克"以及"鸵鸟的体重都近似于 100 千克"。这里的"2 克"或"100 千克"应当是鸟类学家对大量蜂鸟和鸵鸟的体重进行称量后所得到的平均值，因此这里的"大约"实际上是统计中"平均"的意思，也可以说"蜂鸟的体重平均为 2 克"以及"鸵鸟的体重平均为 100 千克"。

　　类似的例子还有："一条蚕大约吐丝 1 500 米，小红养了 6 条蚕，大约吐丝多少米？"其中的"一条蚕大约吐丝 1 500 米"，实际上是蚕作为一类动物吐丝的普遍规律。题目叙述中"小红养的 6 条蚕"并不一定都吐丝 1 500 米，因此利用"1 500×6"计算出来的准确结果 9 000 米前仍然需要加上"大约"。诸如此类的问题叙述中，表面看有"大约"，但并不属于需要估算的问题。

　　第三种"无法准确"的情况是对运动或变化的数量描述。比如这样的问题："小东每分钟走 65 米，从学校到家走了 10 分钟，小东家到学校大约有多少米？"题目中叙述的"小东每分钟走 65 米"，并不意味着小东每分钟真的走 65 米，行走过程中时快时慢是很正常的事情。因此，这里的"每分钟走 65 米"也是一个统计意义的平均值，可以表述为"小东每分钟大约走 65 米"，或者"小东每分钟平均走 65米"。题目的问题"小东家到学校大约有多少米"中的"大约"，并不是要求运用估算解决问题，而是伴随着前面"大约走 65 米"而出现的。类似的例子还有："中国大约有 14 亿人口"，事实上人口数量每时每刻都在变化，只能用"大约"来表述。

　　还有一种因不可知因素的干扰造成的"无法准确"的情况，也需要使用"大约"进行描述。比如："一个圆柱形铁皮水桶（无盖），高 12 分米，底面直径是高的 $\frac{3}{4}$，做这个水桶大约要用多少铁皮？"利用铁皮制作一个水桶自然需要对铁皮进行剪

① 这里需要注意，"重量"和"质量"是两个不同的概念。重量实质上是"重力"的大小，也就是地球对物体吸引力的大小，所以重量其实是"力"的大小。而质量是物体自身的属性，不受外界的影响。如果说一个人的质量是 60 千克，那么无论这个人在地球上还是在月球上，这个质量是不改变的，都是 60 千克。而人的重量是由质量和地球吸引力两个因素影响的，质量为 60 千克的人到了月球上，体重可能就是 10 千克了。"克"与"千克"是质量单位，不是重量单位。教科书中的类似说法实际上是一种约定俗成，并非科学的表述。

裁或切割，过程中会出现边角料，这样的边角料的数量是很难准确计算出来的。因此题目中"大约要用多少铁皮"中的"大约"应当是针对此而使用的，并不是要求计算过程要用估算。另外，这个问题的计算中还会用到无理数 π，如果最后结果取了 π 的近似值，那么这里的"大约"就有了"近似"的含义。类似的例子还有："如果把装满 25 千克大米的袋子看成长方体，量一量它的长大约是多少米，宽大约是多少米，高大约是多少米，算出它的体积大约是多少米。"题目中的"大约"并不是要求运用估算解决问题，而是针对测量可能产生的误差而言的。

二、"可以准确"与"大约"

估算中的大部分情况都是"可以准确"表达或计算的，但鉴于计算者的主观意愿以及为了使得计算简单、快捷，有意把准确的数据或运算改变了。虽然作为结果的数据是不准确的，但是可以满足计算者的主观意愿，这种主观意愿往往表现为一个任务的目标。

比如说，需要去买 4 件单价为 4.3 元的商品，购买者首先面临的问题目标是："带多少钱合适"，其主观意愿应当包括两个方面，第一是所带钱数应当"够"，其次是"合适"，也就是不要带太多。因此自然就会把"4.3"改变为"5"进行计算，得到"带 20 元钱就可以了"的结论。这种情况下，不会把"4.3"缩小为"4"进行计算，因为这样计算的结果不能满足"够"的主观意愿。通常也不会把"4.3"放大为"10"，因为这样又违背了"不要太多"的主观意愿。其中把"4.3"改变为"5"的计算过程就是估算的过程。

在购买者购买商品的过程中，通常还会有想知道"应当找回多少钱"的主观意愿。因此此时的问题目标就是"应当找回多少钱"，针对这一问题目标就需要计算"$20 - 4.3 \times 4$"的准确值，而不能够使用估算了。

如果离开了购买者的主观意愿，把这个情境下的问题目标叙述为"大约需要多少钱"，那么通常的方法是将 4.3 改变为最接近的整数 4，得到"大约 16 元"的结论。由此可见，在利用估算解决的问题中，"大约"并不意味着"最接近"，"是否能够估算"以及"如何估算"是与问题的情境以及计算者的主观意愿直接相关的。简单说，估算的过程是为了满足人的主观需要而出现的，这是估算区别于其他运算的主要特征，不妨称之为估算目标的主观性特征。

通常的计算、简算和近似计算往往对计算结果是有客观要求的，人的主观意愿都是追求准确。特别是"近似计算",通常是在"无法准确"的情况下,不得已而为之的计算。比如在计算圆的周长或面积的时候,由于无理数"π"无法用有限十进小数表示,不得已采用四舍五入取近似值。虽然结果是不准确的,但人的主观意愿还是追求尽量准确。因此近似计算与估算是有本质上的差异的,不能将二者混为一谈。

　　鉴于估算目标的主观性特征,在数学课程与教学中应当特别注意问题情境与问题目标的设计,设计不好会给学生不知所措的感觉。比如这样的问题:"小明有20支水彩笔,妈妈又给他买了12支,小明现在大约有多少支水彩笔?"其中的"大约"就令人费解。命题者的意图可能是希望学生将"12"变为"10",然后通过"20＋10"计算出"大约30支"的结论。这就会让学生感到难以理解,准确计算出有32支并不困难,为什么要少算2支呢?类似的问题还有:"估计全家每天的住宿费是120元,如果住宿2周,估计住宿费约多少元?"此类问题的特点是把问题目标定位于"(大)约有多少",而没有说明知道了"(大)约有多少"之后要干什么,因此估算的过程实际上是没有目标,自然估算方法的选择也就缺少了依据。数学教科书和教学中还经常出现"够不够"或"能不能"的问题目标,比如下面的问题(如图3－22所示)。

图3－22　人教版数学教科书中估算问题扫描图

　　题目中列举了三种商品单价分别为:热水瓶28元、烧水壶43元和水杯24元,问题目标是"100元够不够"。此类问题的教学通常都是"先估算,后判断",也就是先估算出三种商品的总价格"大约是多少",然后通过比较与100的大小关系,进而得到"够"或"不够"的结论。应当说这样的问题比前面仅仅把问题目标定位于"大约有多少"进了一步,是把估算作为达成另外一个目标的手段,通过估算得到一个与人的主观意愿有关的判断。

　　需要注意的是此类问题的思考顺序并不是"先估算,后判断"。针对图3－22问题,教科书给出的一种解法是:"买热水瓶后大约剩70元,买烧水壶后大约还剩

30 元，买水杯够了。"其中"买热水瓶后大约剩 70 元"是将热水瓶单价"28 元"放大为"30 元"计算的。之后"买烧水壶后大约还剩 30 元"是将烧水壶单价"43 元"缩小为了"40 元"。因此此时所说的"大约还剩 30 元"不是真的"30 元"，其准确值是一个比 30 元小的数量。从"30 元够买水杯"并不能推理出比 30 元小的钱数也够的结论。如果上述过程中把烧水壶的单价放大为"45 元"，其中第二步就变为"买烧水壶后大约还剩 25 元"，由于两次都是将单价放大，因此剩下钱数的准确值一定比 25 元大，那么从"25 元够买水杯"就可以知道剩下的钱数一定"够买水杯"了。

综上说明"大约"后面的近似数与所表达的准确数的大小关系也是与问题目标紧密相关的。"大约有多少"估算方法的选择需要结合问题目标进行思考，估算与判断不是"先因后果"的关系，而应当是"互为因果"的关系。

三、没有"大约"的"大约"

有时问题表述中可能并不含有"大约"，但问题的思考过程或多或少都会与"大约"的含义相联系。比如这样一句话："小明 2012 年的年龄是 8 岁。"即使明确是按周岁计算的，这个说法也是不准确的。假定小明是 2004 年 1 月 1 日出生的，那么到了 2012 年 1 月 1 日，小明从出生开始计算就整整经历了 8 年，此时可以认为是 8 岁。如果到了 2012 年 11 月 30 日，那么小明的年龄更准确的说法就应当是"月龄"，即小明的月龄为 $(12 \times 8 + 11 =)107$ 个月，可以换算为"8 岁零 11 个月"，或者是"$8\frac{11}{12}$岁"。比月龄更精确的说法当然还可以有周龄、日龄以及时龄等。因此更加严格的说法应当是"小明 2012 年周岁的年龄大约是 8 岁"，只不过人们更习惯没有大约的说法。

这个例子说明所谓的"准确"是相对的，而且是与量纲（也就是计量单位）有关系的。例如，如果用"千米"作为计量单位，那么可以说"北京到南京的距离是 1 157 千米"，如果把计量单位改为"米"，那么这个距离就肯定不是"1 157 000 米"。

因此在需要使用估算解决的问题的表述中，不一定非要含有"大约"之类的词语。关键要看问题的目标与情境的思考是否可以估算，也就是要让估算出现的自然，而不是用"大约"等词汇"强迫"进行估算。下面以一个"设计班会"的情境为例进行说明。

例题 3 - 1

　　班干部要组织一次 40 分钟的主题班会,班主任老师希望全班 43 名同学要有超过一半的同学都能够在班会上发言。那么就需要给每个发言的同学限定时间,如何规定这个限定时间合适呢?

　　针对这一问题,首先要思考"超过 43 的一半至少应当是 22",因此确定第一个结论是"至少要有 22 名同学发言"。其次要思考除了同学发言之外需要占用时间的因素,比如主持人的开场白以及老师的总结发言等,假定这样的时间确定为"10 分钟",这个数据其实就不可能是完全准确的,虽然没有使用"大约",但已经有了大约的含义。接下来的思考就是剩余的 30 分钟如何平均分配给 22 名同学,当然就可以把其中的"22"看作"20",计算出"30÷20=1.5",这样立刻就可以得到每名发言同学的时间应当限定为"不超过 1 分半"。有了这样估算的过程,就为给发言同学提出要求确定了依据,同时也使得班会主持人在主持会议期间心中有数了。

　　再看一个"几点起床"的例子。

例题 3 - 2

　　几乎每一个走读的小学生在家中都会设定一个早晨起床的时间。思考和讨论的问题是:"你是怎样确定自己起床时间的?"

　　针对此需要思考的问题至少包括三个方面:

- 几点以前要到学校?
- 上学路上需要多少时间?
- 起床后洗漱、早餐等需要多少时间?

　　这些问题的表述中都可以加上"大约",比如:"上学路上大约需要多少时间?"但是否使用"大约"并不是最重要的,重要的是针对"怎样确定起床时间"这一问题目标,估算过程是自然而然地融入问题的思考中了。而且这样的问题,无论是答案还是过程都是因人而异的,这种"开放性"应当成为估算问题的一个特征,也是估算问题设计的一个原则。

　　综上所述,在数学教科书中所使用的"大约"可以区分为两种情况,一种是因为无法准确不得以而使用的,这种情况应当把后接的数量理解为"近似值",需要根据问题的要求确定其近似程度。第二种情况是可以准确,但为了使得表述更加简明或计算过程更加简捷而有意更改为不准确,这种情况下要特别注意更改本身不是目的,而是在达成问题目标的基础上尽可能使得计算简捷。因此可以将估算的特征概括为:无需准确,追求简捷,达成意愿。

目前估算教学的一个误区是,看见"大约"就要估算。这与数学课程内容中估算问题的设计有关,如果问题设计得好,即便其中没有大约,估算的思考也会融入其中。此类问题设计的基本原则是问题的情境要真实、完整,问题的目标要个性并且开放。

第五节　娱　乐　的　数　学

引发式的教学首要的问题是如何让学生愿意学习,也就是首先需要引发出学生的学习动机。一个有效的方法是展示出"知识的魅力"。这样的魅力可以源于"真实的问题",让需求成为学习动机的诱因;也可以源于自然的问题,让知识间的联系引导学生自然而然地思考。除此之外,还可以利用具有"娱乐"(recreation)特征的问题,唤起学生的好奇心,进而引起学生思考的兴趣。

在西方国家的数学学科分类中,有一个专门的领域叫作"娱乐数学"(recreational mathematics),这一领域中的内容,不强调严谨的逻辑体系,也不强调在现实中的应用性。只注重其与人的情感与思维的联系,其目的是引起人的好奇或者疑惑,激发人思考的愿望。在这一领域的研究中,最著名的人物当属美国的马丁·加德纳(Martin Gardner,1914—2010)。1957 年,加德纳在《科学美国人》(*Scientific American*)期刊上开设了一个名为"数学游戏"(mathematical games)的专栏,这个专栏一直延续了 20 余年。在大部分人看来,数学具有抽象、枯燥的特征,加德纳的本领在于将数学问题用符合人们好奇心的形式展示出来,使之具有了娱乐的特征。

一、朋友圈流传的"账单问题"及其来源

在我国,微信朋友圈中曾经流行的一个"账单问题"(如图 3-23 所示),使得许多人困惑不已。

这个问题的大意是说:如果我有 50 元钱,四次购物每次花销分别是 20 元、15元、9 元、6 元,正好将 50 元钱花完,因此每次购物所花钱数总和恰好是 50 元。算

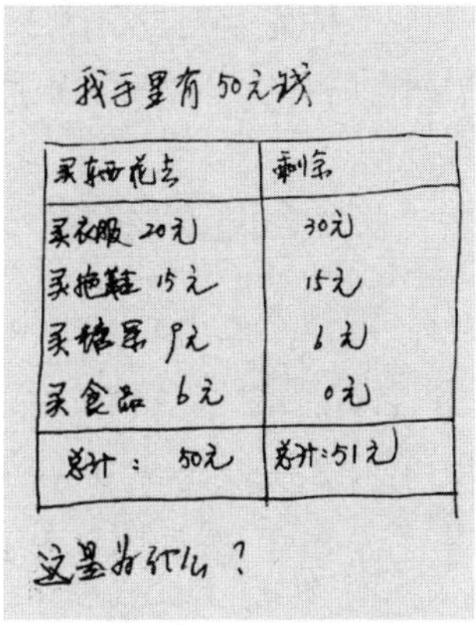

式为：

$$20+15+9+6=50(元)$$

每次购物后剩余钱数分别为 30 元、15 元、6 元、0 元,那么这些剩余钱数总和为：

$$30+15+6+0=51(元)$$

令人疑惑的问题是：为什么这些剩余钱数总和不等于 50 元,而是 51 元呢?

这一问题的原型实际上来源于马丁·加德纳所设计的一个名为"low finance"的问题。[①]

图 3-23 账单问题

Mr. Green handed the bank president a sheet of paper on which he had written:

Withdrawals	Amount left on deposit
$50	$50
25	25
10	15
8	7
5	2
2	0
$100	$99

马丁·加德纳是用故事的形式讲述这个问题的：一位叫作格林(Green)的先生在银行存款 100 元,分 6 次将 100 元取出,6 次取款金额分别为 50 元、25 元、10元、8 元、5 元、2 元,因此每次在银行中剩余钱数分别为 50 元、25 元、15 元、7 元、2元、0 元。取款金额总和为：

$$50+25+10+8+5+2=100(元)$$

而每次剩余钱数总和是：

$$50+25+15+7+2+0=99(元)$$

① Martin Gardner. *Entertaining Mathematical Puzzles*[M]. New York: Dover Publications, 1986: 17.

　　格林先生对此异常疑惑：为什么剩余钱数总和不是 100 元,而是 99 元呢? 他认为是自己欠了银行 1 元钱。因此专程前往银行咨询。

二、问题的解释

　　格林先生来到银行,向银行负责人讲明来意。银行经理面对上文所述的数据,首先感谢了格林先生的诚实,而后通过举例的方式为格林先生进行了解释。如果分 2 次取出 100 元,第一次取出 99 元,第二次取出 1 元。那么剩余钱数分别是 1 元和 0 元,如下所示:

Withdrawals	Amount left on deposit
$99	$1
1	0
$100	$1

　　这时剩余钱数总和只有 1 元：1+0=1(元)。

　　换一种情况看,如果分 4 次取出 100 元,前三次每次取出 1 元,第四次取出 97 元,那么每次剩余钱数分别为 99 元、98 元、97 元、0 元,如下所示:

Withdrawals	Amount left on deposit
$1	$99
1	98
1	97
97	0
$100	$294

　　这时剩余钱数总和为：99+98+97=294(元)。

　　这就说明,无论分多少次怎样取出 100 元,那么左侧取出钱数总和一定是 100。但是右侧每次剩余钱数之和并不一定等于 100,可能很小,也可能较大。听了解释,格林先生才恍然大悟。

　　这一故事未必是真实的,马丁·加德纳利用人们司空见惯"收、支应当相等"的观念,潜意识中认为"左、右两列数据总和应当相等",编制出这样让人产生"奇怪"感觉的问题,诱发出人们的好奇心,使得这个问题具有了娱乐的特征。

三、进一步的探讨

前面的例子都显示出了取出钱数总和与剩余钱数总和不相等的情况,还可以进一步思考,会不会出现相等的情况呢?

如果第一次取出 1 元,则剩余 99 元;第二次取出 98 元,剩余 1 元;第三次取出 1 元,100 元全部取完,剩余 0 元。这一过程可以用表格的形式表示(如表 3 - 2 所示)。

表 3 - 2　收支对照表(1)

	取出钱数 (元)	剩余钱数 (元)
第一次	1	99
第二次	98	1
第三次	1	0
总　和	100	100

表 3 - 3　收支对照表(2)

	取出钱数 (元)	剩余钱数 (元)
第一次	2	98
第二次	96	2
第三次	2	0
总　和	100	100

这时就出现了取出钱数总和与剩余钱数总和都等于 100 元的情况。类似地,如果第一次取出 2 元,剩余钱数为 98 元;第二次取出 96 元,则剩余 2 元;第三次取出 2 元,剩余 0 元(如表 3 - 3 所示)。

同样也使得取出钱数总和与剩余钱数总和相等。进一步的问题是:使得三次取出钱数总和与剩余钱数总和都等于 100 元的情况,有什么样的规律?

不妨用字母 a 表示第一次取出的钱数,那么第一次取出 a 元后剩余“$100-a$”元;第二次取出后应当使得剩余钱数为 a 元,因此第二次应当取出“$100-2a$”元;第三次取出最后的 a 元(如表 3 - 4 所示)。

由于第二次取出“$100-2a$”元,如果要求每次取出钱数为整元数,那么“$100-2a$”就必须大于或等于 1 元,因此 a 最大只能是 49 元,也就是说第一次取出钱数最小可能是 1 元,最大可能是 49 元。在这样的条件下,才有可能使得三次取出钱数总和与剩余钱数总和都等于 100 元。

表 3 - 4　收支对照表(3)

	取出钱数 (元)	剩余钱数 (元)
第一次	a	$100-a$
第二次	$100-2a$	a
第三次	a	0
总　和	100	100

在这个基础上,还可以进一步研究取钱次数为 4 次或更多的情况。马丁·加德纳在故事结束时,按照取出钱数总和是确定的 100 元,而剩余钱数总和未必等于 100 元的结论,提出了另外一个自然的问题:如果每次取出钱数必须是整元数,这个剩余钱数之和最小与最大的可能分别是多少?

在数学问题的研究中,对于不能确定的数据,自然而然会寻找数据所在的范围,而确定这个范围的方法就是找到"界限",这里所说的"最大"和"最小"实际上就是剩余钱数之和所在范围的界限。

根据上文的启发,将 100 元一次取出,那么剩余钱数就是 0 元,因此这个最小值自然就是 0。同样地,若每次只取出 1 元,分 100 次取完,那么剩余钱数分别为:

$$99,98,97,\cdots,2,1,0$$

这些钱数总和为:

$$99+98+97+\cdots+2+1+0=4\,950(元)$$

因此这个最大值就是 4 950 元。

以上内容可以用于诸如"综合与实践"或者"学科实践活动课程"的教学,也可以用于中低年级的计算教学。这样的课程与教学并不针对某个具体知识点的学习,而是基于问题以及学生对于问题的好奇,运用已经学习的知识或方法,开展对问题的思考与解决。

第四章 "估算"中的算法与想法

通常的计算追求客观的准确,而估算的本质是追求简洁、达成意愿,是一种自我满足的活动。因此,对于估算方法和结果,无法用对、错来评判,而应由估算者自己判断,是否简洁并且达成意愿。

第一节 估算方法的开放性特征

所谓估算就是通过计算进行估计。按照《现代汉语词典》的解释:"估计"指的是"根据某些情况,对事物的性质、数量、变化等做大概的推断。"这里"大概的推断"意味着不需要十分准确,但是能够得到所需要的结论或判断。比如要想知道图 4-1 中哪一张图片中"黑点"多,就不需要逐一精确数出黑点数量,根据直观看到的黑点密集程度就可以推断出"右侧图片中黑点更多"的结论。

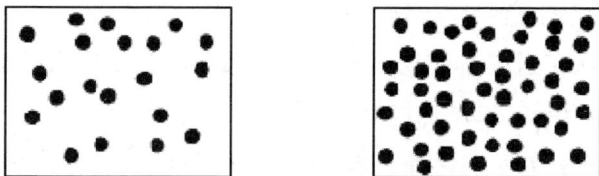

图 4-1 黑点数量比较示意图

因此,对于估算可以形成这样的认识,首先应当有一个主观的目标,比如前面问题中"想知道哪一张图片中黑点多",就是一个主观的目标;另外就是计算的过程与方法要尽量简单、快捷,不要求绝对地准确,只要求达成目标,就是说评价估算的标准不是准确,而要看是否达成了目标。因此相对于精确计算来说,估算的结果和方法具有主观的个性化特征。

一、估算方法从哪来

鉴于估算方法的个性化特征,关于估算方法的研究通常都是针对不同人群的调查进行的。美国纽约大学的黛博拉·莱文(Deborah R. Levine)在针对大学生估算水平的研究中,依据文献分析和逻辑检验对估算方法进行了分类。[①] 之后牛津大学的杜克(Ann Dowker)通过对专业数学家估算方法的调查,对上述分类进行了修改与完善。[②] 调查中主要采用乘法和除法的计算问题,最终将乘、除法的估算方法分为了八种类型。

类型 1:运用分数(use of fractions)

这一类型的特点是通过将参与运算的整数或小数改写为近似的分数,进而达到简化计算的目的。比如"448×0.76",其中的 0.76 与分数 $\frac{3}{4}$($=0.75$)比较接近,所以原来算式就近似于"$448 \times \frac{3}{4}$"。再比如"$7\,858 \div 51$",其中的 51 与 $\frac{100}{2}$ 比较接近,所以可以将原算式改变为"$7\,858 \div \frac{100}{2}$"。

类型 2:运用已知数或"好"数(using known or "nicer" numbers)

这种方法通常是将参与运算的数改写,改写的目的是把不熟悉的运算变为熟悉的运算。比如可以把"$1\,292.8 \div 67.3$"改写为"$1\,300 \div 65$",这个算式的结果 20 应当是很容易看出来的。

类型 3 和类型 4:运用整十数(rounding)

此类型的方法应当是目前我国小学数学课程与教学中比较常见的方法。就是将参与运算的数改写为最接近的整十数。比如将"824×26"改写为"800×30",把"93×28"改写为"93×30"等。黛博拉·莱文是将同时改变两个数和只改变一个数分别分为类型 3 和类型 4,杜克沿用了这种分类。

类型 5:运用数的分解(factorization)

这种方法主要用于除法的估算,实际上是运用除法商不变的性质将被除数和除数进行相同倍数的变化。比如"$9\,208 \div 32$",将被除数和除数连续三次除以 2 依次得到"$4\,604 \div 16$""$2\,302 \div 8$"和"$1\,151 \div 4$"。此时依据需要进行估算就简便的多了。

[①] Deborah R. Levine. Strategy Use and Estimation Ability of College Students[J]. *Research in Mathematics Education*, 1982, 13(05): 350—359.

[②] Ann Dowker. Computational Estimation Strategies of Professional Mathematicians [J]. *Research in Mathematics Education*, 1992, 23(01): 45—55.

类型 6：按标准算法计算(proceeding algorithmically)

这一方法基本上是按照通常意义的标准算法进行计算的。比如"64.6 × 0.16"，首先将其中的 64.6 扩大 10 倍看成 646，将 0.16 扩大 100 倍看成 16。而后依据标准算法的顺序分别计算"646 × 6"和"646 × 10"，将两个计算结果相加后再将结果缩小 1 000 倍得到结果。

类型 7：运用分配的性质(distributivity)

这一方法实际上是对估算结果进行调整的过程。比如"76 × 89"，运用乘法对加减法的分配律，将原来算式改写为"76 × 100 − 76 × 10"，就会使得计算简便了。再比如除法算式"25 410 ÷ 65"，如果把 25 410 改写为 25 400，比原数减少了 10；把 65 改写为 60，比原数减少了 5。那么原来算式就可以用"25 400 ÷ 60 + 10 ÷ 2"进行估算。这里需要注意，实际上除法本身并没有像"(25 400 + 10) ÷ (60 + 5) = 25 400 ÷ 60 + 10 ÷ 2"这样的分配律。

类型 8：其他(others)

杜克的研究中还发现了一些数学家使用的特殊方法。比如对于"64.6 × 16"，把其中的 64.6 近似看为 2^6，16 是 2^4，所以原来算式结果近似于"$2^6 × 2^4 = 2^{10} = 1 024$"。对于"0.76 ÷ 0.89"，由于 0.89 比 1 小，同时又比较接近 1，所以算式的结果应当比 0.76 大一点，比如可以是 0.8。还有就是运用平方差公式"$a^2 − b^2 = (a − b)(a + b)$"，比如对于"12.6 × 11.4"，将其变形为"$(12 + 0.6) × (12 − 0.6) = 12^2 − 0.6^2$"进行计算。

以上方法都是操作性的，回答的是"怎么做"的问题。为了从思维的角度研究估算的方法，也就是要回答"怎么想"的问题，以美国密苏里大学的罗伯特·雷斯(Robert E. Reys)为首的研究小组对 1 200 名七至十二年级的学生以及部分成年人进行了调查，调查不局限于问卷的统计，而且辅助以访谈的方法分析估算的思维过程。通过对研究结果的分析与归类，总结出估算的三种基本思维过程：数据重塑(reformulation)、算式转换(translation)和盈亏互补(compensation)。[①]

二、数据重塑与算式转换

所谓数据重塑是指在估算时将注意力放在参与运算的数据方面，估算方法以

① Robert E. Reys, James F. Rybolt, Barbara J. Bestgen & J. Wendell Wyatt. Processes Used by Good Computational Estimators[J]. *Research in Mathematics Education*, 1982, 13(03)：183—201.

通过改变数据简化计算。

比如对于"87 419＋92 765＋90 045＋81 974＋98 102"的计算算式中的五个数据都是五位数,只看最高位就可以估算出算式的结果近似于450 000。这种策略在加减法估算中很常用,叫作"高位策略"(front-end)。前面提及的利用整十数策略也属于数据重塑,比如为了计算"474 357÷8 127",可以将被除数474 357改写为"480 000",把8 127改写为8 000,以简便计算。

数据重塑中还有一种策略就是通过改变数据使得算式中的各个数据互相匹配(compatible),以简便计算。比如前面的算式"474 357÷8 127"改变为"480 000÷8 000",其中的480 000和8 000具有整除关系,也就是具有了一种相互匹配的关系。再比如$\dfrac{347 \times 6}{43}$的计算,如果把其中的347改写为350,43改写为42,那么42与6可以约分为7,7与350又具有整除关系,就使得算式中的三个数据相互匹配了。这一简化过程可以从下面明显看出:

$$\frac{347 \times 6}{43} \approx \frac{350 \times 6}{42} = \frac{350}{7} = 50$$

数据重塑另外一种情况是将数据类型改变,比如前面利用分数的策略,就是将小数或整数改变为分数,以达到简便计算的目的。在百分数的计算中也可以将百分数改写为相等或近似相等的分数,比如"求123 456 789元钱的30%是多少?"就可以把百分数30%近似地看作$\dfrac{1}{3}$,使得计算变得简便。

估算的第二种思维过程是算式转换,这种思维过程是整体关注算式的结构,也就是将注意力放在运算和运算顺序的改变上。前面关于$\dfrac{347 \times 6}{43}$的估算中数据匹配的思考,实际上就蕴含了算式转换的思维过程,因为题目中所给出的运算顺序实际上是"347×6÷43",而实际的运算顺序改变为了"347÷(43÷6)"。再比如前面"87 419＋92 765＋90 045＋81 974＋98 102"的估算,如果把每一个数都近似地看成90 000,那么加法算式就转变为乘法算式"90 000×5"了。

综上可以看出,在估算的思考过程中,数据重塑和算式转换的思维过程经常是同时出现的。但要注意二者是不同的,比如对于"8 946＋7 212＋7 814"的估算,如果把注意力放在数据的改变上,就会将算式改变为"9 000＋7 000＋8 000",

从而得到估算的结果为 24 000,其中只有数据发生了变化,算式的结构并没有变化,因此属于数据重塑的思维过程。如果从整体观察算式"8 946+7 212+7 814",会发现三个数据都接近8 000,因此想到变加法为乘法,算式就变成了"8 000×3",其结果也是 24 000。这样的过程使得算式的结构发生了变化,因此属于算式转换的思维过程。

三、盈亏互补

盈亏互补实际上是追求估算结果尽量准确或与问题目标相契合的思维过程,是伴随在数据重塑和算式转换之中或之后进行调整(adjustment)的过程。这一思维过程是与问题的情境与问题的目标紧密相关的。比如下面的问题情境:

例题 4-1

一位顾客购买单价 4.9 元的商品 4 件。

如果问题目标是"需要准备多少元钱",或者是"准备 20 元钱够不够",那么就可以采用数据重塑将"4.9"放大为"5",通过"5×4"的计算得到"需要准备 20 元钱",或"准备 20 元钱够"的结论。这一估算过程并不需要盈亏互补的思考。

如果问题目标是"顾客付给售货员 20 元,那么应当找回多少钱",针对这一问题目标就要求"20−4.9×4"的计算结果是准确的,如果采用先乘除后加减的精确计算,需要先计算"4.9×4"得到结果为19.6,然后计算"20−19.6"得到0.4。事实上在实际情境中,售货员往往是先把每件商品单价"4.9 元"想象成"5 元",这样每件商品就增加了"0.1 元",因此估算出 4 件商品的价格"20 元",比实际价格增加了"0.4 元",因此应当找回给顾客"0.4 元"。这一过程首先是采用了数据重塑,将"4.9"改变为"5",其中又蕴含了盈亏互补的思维过程,把算多的部分减回来了。用算式表达这一过程就是:

$$20 - 4.9 \times 4$$
$$= 5 \times 4 - 4.9 \times 4$$
$$= (5 - 4.9) \times 4$$
$$= 0.1 \times 4$$
$$= 0.4$$

　　需要指出,估算是追求在简单、快捷的基础上能够达成问题目标,因此估算实质上是简便计算的一种。简便计算即包括精确计算,同时也包括估算。精确计算的问题目标往往是客观的、确定的,不论什么样的人,不论采用什么样的计算方法,所得到的结果一定是唯一确定的,不以计算者的主观意志为转移。而估算的结果往往是开放的,甚至可能是多样的,不能用"正确"还是"错误"进行区分。估算的结果是不是合理,就要看这一结果能否达成问题目标。

　　盈亏互补作为一种思维方法,不仅在简便计算中使用,在解决问题中也经常出现。比如明代程大位在《算法统宗》中解决"鸡兔同笼"问题所采用的"倍头法"[1],也就是现在所说的假设法,其中就蕴含了盈亏互补的思维过程。

例题 4 - 2

　　若干鸡和若干兔在同一个笼子中,总头数为 35,总足数为 94。问鸡和兔各有多少只?

　　运用倍头法解决问题的过程中需要这样的思考,把 35 只动物都看成鸡,这样总足数就是：$35 \times 2 = 70$(足),比实际总足数 94"亏"了 24,原因在于把每只兔少算了 2 个足,如果给每只兔补上 2 个足,也就是总共补上 24 个足,就应当等于实际总足数了。同样还可以把 35 只动物都看成兔,总足数为：$35 \times 4 = 140$(足),比实际总足数"盈"了 46,是因为把每只鸡多算了 2 个足,减去"盈"的部分,就得到实际总足数了。这种针对于"盈"与"亏"之间关系的思考自然属于盈亏互补的思维过程。

　　在解决几何问题时也经常需要盈亏互补的思维过程。比如在已经知道长方形面积的求法后,通常是运用"割补"的方法将平行四边形转变为长方形,从而得到平行四边形的面积公式。其中"割"与"补"的过程其实就是在"盈"与"亏"之间进行调整的过程。[2]

　　估算方法有很多种。从思维的角度来说,可以概括出估算的思维过程分别为数据重塑、算式转化和盈亏互补。在具体计算过程中,这些思维过程往往是处于混杂交替的状态。而且,这些思维方法具有广泛的应用。数学教学的一个重要任务是让学生经历并熟悉这些思维活动,积累并应用这样的方法。

① 郜舒竹."鸡兔同笼"算法源流[J].教学月刊小学版(数学),2012(Z2)：26—29.
② 详细解答可参见：郜舒竹.算法背后的想法[J].教学月刊小学版(数学),2012(09)：20—23.

不仅如此,由于估算方法具有个性化特征,因此在教学过程中很多学生必然会"自创算法"。面对这些自创算法,教师应当采取欣赏并接纳,而不是否定并拒绝的态度。通过分析研究,进而积累更多的算法用于今后的教学。

第二节 估算中的可能性思维

前面详细分析了利用估算解决实际问题的方法和困难所在。在此基础上,还需要进一步挖掘估算在数学课程与教学中的育人功能。

一、估算中的不确定因素

估算与精确计算的思考过程不同,其间存在着诸多的不确定因素甚至风险。相对于精确计算来说,这些不确定因素一方面或许是导致其难教、难学的主要原因,另一方面也是培养学生良好思维品质的契机和素材。先看这样一个问题:

例题 4-3

一件上衣 58 元,一条裤子 43 元,买一套大约需要花多少钱?100 元钱够吗?

如果直接精确计算"58+43"的结果为 101,立刻就可以得到问题的结论是"100 元钱不够"。如果运用估算,对于"买一套大约需要花多少钱?"这一问题,学生通常会运用"数据重塑"将 58 和 43 改变为最接近的整十数而后计算,即:

$$58 \approx 60, 43 \approx 40$$
$$60 + 40 = 100$$

由此得到"大约需要 100 元钱",并且"100 元钱够"的结论。这里出现了直接的精确计算与估算所得到的结论不一致的情况,表明在这个问题情境中,"就近变为整十数"这一习惯的估算策略是不能够达成问题目标的,也就是说估算策略的选择与确定是受问题情境和问题目标制约的。同样的数据在不同的问题中,对其进行数据重塑的方式是不一样的,这种策略的不确定性导致估算策略选择与确定具有"不可靠"的特征。再比如:

> **例题 4-4**
>
> 比较 51×49 与 52×48 的大小。

　　如果用精确计算的方法，直接计算出 51×49 的结果为 $2\,499$，52×48 的结果为 $2\,496$，立刻可以得到"$51 \times 49 > 52 \times 48$"的结论，不需要更多的思考。如果用估算的方法，可能采用的方法是将 51×49 与 52×48 中的每一个数据都就近变为整十数，结果两个算式就改变为了同样的算式 50×50，这样自然就无法比较两个算式结果的大小。因此估算策略还会出现"无效"的风险，给解题者造成"无功而返"的感觉。

　　这种无效的风险还会出现在解决实际问题的过程中，比如这样的问题："礼堂里每排 22 个坐位，一共 18 排。有 350 名同学来听课，能坐下吗？"按照通常习惯的数据重塑进行估算，是将 22 变为 20，18 也看成 20。这样"22×18"就近似变成"20×20"，结果为 400。但将"22×18"变为"20×20"，并不知道是变大了还是变小了。如果是变小了，那么通过如下的不等式可以得到"350 人能坐下"的结论：

$$22 \times 18 > 400 > 350$$

　　如果是变大了，仍然不能判定 22×18 与 350 的大小关系，当然也就无法得出"能否坐下"的结论。因此将 22 和 18 都变为 20 就是一个无效的估算策略。因此估算过程中的不确定因素还表现为策略选择的无效性方面。

　　用估算解决问题，还会出现不同方法得到不同结论的情况。比如以下这样一个问题：

> **例题 4-5**
>
> 一个篮球 49 元，买 8 个 400 元够吗？

　　方法 1：把 49 放大看成 50，8×50 等于 400。所以买 8 个 400 元够。

　　方法 2：把 8 看成 10，49×10 等于 490。比 400 大，所以买 8 个 400 元不够。

　　方法 3：把两个数都就近看成整十数，当然结论也是不够。

　　学生在学习数学的过程中通常都会有"一题多解"的经验，同样的问题可以用不同的方法解决，不同的方法应当得到同样的结果。而不同的估算方法可能会得到不同的结论，这就使得估算方法还具有"多元"的特点。

正是估算方法所具有的多元、无效和不可靠的特点,使得估算的过程具有了不确定性的特征。因此解题者在运用估算解决问题的过程中自然会出现"拿不准"的感觉,这种拿不准的感觉可能也是许多学生宁愿使用精确计算,也不愿意使用估算的原因所在。值得注意的是,这种拿不准的感觉孕育着一种重要的思维形式,即可能性思维。

二、可能性思维及其作用

所谓可能性思维是相对于确定性的思维形式而言的,指的是针对不确定事物或现象进行比较与判断的思考过程。在前面运用估算解决问题时,有的估算方法能够达成问题目标,也有的方法不能够达成问题目标。这就使得解题者不能够运用程序化的算法直接解决问题,还需要结合问题情境和问题目标等因素对诸多可能的方法进行列举、比较和筛选,在此基础上对方法的选择做出判断。如果不采用估算,那么就只需要按照确定的程序计算出结果。相对于估算过程中的可能性思维来说,直接的精确计算过程就是一种确定性的思维形式。

日常的工作和生活中,这种可能性思维也是经常出现的(如例题 4-6 所示)。

> **例题 4-6**
>
> 　　驾车下班回家,有两条距离相同的路线(路线 A,路线 B)可供选择,请选择畅通的路线。

为了这一目的,首先需要列举所有可能出现的情况:

* 两条路线都不堵车。
* 两条路线都堵车。
* 路线 A 堵车,路线 B 不堵车。
* 路线 B 堵车,路线 A 不堵车。

接下来就需要形成判断,究竟哪一种情况会出现。这种思考的困难在于,情况未发生的时候是无法预知哪一种情况一定发生。因此思考的问题就需要改变为"哪一种情况出现的可能性大"。为了得到这一问题的答案往往需要统计的思维,调动过去已有的经验进行比较和判断。如果已有的经验是前两种情况出现的多,就会得到"走哪条路线都一样"的判断。如果已有的经验是第三种情况出现的多,就会形成"选择路线 B"的判断。同样如果已有的经验是第四种情况出现的多,就会"选择路线 A"。需要注意的是,无论选择了哪一条路线都有可能选错,因此可能性思维最突出的特征是"可误",与前面估算过程的不可靠或无效的特征是吻合的。尽管如此,仍然不能忽略可能性思维的重要作用。

历史上一些科学研究和发现中,也能看到可能性思维的作用。比如关于物体自由落体的理论,古希腊的亚里士多德早有论断:两个重量不同的物体同时从高处落下,重的要比轻的先落地。意大利科学家伽利略(Galileo Galilei,1564—1642)发现这一论断有着不可克服的逻辑矛盾,如果把一个 100 千克的球和一个 1 千克的球同时从高处落下,按亚里士多德的说法,前者应比后者先落地。如果把这两个球拴在一起,让它们同时从高处落下,那么会出现什么情况呢?

- 两个球拴在一起,重量成为 101 千克,按亚里士多德的理论,它的下落速度应该比刚才两个球的下落速度要快;
- 由于 1 千克的球比 100 千克的球下落速度慢,拴在一起后它必然要减慢 100 千克的球的下落速度,因此拴在一起的两个球的下落速度比 100 千克球的下落速度要慢。

按照亚里士多德的论断,这两种可能性都应当发生,而这两种可能性是相互矛盾的,不可能同时发生,这就说明推理的前提是错误的。正是这样的思考,伽利略推翻了亚里士多德的论断,建立了新的物体自由落体理论。在这个事例中,伽利略按照亚里士多德的论断,列举出各种可能性进行比较,发现其中存在的矛盾,进而判断亚里士多德的论断是错误的,得到"在真空中,轻重不一样的物体从相同高度同时下落,应该同时落地"这一新的论断。

这一事例表明可能性思维具有"质疑"的特征,质疑作为一种思维品质几乎是所有科学研究中所不可或缺的。18 世纪瑞士著名数学家欧拉成功解决哥尼斯堡"七桥问题",并在此基础上建立数学中的图论,通过分析可以发现其中也有可能性思维的因素。

欧洲的普瑞格尔河(Pregel River)流过东普鲁士(East Prussia)的古城哥尼斯堡(Konigsberg)市中心。河中有两座岛,筑有七座古桥(如图 4-2 所示),是当地著名的旅游胜地。

凡旅游者都有一种愿望,即游览的景点

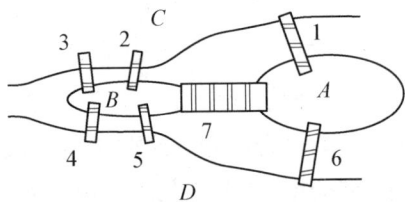

图 4-2　哥尼斯堡"七桥问题"示意图

尽量多,而且不走重复路。人们发现这七座桥不能满足这一愿望。要想走遍七座桥,就一定有桥重复走;不重复就不能走遍七座桥。这就刺激了人们解决下面问题的欲望:寻找一条行走路线,使得每座桥都走到(不漏),并且每座桥只走一次(不重复)。历经数百年没有人能够解决这个问题。而欧拉仅用简短的篇幅,通过证明符合要求的路线不存在解决了问题。[①]

按照人们的意愿,希望找到符合要求的路线,因此问题的目标就锁定在"寻找路线",解决问题的思路自然而然地确定为"寻找",而寻找的前提是"存在",正是这种确定性的思维模式使得之前的人们没有成功解决问题。欧拉解决问题的思路与此不同,首先应当是对"存在"这一前提条件产生怀疑,很多人花费很多时间都没有找到,此时应当有两种可能的情况:

- 路线存在,还没有找到。

- 路线不存在。

在欧拉的思维中一定是相信第二种情况的可能性更大,因此他就把问题目标改变为"证明走法不存在",由此带来解决问题的思路就不是去"寻找路线",而是证明走法不存在。

20 世纪英国哲学家、数学家、逻辑学家和历史学家伯特兰·罗素(Bertrand Russell,1872—1970)关于可能性与必然性的论述,可以恰当地诠释欧拉解决七桥问题的思维方式:"……任何一个我们具有合理根据而对之报有某种程度的相信或不相信的命题在理论上都可以排列在以必然的真理和必然的荒谬为两端的尺度之上。"[②]可能性思维实际上就是介于必然性和不可能之间的一种思维状态,当支持的证据越来越多时,就偏向了必然性,当否定的证据越来越多时,便偏向了不可能。在七桥问题的思考中,首先是"路线存在"和"路线不存在"两种可能性的选择,如果把"路线存在"当成一种确定性,那么就不会有"选择"的思考了。欧拉的高明之处就在于将自己的思考放在了"存在"和"不存在"之间的尺度上,很多人花费很多时间没有找到路线作为证据,支持欧拉的选择偏向了"不存在"。这应当是欧拉成功解决七桥问题的关键。

综上可以概括出可能性思维的基本模式,在对诸多可能性列举的基础上去寻

---

① 郜舒竹.欧拉究竟是怎样解决"七桥问题"的[J].数学通报,2009(07):56—58.
② 罗素.人类的知识——其范围与限度[M].张金言,译.北京:商务印书馆,1983:455.

找证据,通过对这些可能性及其证据的比较,形成对可能性大小的判断。尽管这样的判断可能是不可靠,甚至是错误的,但在认识事物、解决问题的过程中仍然可以起到重要作用。接下来的问题是如何在数学课程与教学中培养学生的可能性思维。

三、可能性思维的培养

思维的培养不是一日之功,可能性思维的培养应当具有连续性。因此在课程内容中挖掘可能性思维的因素就显得十分必要。

数学课程中的概念往往强调表述的确定性,其目的是为了理解的一致性,也就是在每一个人的头脑中,同一个概念必须是同一个意思。如果对同一个概念出现多元的理解,就会造成推理的混乱。数学中对概念的"定义",其实就是为了保证这种表述的确定性和理解的一致性。学生对概念的理解仅限于概念的表述方面是不够的,还应当包括概念的生成阶段。这种生成往往具有多元的特征,并不一定是唯一确定的。比如"角"这一概念,从生成的角度看,既可以看作是"从一个顶点出发的两条射线形成的",也可以看作是"一条射线围绕端点旋转而成的"。前者是静态的理解,后者是动态的理解。再比如长方形这一概念,静态的理解为"四条线段围成的封闭图形,并且四个内角都是直角"。对长方形还可以有"线动成面"的动态理解,也就是把长方形看成是"一条线段 AB 沿着垂直于这条线段的方向平行移动所留下的轨迹"(如图 4 - 3 所示)。

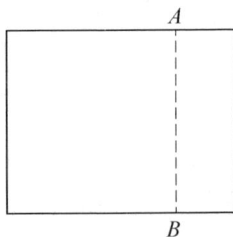

图 4 - 3　"线动成面"示意图

正是概念生成的这种多元特征,使得概念的理解蕴含了可能性思维,也就是在多种可能性中进行比较与判断的思考过程。教学中如果引导学生经历这样的思考,无疑对于培养学生的可能性思维是有益的。

小学数学课程中的计算教学,通常是以"又对又快"作为评价指标的,因此教学中往往以确定性的计算"程序"为主要教学内容,追求程序化操作的熟练。其实在这种确定性的程序之中也蕴含着类似于估算的可能性思维。由美国国家科学基金资助研发的小学数学教科书 *Think Math*,其中三年级关于竖式计算的内容中设计有选择百位数字的问题(如图 4 - 4 所示)。

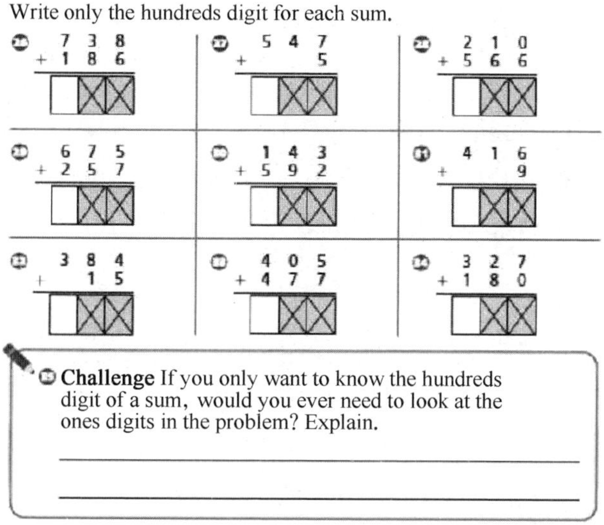
Write only the hundreds digit for each sum.

738 + 186	547 + 5	210 + 566
675 + 257	143 + 592	416 + 9
384 + 15	405 + 477	327 + 180

Challenge If you only want to know the hundreds digit of a sum, would you ever need to look at the ones digits in the problem? Explain.

图 4-4 美国小学数学教科书中关于“竖式计算”例题扫描图

图中共有 9 道加法竖式计算问题，题目要求学生“仅写出百位数字”。9 道题目下面有一个“挑战思考”，要求学生回答“如果想知道百位数字是多少，你是否需要去看个位数字？并解释原因”。学生通过对此类问题的思考，自然会形成一种意识，就是加法结果的百位数字不仅与加数的百位数字有关，还与十位数字和个位数字有关，有时有进位的数字，有时没有进位数字。因此计算过程中就要有多种可能性的比较与选择。如果学生经常经历这样的思考过程，不仅可能会减少或避免竖式计算常见的错误，而且对可能性思维的养成也会有所裨益。

数学课程与教学中倡导“一题多解”是数学教育的传统，教学中引导并鼓励学生在解决问题过程中对多种方法进行比较与选择，应当也是培养可能性思维的有效途径。比如如下的两步应用题：

例题 4-7

商店里运进大米 100 千克，运进面粉比大米多 50 千克。求运进大米和面粉共多少千克？

面对这样的问题，有教师习惯运用程序化的思考，要想知道大米和面粉共运进多少千克，就必须知道大米和面粉各运进多少千克。由于大米数量是已知的，所以必须先求出面粉的数量，由此得到下面的解法：

$$100 + 50 = 150(千克)$$
$$100 + 150 = 250(千克)$$

事实上,解决任何问题的思维方式都不会是唯一确定的,比如上面的问题还可以这样想:由于面粉比大米多50千克,所以大米和面粉的总量中就包括了大米的2倍和50千克,依据这种思考所得到算式与前面的算式不同:

$$100 \times 2 + 50 = 250(千克)$$

这种方法同样也解决了问题,但并不需要求出面粉的数量。有教师认为,这样的方法只写出了一个算式,就不是两步应用题了,变成一步应用题了。其实解决一个问题的思维过程并不是能够由"步数"进行区分的,解决问题教学的根本目的在于让学生经历诸如问题的理解、方法的生成以及不同方法的比较与选择这样的思考,并不在乎把解题过程表达成几步。

可能性思维培养的另外一个渠道是在数学课程与教学中开发更具开放性的资源。所谓开放性的资源指的是对其内容或方法的思考不是唯一确定的,需要针对多种可能性进行列举、比较与选择的课程内容(如图4-5所示)。

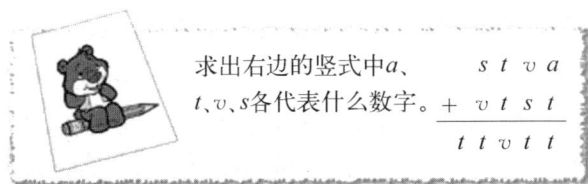

图4-5 开放性资源示意图

这一问题不同于一般意义的计算问题,其中所有数据都是未知的,每一个字母都是0—9多种可能性中的一个。首先需要思考的问题是:"算式中一共出现了四个字母,思考的顺序应当是怎样的?"通常遵循的原则是"从简单开始",为此就要在算式中寻找"哪里最简单"。除此之外,在针对某一个字母"是什么"的思考中,会出现多种可能性,这时就需要将"是什么"的思考改变为"可能是什么",为了得到这个问题的答案,就需要思考"不可能是什么"。凡此种种都体现了可能性思维中列举、比较和筛选的思考过程。这种课程与教学资源的开发并非易事,需要研究人员、教科书编制人员以及广大教师的共同努力。

可能性思维蕴含于数学课程内容的方方面面,概念教学、计算教学以及解决问题中都存在可能性思维培养的契机。因此在日常教学中充分挖掘可能性思维的因素,并将其落实到课堂教学的过程之中,就成为每一位教师的职责。培养学生可能性思维给教师提出的要求是,伴随着"是什么"的问题同时应当引导学生思考"还可能是什么";"怎么做"的问题解决了之后,继续想想"还可以怎么做"。当学生出现多种答案的时候,教师需要"容忍并鼓励不同,宽恕并理解错误",重要的是让学生经历列举、比较和判断的过程。

第三节 "课标"中估算例题解析

在小学数学各个版本教科书中有一类问题目标中含有"够不够"和"能不能"的估算问题,老师们在教学实践中备感困难。因此需要对这一类问题的特征做一些分析。

一、问题的来源

如今小学数学课程与教学内容中,"够不够"的估算问题应当来源于 2001 年颁布的《全日制义务教育数学课程标准(实验稿)》中的两个案例。在第 14 页的例 5 为:"如果公园的门票每张 8 元,某校组织 97 名同学去公园玩,带 800 元钱够不够?"。第 22 页的例 4 为:"李阿姨想买 2 袋米(每袋 35.4 元)、14.8 元的牛肉、6.7 元的蔬菜和12.8元的鱼。李阿姨带了 100 元,够吗?"。

2011 年颁布的《课标(2011 年版)》第 87 页的例 26,把这一问题修改为了如下的形式:

> **例题 4-8**
>
> 李阿姨去商店购物,带了 100 元,她买了两袋面,每袋30.4 元,又买了一块牛肉,用了 19.4 元,她还想买一条鱼,大一些的每条 25.2 元,小一些的每条 15.8 元。请帮助李阿姨估算一下,她带的钱够不够买小鱼? 能不能买大鱼?[①]

上述例题不仅沿袭了"够不够"的问题,还增加了"能不能"的问题。此类问题难教、难学已经成为不争的事实。下面案例来自北京某小学三年级的期末试卷(如图 4-6 所示)。

[①] 中华人民共和国教育部.义务教育数学课程标准(2011 年版)[S].北京:北京师范大学出版社,2012:87.

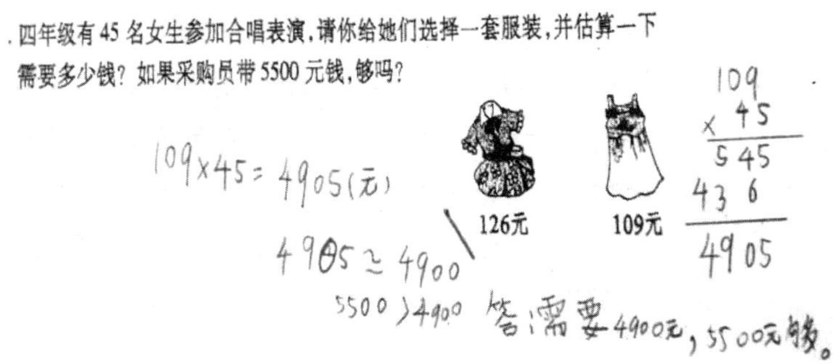

四年级有 45 名女生参加合唱表演,请你给她们选择一套服装,并估算一下
需要多少钱? 如果采购员带 5500 元钱,够吗?

$109 \times 45 = 4905 (元)$

$4905 \approx 4900$

$5500 > 4900$ 答:需要4900元, 5500元够。

126元   109元

$$\begin{array}{r} 109 \\ \times\ 45 \\ \hline 545 \\ 436 \\ \hline 4905 \end{array}$$

图 4-6   估算问题错误案例扫描图

其中的问题叙述为:

例题 4-9

    四年级有 45 名女生参加合唱表演,请你给她们选择一套服装(两种服装
单价分别为 126 元和 109 元),并估算一下需要多少钱? 如果采购员带
5 500 元钱,够吗?

    命题者的意图应当是让学生先依据两种服装的单价估计,5 500 元买 45 套单
价 109 元的服装可能性。把 109 放大为 110,45 放大为 50,计算出"110 × 50 =
5 500(元)",由于都是通过放大进行的估算,因此实际的花销一定比 5 500 元少,
说明"5 500 元买 45 套单价为 109 元的服装一定够。"

    而图 4-6 中学生的解法是先准确计算出购买 45 套单价为 109 元的服装需要
"109 × 45 = 4 905(元)",其实此时通过 4 905 元与 5 500 元的比较已经可以得到
"够"的判断,学生还是多此一举地写出"4 905 ≈ 4 900"。 显然与命题者所期望的
思考方式不同。 由此说明,表面看估算应当比精确计算简单、快捷,但学生在解决
此类问题的过程中宁可使用精确计算的方法,也不愿意采用估算的方法,这究竟
是什么原因呢?

二、估算过程之繁

    下面以《课标(2011 年版)》中的例 26(本书的例题 4-8)为例,详细分析运用
估算解决问题与精确计算的差异所在。题目中包含了两个问题,第一个是"100 元
够不够买小鱼?"第二个是"100 元能不能买大鱼?"对于第一个问题,可以按照要素

分解的方式分析其思考过程。

无论是否使用估算,首先要知道"够不够"的问题实际就是比较"30.4×2+19.4+15.8"的计算结果与"100"的大小。如果前者大于 100,就可以得到"不够"的结论;如果小于或等于 100,就可以得到"够"的结论。假如不使用估算,接下来只需要直接计算出"30.4×2+19.4+15.8"的结果为 95,明显看出 100>95,立刻就可以得到"够"的结论。如果使用估算,要思考的内容就繁琐得多了。

首先要考虑对于"30.4×2+19.4+15.8"中的"30.4""19.4"和"15.8"这三个数,分别应当放大还是缩小? 这个问题的答案并不容易得到。相当于不是通过计算直接比较两个数的大小,而是要寻找一个中间数间接地比较两个数的大小。这个中间数(不妨用字母 M 表示)所应当符合的条件是受问题的结论所制约的。

如果结论是"够",也就是"100"大于或等于"30.4×2+19.4+15.8"的结果,那么这个中间数 M 就应当大于"30.4×2+19.4+15.8"的结果,并且小于或等于 100。也就是中间数 M 要符合如下的不等式:

$$(30.4 \times 2 + 19.4 + 15.8) < M \leqslant 100$$

在这种情况下寻找中间数 M,自然需要对"30.4×2+19.4+15.8"进行放大的变化。如果结论是"不够",那么这个中间数 M 就应当小于"30.4×2+19.4+15.8"的结果,同时又要大于或等于 100。也就是中间数 M 需要满足不等式:

$$30.4 \times 2 + 19.4 + 15.8 > M \geqslant 100$$

这时寻找中间数 M,就需要对"30.4×2+19.4+15.8"进行缩小。这就说明,不同的结论使得中间数 M 与要比较的两个数之间的关系是不一样的。因此寻找 M 之前,也就是要决定应当对"30.4×2+19.4+15.8"放大还是缩小之前,必须先知道问题的结论是"够"还是"不够"。这里实际上就出现了一个"因果倒置"的矛盾现象,解决问题的自然过程是通过放大或缩小"30.4×2+19.4+15.8"比较其与100 的大小,而选择是放大还是缩小,又需要依据"30.4×2+19.4+15.8"与 100 的大小关系。因此解决此类问题的思路实际上是先猜测结论,然后进行证明。不要说小学生,就是经验丰富的数学家遇到这样的问题也会感觉到困难。

如果猜测结论是"够",那么可以确定应当对"30.4×2+19.4+15.8"进行放大。接下来需要思考的是"30.4""19.4"和"15.8"这三个数分别放大为哪个数? 无论是放大还是缩小,实际上就是对参与运算的数进行变化,可以把这个变化了的数叫作相对于原数的"近似数",这样的近似数至少应当符合两个条件。第一是能够简化计算,为了简化计算,自然的想法是就近将小数变为整数,最好是整十数。第二是变化的方向和幅度不能违背或超越解决问题的需要。

对于上题中"30.4""19.4"和"15.8"这三个数,分别放大为"31""20"和"16",那么"30.4×2+19.4+15.8"的计算就变为了"31×2+20+16(=98)"的计算,显然简化了计算。另外,由于:

$$30.4 \times 2 + 19.4 + 15.8 < 98 < 100$$

可以知道:

$$30.4 \times 2 + 19.4 + 15.8 < 100$$

因此可以得到"100元够买小鱼"的结论。据此可以说以上所取近似数是合理、正确的。而在实际教学中能够引导学生想到这样合理、正确的近似数并非易事。

可能出现的第一个问题是方向错误,比如前面的"30.4",为了简化计算很容易想到将其变为最近的整十数"30",而不是"31",导致的结果是将算式"30.4×2+19.4+15.8"的结果缩小了,自然就违背了解决问题的需要。

另外一个可能出现的问题是变化的幅度过大,比如上题中的"15.8",如果为了简化计算将其放大为最近的整十数"20",那么算式的结果就变为:

$$31 \times 2 + 20 + 20 = 102$$

此时相当于得到了如下的两个不等式:

$$30.4 \times 2 + 19.4 + 15.8 < 102$$
$$100 < 102$$

从这两个不等式并不能判明"30.4×2+19.4+15.8"的结果与100的大小关系,其原因就在于将"15.8"放大为整十数"20"的变化幅度过大了。因此寻找近似数如果变化幅度过大,就会使得估算成为无效劳动。

综上可以看出,运用估算的方法解决"100元够不够买小鱼"这一问题,其思维含量远远多于运用精确计算直接去思考。这一点可以从表4-1的对比中明显看出。

表 4-1 "够不够"问题精确计算与估算思维含量对比表

	精确计算(够不够买小鱼)	估算(够不够买小鱼)
思考1	比较"30.4×2＋19.4＋15.8"与"100"的大小	比较"30.4×2＋19.4＋15.8"与"100"的大小
思考2	计算"30.4×2＋19.4＋15.8"的结果为95	对"30.4""19.4""15.8"这三个数应当放大还是缩小?
思考3	比较100与95的大小	对"30.4"应当放大到"31"
思考4	得到结论	对"19.4"应当放大到"20"
思考5		对"15.8"应当放大到"16"
思考6	无	计算"31×2＋20＋16"得到结果为98
思考7		比较100与98的大小
思考8		得到结论

对于"能不能买大鱼"的问题,与前面"够不够买小鱼"的问题类似,首先需要对"能"或"不能"这两个结论有一个选择性的判断。如果判断结论是"能",就需要通过适当放大算式"30.4×2＋19.4＋25.2"找到中间数 M,进而证明"30.4×2＋19.4＋25.2"的结果不超过100。如果事先判断的结论是"不能",就需要通过适当缩小算式"30.4×2＋19.4＋25.2"寻找中间数 M,而且这个中间数 M 不能小于100,也就是通过下列不等式:

$$30.4×2＋19.4＋25.2＞M≥100$$

证明了"30.4×2＋19.4＋25.2＞100",从而得到100元不够买大鱼的结论。其思考过程与精确计算的思考过程的对比可以从表4-2中明显地看出。

表 4-2 "能不能"问题精确计算与估算思维含量对比表

	精确计算(能不能买大鱼)	估算(能不能买大鱼)
思考1	比较"30.4×2＋19.4＋25.2"与"100"的大小	比较"30.4×2＋19.4＋25.2"与"100"的大小
思考2	计算"30.4×2＋19.4＋25.2"的结果为105.4	对"30.4""19.4""25.2"这三个数应当放大还是缩小?
思考3	比较100与105.4的大小	将"30.4"缩小到"30"

(续表)

	精确计算(能不能买大鱼)	估算(能不能买大鱼)
思考4	得到结论	将"19.4"缩小到"19"
思考5		将"25.2"缩小到"25"
思考6	无	计算"30×2+19+25"得到结果为104
思考7		比较100与104的大小
思考8		得到结论

以上对比分析表明,运用估算的方法解决问题,从算式的计算程序来看,其强度和难度都有所下降。但从解决问题整体思维的角度看,其含量却大大增加了。因此学生在解决问题的过程中,宁可使用精确计算,也不愿意去使用"繁琐"的估算。

三、难在哪里

导致学习困难的内容通常有两个特点,第一是学习者不熟悉,也就是与学习者熟悉的知识和经验缺少沟通的内容往往导致学习困难。估算这一内容通常是在学生已经熟悉了精确计算的基础上开始学习的,在遇到一个需要解决的问题的时候,自然而然地会首先采用已经熟悉的精确计算。第二个特点是学习内容的复杂性,也就是与之相关联的因素较多。[1] 相对于精确计算,估算就具有这种复杂性的特征。

估算是人们追求计算简捷的产物,这种简捷一方面会带来算法的个性化与多样化,同时又需要建立在能够达成任务目标的基础之上。比如前面"100元够不够买小鱼"的问题中,从追求简捷的角度,算式"30.4×2+19.4+15.8"可以有多种变化形式,比如"30×2+19+15"或"30×2+20+20"等。如果单纯考虑计算的简捷,应当分别把"30.4""19.4"和"15.8"变为就近的整十数,也就是把算式"30.4×2+19.4+15.8"变为"30×2+20+20"进行计算。

但这样做的问题在于,并不知道这个算式的结果相对于原来算式是变大了还是变小了,自然也就无法达成判断"够不够"的问题目标。由此看出,估算策略的

---

① 郜舒竹.为何"探究不出来"——兼谈教学难点的分析方法[J].人民教育,2009(08):41.

选择是与问题目标的达成直接相关联的。正是这种估算策略的多样性及其与问题目标的依赖性构成了估算的复杂性特征,这种复杂性无疑是导致学习困难的重要原因。下面以一个问题为例进一步说明这一点。

例题 4-10

问题:四年级同学去秋游。每套车票和门票 49 元,一共需要 104 套票。应该准备多少钱买票?

如果采用精确计算,只需要计算:

$$49 \times 104 = 5\ 096(元)$$

就可以达到"需要准备 5 096 元"的问题目标。

如果采用估算,为了达到问题目标就需要回答两个问题,第一是:"准备多少元钱?"第二是:"这些钱够不够?"教科书中给出的一种算法为:

$$49 \approx 50$$
$$104 \approx 110$$
$$50 \times 110 = 5\ 500$$

由此得到"应该准备 5 500 元"的结论。由于估算的过程是将"49"和"104"分别放大为"50"和"110",所以利用不等式:

$$49 \times 104 < 50 \times 110 = 5\ 500$$

可以知道 5 500 元一定是够的。教科书中给出的另外一种算法为:

$$49 \approx 50$$
$$104 \approx 100$$
$$50 \times 100 = 5\ 000$$

由于估算的过程是将"49"放大为"50",将"104"缩小为"100"。一个乘法算式中,一个因数扩大,另一个因数缩小,那么乘积有可能扩大,也有可能缩小。因此"5 000 元够不够?"就不是一个容易回答的问题了。可以运用乘法的意义思考,"49"变为"50"增加了"1",意味着乘积增加了一个"104";"104"变为"100"减少了"4",乘积就会减少四个"49",由于 $49 \times 4 = 196 > 104$,所以"$50 \times 100 = 5\ 000$"一定比原式"49×104"小，因此得到结论"5 000元不够"。这样的思考过程显然要比直接采用精确计算复杂得多了。

最后的问题是要比较两种估算过程哪一种好一些？命题者的意思或许是认为前一种估算达到了问题目标，所以比后一种估算要好。事实上，估算的方法具有多样性，后一种估算依据的是"盈亏互补"（compensation）策略，也就是对算式中参与运算的数进行恰当的增减，进而使得计算变得简捷。这一估算策略很多情况下也是经常采用，而且是有效的。比如前面"100元够不够买小鱼？"的问题中，对"30.4×2＋19.4＋15.8"就可以按盈亏互补策略进行估算：

- "30.4"缩小为"30"，减少了"0.4"，算式结果就会减少"0.8"。
- "19.4"扩大为"20"，增加了"0.6"，算式结果也增加了"0.6"。
- "15.8"扩大为"20"，增加了"4.2"，算式结果也增加了"4.2"。

由于增加的"0.6"与"4.2"的和是"4.8"，大于减少的"0.8"，所以改变后的算式的结果：

$$30 \times 2 + 20 + 20 = 100$$

这一一定大于原算式的结果，就得到"100元够买小鱼"的结论。相对于精确计算来说，估算的复杂性体现于估算方法的多样性以及针对问题目标的选择性方面。因此估算教学仅把重点放在估算方法或策略方面是不够的。应当把估算的过程看作是一个系统，这一系统体现的是计算的简捷、方法的多样以及针对问题目标的选择三方面的互动。

第四节 "估算"教学案例

纵观国内外与估算有关的数学课程内容，大致来说有三种类型。第一是在不数（音：shǔ）、不量（音：liáng）的情况下直观估计多少或大小，比如"教室里大约有多少人？"或"教室的面积大约是多少平方米？"等。第二种类型是把教学重点放在估算方法上，这样的方法大致来说有三种：数据重塑、算式转换和盈亏互补。第三种类型是利用估算解决问题。

值得注意的是，国外一些关于估算方法的课程内容是与标准算法的课程内容融合在一起的，学生是在不同算法的比较中进行学习的。在利用估算解决问题的课程内容中,有两点值得借鉴,第一是"问题"不仅包括所谓的实际问题,还有数学内部概念理解的问题;第二是问题解决过程中细致的思维活动设计。下面通过几则案例详细说明。

一、标准算法与估算相互融合

这里所说的标准算法(standard algorithm)指的是计算过程程序化的算法,通常所说的"竖式"就是一种程序化的算法。这种程序化算法的特点是操作步骤清晰、确定,学习者只要记住了这样的操作步骤,就可以"即使不懂,也能做对"。而且经过反复训练,可以做到"又对又快"。这种教学的弊端在于,在追求结果的正确与过程的迅速的同时,减少了学生应当经历的思维活动,这样当然不利于学生的思维发展。在倡导"育人为本"教学理念的今天,就需要改变这种只通过"结果"和"速度"评价学生计算水平的传统,为此在计算教学中应当提倡算法多样化,并且重视对不同算法的比较,扩充计算过程中的思维含量。

我国数学课程中也有所谓"先估后算"或"先算后估"的内容,但通常是对计算结果的比较或检验,缺少对不同算法的比较。那么怎样才能使估算与标准算法融为一体呢?下面以全美数学教师协会(National Council of Teachers of Mathematics)1986 年题为"估算与心算"的年度报告中"437×8"的教学案例为例进行说明。这一教学案例中,针对"437×8"的计算给出了两个问题目标,一个是"求出准确结果"(如图 4-7(a)所示),另一个是"求出估算结果"(如图 4-7(b)所示)。

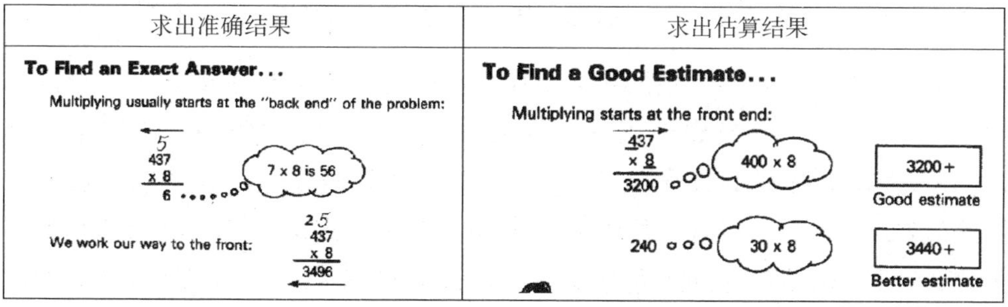

(a) 竖式标准算法案例　　　　(b) 估算过程案例

图 4-7　美国小学数学教学案例对比

在图 4-7(a)"求出准确结果"的竖式标准算法过程中,强调思考顺序是"自右向左",也就是从"7×8=56"开始计算,而且用箭头表示出这样的顺序。而在图

4－7(b)"求出估算结果"的计算过程中,指明思考顺序是"自左向右",即首先计算的是"400×8＝3 200",而且说明"3 200"就是一个"好"(good)的估算结果。在此基础上,如果继续计算出"30×8＝240",与前面的3 200加起来所得到的3 440,就成为了"更好"(better)的估算结果。

这样对比式的教学对学生的学习来说至少有四点好处。第一是可以感受到标准算法与估算在思考顺序上的不同,前者是从最低位数字开始,后者往往是从最高位数字开始思考。第二是可以习得估算方法中数据重塑的高位策略(front-end),并且渗透了估算区别于标准算法的两个特征,一是结果的开放性,二是方法的多元化。第三是可以加深对竖式标准算法算理的理解,这个算理实际上就是"位值制"。在"437×8"的竖式标准算法计算过程中,最后一步的计算通常会背诵口诀"四八三十二",在估算过程中对"400×8＝3 200"的计算就暗示了竖式标准算法中这一步计算的不是"4×8＝32"。第四是让学生感受到了算法多样化,对于过程与方法来说,没有最好,只有更好。

因此让估算与标准算法摆脱相互独立、非此即彼的对立状态,使之相互融合,应当是数学教学研究的一个课题。

二、估算用于概念理解

美国国家教育进步评价协会(National Assessment of Educational Progress)于1980年的一项针对13岁(相当于我国的初中一年级)和17岁(相当于我国的高中二年级)两个年龄组学生的测试中,有这样一个估算问题:"估算$\frac{12}{13}+\frac{7}{8}$的结果更接近1,2,19,21中的哪一个数?"正确答案应当是"更接近2"。测试结果令人惊讶,13岁年龄组的正确率仅为24％,17岁年龄组的正确率也只有37％。[1] 测试中发现,许多学生都是试图利用除法将分数化为小数解决问题的。由此反映出学生学习过程中的两个问题,第一是估算意识不强,不管什么情况首先想到的是准确计算;正确率低还反映出学生对分数概念以及分数大小关系的理解相对薄弱。因此如何将估算与数学知识的理解有机结合,就成为了数学教学需要研究的问题。下面关于"分数大小分类"的教学案例就是针对这样的问题设计

---

① Robert E. Reys, James F. Rybolt, Barbara J. Bestgen and J. Wendell Wyatt. Processes Used by Good Computational Estimators[J]. *Research in Mathematics Education*, 1982, 13(03): 183—201.

的(如图 4-8 所示)。

图 4-8 中的教学案例的教学过程分为两个环节,第一个环节是告知学生关于估计分数大小的三条基本结论:

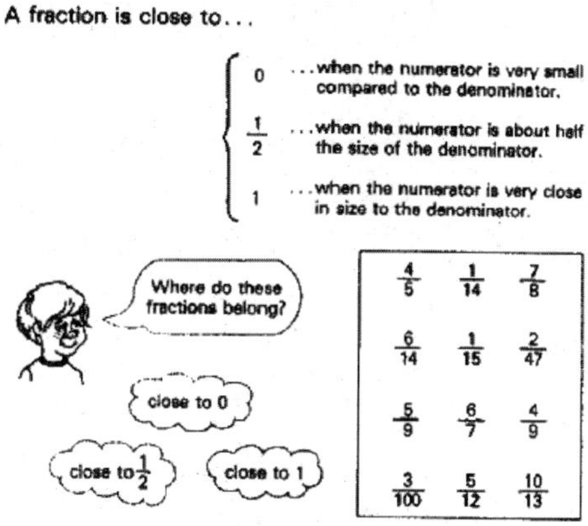

图 4-8 "估算与分数大小分类"案例

● 如果一个分数的分子相对于分母来说非常小,那么这个分数接近 0。

● 如果一个分数的分子大约是分母的一半,那么这个分数接近 $\frac{1}{2}$。

● 如果一个分数的分子与分母很接近,那么这个分数接近 1。

第二个环节是在方框内给出了 12 个分数,要求学生把这些分数归为"接近 0、接近 $\frac{1}{2}$、接近 1"三类。学生经历了这样的思考过程,一方面会逐步加深对分数概念以及分数大小比较的理解,另外也会逐步提高对估算作用的认识,同时也习得了数据重塑中"就近寻求简单数"的估算方法。与此类似的还有估算与小数大小认识的教学案例,比如给出三个小数,通过比较十分位数字可以知道:

● 0.345 601 更接近 0。

● 0.478 03 更接近 0.5。

● 0.91 更接近 1。

三、估算用于解决问题

估算用于解决实际问题的过程中学生需要经历什么样的思维活动? 透过国外一些教科书中的案例可以发现,除了估算方法的多样化思考之外,还有一些可能没有引起我们重视的问题。由美国皮尔逊教育有限公司出版的一套名为 *Scott Foresman — Addison Wesley Math* 的数学教科书,其中五年级册第 68 页中有一个"大象吃草"(如图 4-9 所示)的问题。①

---

① Phares O'Daffer, Randall Charles, Thomas Cooney, John Dossey & Jane Schielack. *Mathematics for Elementary School Teachers* (4th ed)[M]. New York: Pearson Scott Foresman, 2008: 68.

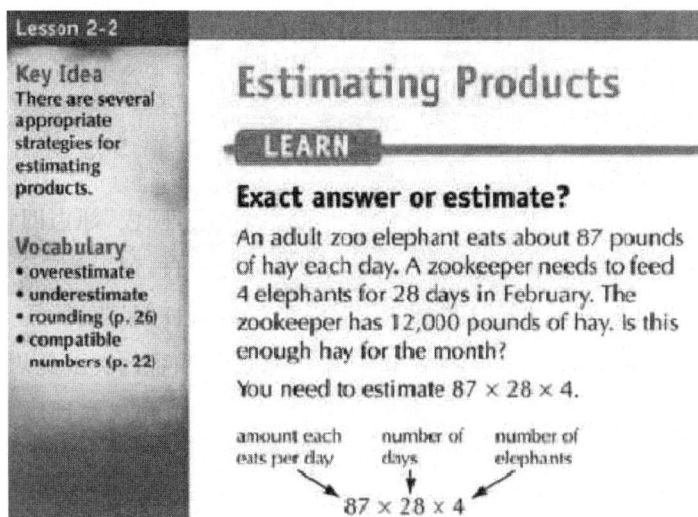

图 4 - 9　美国小学数学教科书"大象吃草"问题扫描图一

图 4 - 9 是教科书对"大象吃草"问题呈现的画面,其中包含了"主体"(画面右侧)和"辅助"两个部分(画面左侧)。主体部分自上而下又包括了三个内容,第一是课题名称和需要思考的问题,课题名称为"估算乘积"(estimating products),思考的问题是:"精确计算还是估算?"(exact answer or estimate?)第二是"大象吃草"问题的叙述:"动物园中一头成年大象每天需要吃大约 87 磅草料,饲养员在二月份的 28 天中饲养了 4 头同样的大象。那么现有的 12 000 磅草料够不够?"第三是给出需要计算的算式"87×28×4",并指明了算式中每一个数据在问题叙述中的含义。

辅助部分包括"核心想法"(key idea)和思考过程需要用到的"术语"(vocabulary)。核心想法是"估算乘积可以有许多不同的方法"。术语包括大估(overestimate)、小估(underestimate)、凑十(rounding)、匹配(compatible numbers),这些术语显然是对估算方法的提示。紧接着问题呈现画面之后,就是解决问题过程的画面(如图 4 - 10 所示)。

图 4 - 10 画面的辅助部分(图左上),首先给出了前面画面中"精确计算还是估算"这一问题的思考结果:"只要估算,因为只需要知道够不够。"在画面主体部分包括了四项内容。第一是需要思考的问题:"估算乘积有哪些方法?"第二是对前面术语中的"大估"和"小估"做出解释:"把算式中的因数变大,就是大估;把算式

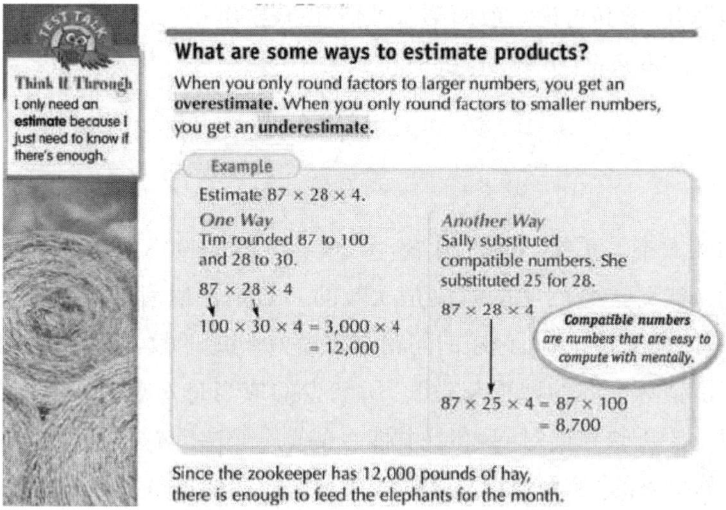

TEST TALK

Think It Through
I only need an **estimate** because I just need to know if there's enough.

What are some ways to estimate products?

When you only round factors to larger numbers, you get an **overestimate.** When you only round factors to smaller numbers, you get an **underestimate.**

Example

Estimate 87 × 28 × 4.

One Way
Tim rounded 87 to 100 and 28 to 30.

87 × 28 × 4

100 × 30 × 4 = 3,000 × 4
= 12,000

Another Way
Sally substituted compatible numbers. She substituted 25 for 28.

87 × 28 × 4

87 × 25 × 4 = 87 × 100
= 8,700

Compatible numbers *are numbers that are easy to compute with mentally.*

Since the zookeeper has 12,000 pounds of hay, there is enough to feed the elephants for the month.

图 4－10 美国小学数学教科书“大象吃草”问题扫描图二

中的因数变小，就是小估。”第三是给出两种方法作为样例(example)：第一种方法是将“87×28×4”中的“87”扩大为100，“28”扩大为30，这样得到估算结果为“100×30×4＝12 000”；第二种方法是将“87×28×4”中的“28”缩小为25，并特别注明了估算的“匹配”(compatible)策略，也就是提示学生25与4的乘积为100，这样的匹配可以简化计算。两种方法样例之后是问题的结论，即答：“因为饲养员有12 000磅草料，所以二月份的草料够。”“大象吃草”问题的最后一幅画面是思考讨论的问题(如图4－11所示)。

✔ **Talk About It**

1. Why did Sally adjust 28 to 25?

2. Which student arrived at an overestimate? How do you know?

3. Which student arrived at an underestimate? How do you know?

图 4－11 美国小学数学教科书“大象吃草”问题扫描图三

图4－11画面中的第一个问题是：“前面第二种方法为什么把28变为25?”第二个问题是：“哪一种方法是大估？你是怎么知道的?”第三个问题是：“哪一种方法是小估？你是怎么知道的?”

纵观“大象吃草”问题的教科书画面可以发现，针对这一问题的教学过程中，学生至少应当经历如下三个问题的思考：这个问题是否可以估算？有哪些方法可以用于估算？应当大估还是小估？事实上前面教科书中还缺少了一个对“估算结果是否合理"的思考和讨论。前面第二种估算方法实际上是将"$87 \times 28 \times 4$"的结果缩小为"$87 \times 25 \times 4 = 8\,700$"，此时得到大小关系为：

$$8\,700 < 87 \times 28 \times 4$$

$$8\,700 < 12\,000$$

从这两个大小关系并不能得到"$87 \times 28 \times 4 < 12\,000$"的结论，所以应当说前面的第二种方法对这个问题的解决是无效的。如果在最后的思考讨论的画面中增加一个"哪一种方法更加有效"的问题，或许这个问题的教学设计就更加圆满了。

对比我国估算内容的课程与教学，所缺少的应当是对思考内容的细致设计。这样的内容主要反映在面对问题时的"能否估算"，解决问题过程中的"怎样估算"，以及针对估算结果的"是否合理"。因此，在设计运用估算解决的问题时，应当遵循如下的原则：问题情境和问题目标应当有"无需准确"的特征；解决问题的估算方法除了具有多样化的特点外，还应当体现出相对于准确计算的"追求简捷"；不同方法所得到的不同估算结果的合理性，应当以是否"达成意愿"作为判别依据。

第五节　海明威小说中的估算

美国著名小说家海明威（Ernest Miller Hemingway，1899—1961），在小说《一天的等待》（*A Day's Wait*）中讲述了一个父亲和儿子的故事。曾经在法国生活学习的儿子生病发烧至华氏 102 度，他误认为自己即将死亡，因此一天都郁郁寡欢，等待死亡的来临。根源就在于儿子将所熟悉的摄氏温度度量（centigrade）与美国通用的华氏温度度量（fahrenheit）相混淆。而父亲并不知道这一点，想尽办法让儿子开心，但都不能如愿，所有故事情节因此而展开。

摄氏温度度量是将冰点规定为 0 度，沸点规定为 100 度；而华氏温度是将冰点规定为 32 度，沸点规定为 212 度。如果父亲一开始就能让儿子知道二者之间的换算关系，"一天的等待"这个故事也就不会发生了。

为了研究摄氏温度与华氏温度的关系，用字母 C 和 F 分别表示摄氏温度和华氏温度，二者的关系可以用图 4-12 表示出来。

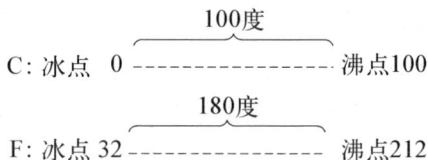

图 4-12　温度度量示意图

　　从图 4-12 不难看出,摄氏 100 度相当于华氏 212 度,或者摄氏变化 1 度相当于华氏变化 1.8 度。如果已知华氏温度,可以用公式

$$C = (F - 32) \div 1.8$$

求出摄氏温度。比如故事中的华氏 102 度,代入公式可以计算出相应的摄氏温度约为 38.89 度:

$$C = (102 - 32) \div 1.8$$
$$= 70 \div 1.8$$
$$\approx 38.89(度)$$

　　如果已知摄氏温度,可以用公式

$$F = C \times 1.8 + 32$$

求出华氏温度。比如,摄氏正常体温为 36.5 度,代入公式可以计算出对应的华氏温度为 97.7 度:

$$F = 36.5 \times 1.8 + 32$$
$$= 97.7(度)$$

　　现在的问题是,如何在"无纸、无笔"等任何计算工具的情况下,相对准确、快捷地估算出结果?

　　比如把华氏 102 度转换为摄氏温度,关键在于如何估算 $70 \div 1.8$。容易想到的做法是将 1.8 替换为 2,得到结果是 35 度。这个结果不能令人满意,摄氏温度发烧通常应当大于 37 度。说明这样的替换不适用此时的情境,没有达成转换的意愿。此情此景用 2 替换 1.8 进行估算是不可行的。

　　如果把 1.8 改变为分数形式,用 $\frac{9}{5}$ 替换,这样 $70 \div 1.8$ 就变为 $70 \times \frac{5}{9}$。一种估算的做法是:

$$70 \times \frac{5}{9}$$

$$= \frac{70 \times 5}{9}$$

$$=\frac{350}{9}$$

$$=\frac{360-10}{9}$$

$$=40-\frac{10}{9}$$

$$\approx 40-\frac{10}{10}$$

$$=40-1$$

$$=39(\text{度})$$

这个结果与 38.89 非常接近,仅相差 0.11,也符合摄氏温度下发烧的情境,因此可以说达成了估算的意愿。其中出现了多次替换,最为重要的是将 350 替换为"360−10",目的是凑出 9 的倍数 360,进而可以得到整数 40。另外就是用"$\frac{10}{10}=1$"替换了"$\frac{10}{9}$",使得计算简捷。得到的估算结果 39 度基本符合"无需准确、追求简捷、达成意愿"的估算要求。另外一种估算做法可以是:

$$70\times\frac{5}{9}$$

$$=70\times\frac{4.5+0.5}{9}$$

$$=70\times\left(\frac{1}{2}+\frac{0.5}{9}\right)$$

$$=70\times\left(\frac{1}{2}+\frac{1}{18}\right)$$

$$\approx 70\times\left(\frac{1}{2}+\frac{1}{20}\right)$$

$$=35+3.5$$

$$=38.5$$

这一结果也很接近实际结果的无限循环小数 $38.\overset{\cdot}{8}$ 度。其中有两次替换至关重要,第一次是将 5 替换为"4.5+0.5",目的是得到 $\frac{1}{2}$;另一次是将 $\frac{1}{18}$ 用 $\frac{1}{20}$ 替

换。这样一方面误差很小，另一方面使得计算简捷，如果计算出 70 的 $\frac{1}{2}$ 是 35，那

么 70 的 $\frac{1}{20}$ 就是 3.5。完全可以实现在没有纸笔等工具的情境下，心算出结果。

真正实现"无需准确、追求简捷、达成意愿"的目的。

下面再来讨论从摄氏温度转换为华氏温度的做法。比如前面将摄氏 36.5 度

转换为华氏温度，关键是如何简便计算 36.5×1.8？

如果将 1.8 用"$2-0.2$"替换，那么 36.5×1.8 就成为 $36.5 \times (2-0.2)$，计算过

程为：

$$36.5 \times 1.8 + 32$$
$$= 36.5 \times (2-0.2) + 32$$
$$= 36.5 \times 2 - 36.5 \times 0.2 + 32$$
$$= 73 - 7.3 + 32$$
$$= 70 - 4.3 + 32$$
$$= 65.7 + 32$$
$$= 97.7（度）$$

这个过程并不是估算，但想法和估算类似。为了便于心算，将 1.8 用"$2-0.2$"

替换，其中 36.5 的 2 倍容易计算得 73，由于 0.2 是 2 的 $\frac{1}{10}$，从而立刻知道 36.5 的

0.2 倍是 73 的 $\frac{1}{10}$，也就是 7.3。

在计算 $73-7.3$ 时，利用减法的差不变性质，也就是"被减数和减数同时增加

或减少相同数，则差不变"。将被减数 73 和减数 7.3 同时减少 3，那么 $73-7.3$ 就

变为 $70-4.3$，二者的差相等，都是 65.7。这样改变的好处是将被减数变为整十

数，更容易心算出结果。

综上，估算和通常的计算，心理需求是不一样的。通常的计算主观意愿追求

的是准确，在此基础上尽量简捷。而估算主观意愿是在情境中的目的，海明威小

说《一天的等待》中，如果父亲一开始就能说出华氏 102 度大约等于摄氏 38 度多，

不到 39 度，应当是对儿子最好的安慰，因此此时估算的目的是知道儿子发烧的

程度。

　　因此,估算做法并没有对错之分,只有"行不行"和"好不好"的差别,"行不行"的标准为是否达成意愿,"好不好"的标准要看是否简捷。因此,估算教学不能脱离情境以及情境中人所需要达成的意愿,也就是说估算教学仅关注做法是不够的,更要关注想法。

第五章　数学课程内容的关联性

数学课程中的所有内容,都应当遵循"充足理由律",也就是每一个内容都应当有前因和后果。有了这样的关联性,才有可能实现学习的螺旋上升。

第一节　"角"的困惑与解析

"角"的认识和测量从小学低年级的数学课程中就出现了,这一内容的教和学中都存在着诸多的困惑。比如,从图形上看,"角"究竟指的是什么地方? 在数学中角的作用究竟是什么? 直角中的"直"究竟是什么意思? 为什么圆周角是 360度,而不是别的数? 与角有关的课程内容究竟都有哪些? 学生学习这个概念究竟有什么用? 下面将从历史和关联的视角对这些问题进行讨论。

一、角的历史

(一)"有角"与"无角"的认识

人们对角的认识可以说是历史悠久,大致可以分为四个阶段。第一阶段是在研究两条直线位置关系的时候,认为两条直线如果重合或者平行,就说这两条直线的方向是一样的,也就是没有形成角。如果两条直线的方向不一致,就会相交,这时就会出现角。明代学者徐光启和意大利传教士利玛窦合作翻译的《几何原本》(以下简称"中译本")中有一句话:"平角者两直线于平面纵横相遇交接处",[1]其中的"纵横相遇"就是方向不同,互相交叉的意思,这个时候就形成了角。"中译本"中的另一句话是:"甲乙乙丙二线平行相遇不能作角",其中的"平行相遇"指的是重合的意思,这个时候就是没有角。在《几何原本》的英译本(以下简称"英译本")中用"倾斜"(inclination)这一词汇描述角,[2]后来的一些英文的几何教

---

[1] 注释:这里的"平角"指的是平面上的角,与现在说的平角所指不同。

[2] Barrow. *Euclid's Elements* [M]. London: W. Redmayne, 1714: 1.

科书中通常把这个词汇解释为"方向的差别"(difference between directions)。①

这样的理解实际上是基于人们当时对直线这一概念的认识。直线除了"有长无宽无厚"和"无限延伸"两个性质之外,相对于曲线最重要的特征是"直"。如何理解这里的"直"呢?"中译本"中对直线的定义叙述为:"直线止有两端之间上下更无一点"。这句话的意思是说,在直线上任意截取一条线段("直线止"的意思),就会出现两个端点,两个端点之间线段上所有点都不会偏离到上方或者下方。"英译本"中说的是:"直线就是其上任意两点之间都一样",其中的关键词汇是"一样"(equally)。在后来一些英文文献中对这一词汇的解释是:"在直线上任意截取线段,线段的方向都与原来直线的方向一样。"因此可以说,直线中"直"的含义是有确定的方向,相对的概念是"曲",曲线相对于直线的特点是没有确定的方向,也就是方向会发生变化。

既然一条直线有一个确定的方向,那么如果两条直线的方向不同,就有角出现。否则就是没有角出现。这是对角理解的初级阶段,认识的基础是直线的方向。回答了"何时有角"与"何时无角"的问题。属于质性的理解,对角的认识还没有量化。

(二) 直角作为比较大小的标准

角的认识的第二个阶段仍然是以对直线之间位置关系研究为基础的,主要源于对"垂直"的理解。古时的平行与垂直都是相对于地平面来说的,《墨经》中对"平"的解释是"平者,同高也",②据此就可以把"平行"理解为在移动的过程中与地面的高度不变。而对垂直的理解是假设一根绳子的端点处固定一重物,使得重物自然下垂,那么这条绳子就与地平面垂直。再比如一个人立于地面的时候,通常说"站直"的状态,就是人的身体与地面垂直。因此垂直中的"垂"是下垂的意思,"直"是相对于"倾斜"(obligue)而言的,也就是"不斜"的意思,与直线中的直不是一个意思。这一点在英译本中也有体现,在第 4 页定义 X 中对垂直的定义中的第一句话说的是(如图 5 - 1 所示):"当一条直

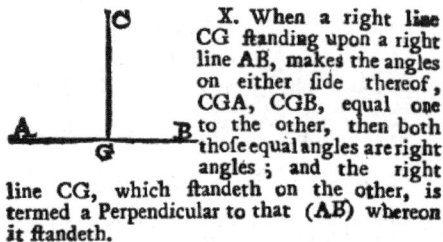

X. When a right line CG ſtanding upon a right line AB, makes the angles on either ſide thereof, CGA, CGB, equal one to the other, then both thoſe equal angles are right angles; and the right line CG, which ſtandeth on the other, is termed a Perpendicular to that (AB) whereon it ſtandeth.

图 5 - 1   英文版《几何原本》扫描图

---

① J.M. Wilson. *Elementary Geometry* [M]. London and Cambridge: Macmillan and Company, 1868: 4.
② 邹大海.从《墨子》看先秦时期的几何知识[J].自然科学史研究,2010,29(03): 293—312.

线 AB 站立于(stand upon)另一条直线 CD 上时,……",这与中文中的"下垂"意义很接近。

这个意思引申出两条直线的垂直关系,人们发现当两条直线相互垂直的时候有如下几个特征。第一是对称性,就是两条直线所形成的角的大小都是一样的。而且这一结论反过来也是正确的,即如果两条直线之间的所有夹角都是一样的,那么这两条直线相互垂直;第二是两条直线方向的相对确定性。就是说如果两条直线相互垂直,那么二者所指方向完全不同,也就是知道一条直线的方向,就可以确定另一条直线的方向。如果不是垂直,而是倾斜的状态,就会出现类似于一条直线是南北方向,而另一条直线说不清方向的现象。这两个特征使得人们认为两条直线互相垂直时,之间的夹角是一个非常好的角。欧几里得在《几何原本》中把它命名为"好角"(英译为 right angle)。在徐光启和利玛窦的"中译本"中被翻译成了"直角",这一翻译有可能是借用了"直线"(right line)中"right"的翻译。但要注意的是,直线和直角两个词汇中的"直"字不是一个意思,前者相对于"曲",后者相对于"斜",与垂直中的"直"是一个意思。直角的对称性和方向的相对确定性使得人们把直角作为粗略比较角大小的标准,比直角小的角就叫作"锐角"(acute angle),比直角大的角就叫作"钝角"(obtuse angle)。这就表明,对角的认识开始有了量化的思想。不仅关心有角还是无角的问题,开始研究如何比较角的大小了。

(三) 角的测量精确化

随着天文学和历法研究的发展,就有了对圆周进行等分的需要。等分圆周的想法对角的量化认识产生了巨大影响。我们现在熟悉的圆周角等于 360 度,实际上就是将圆周长平均分为 360 段弧,其中每一段弧长对应的圆心角就是 1 度角。至于为什么是 360,而不是其他数,现在很难考证出准确答案。后人的猜测归纳起来主要有三种。

第一种是说古巴伦人当时认为一年的天数大约为 360 天,所以用 360 等分圆周。第二种猜测是认为与人身体有关。如果圆周角为 360 度,那么 1 度角的大小大约等于以人伸直的臂长为半径时,小拇指宽度对应的圆心角的大小;同样 10 度角的大小大约等于紧握拳头的宽度对应的角度,20 度角约等于打开的手掌宽度对应的角度。正是这些与人息息相关的数据使得人们将圆周角确定为 360 度。

最有说服力的猜测应当是第三种。圆周角的度数应当尽量做到平分后还是整数,如果圆周角定为 100 度,那么平均分为 6 份,相当于现在的 60 度就变成 $100 \div 6 = \frac{50}{3}$ 度,不是整数了。因此,圆周角应当具有因数个数尽量多的特征。在 100 以内,因数个数最多的数共有 5 个,分别是 60、72、84、90、96,都有 12 个因数。其中的三个 60、72 和 90 都是 360 的因数,60 是其中最小的一个,这或许就是角度和时间采用 60 进制的原因之一。另外一个有趣的现象是:360 是 60 的 6 倍,60 是 100 以内因数个数最多的数中最小的一个,而 6 是最小的"完美数"(perfect number);[①]360 是 72 的 5 倍,这里的 5 与人一只手的手指数相同;360 是 90 的 4 倍,4 是除了 1 之外的第一个平方数。完美数、手指数和平方数都是历史上人们关心的数,现在无法得知这些现象与圆周角等于 360 度是否有关。有了计量单位,比较角的大小就有了依据。因此,对角的认识开始进入精确化,应用也就日趋广泛了。

(四) 运动的眼光看角

至此,角同时具有了形与量的属性。随着牛顿微积分以及函数变量思想的逐步发展,人们开始习惯用运动的观点看待几何形体,把相对应的量视为连续变量。比如把线看成是点运动的轨迹,把面看成线运动的轨迹,等等。这就使得对于角的认识进入第四个阶段,把角看作是射线围绕顶点旋转出来的,把角的大小看作这种运动过程中的连续变量。正是这样的认识改变了原来有角和无角的认识,两条射线重合的情况叫作"夹角为 0 度";旋转了两个直角叫作"平角";从平角继续旋转超过平角叫作"优角"(reflex angle);继续旋转超过周角也是允许的,体现了角的周期性。这样的认识使得三角函数的研究超越了三角形,成为具有一般意义,特别是具有周期性的函数,在很多周期现象的研究中发挥了巨大作用。

综上反映出人们对角的认识经历了从单纯的质的认识到质与量综合的认识,从静态的认识发展为动态的认识。

二、定义"角"之难

如何给角下定义是个历史难题,许多数学家都对此进行过研究。前面论及的

---

① 注:"完美数"指的是除了这个数本身,所有因数的和等于这个数本身。比如 6,除了 6 之外还有 1、2、3 三个因数,这三个因数的和恰好是 6 本身,因此 6 是完美数。类似地,28 也是完美数。

"中译本"中所说的角是"纵横相遇交接处"，直观上看"交接处"应当是角的顶点，而不是角。"英译本"中把角叫作两条直线相互"倾斜"，而倾斜说的是两条直线方向不同的状态，也不是角。关于角的定义后来还出现过很多，概括起来主要有三种。第一种是质性的，通过列举角的构成要素进行描述，比如"角是由一个顶点出发的两条射线组成的。"这里所说的是角由什么组成，并没有描述出是如何组成的。第二种是加入量化的因素："角是从一个顶点出发的两条射线张开（opening）的大小。"用"张开"描述形状，用"大小"描述张开的程度。但什么是"张开"呢？很难想象出其确切的含义。第三种是用运动的观点，认为"角是一条射线围绕顶点旋转出来的图形"。其中"旋转出来的图形"的说法会让人想到两条射线之间那个无限的"扇形"，还是不能想象出角的样子。诸如此类的定义尽管相对于《几何原本》中的定义来说清晰了一些，但归根到底都没有表述出什么地方是角，角的形状究竟是什么样子？角的定义如此之难，究竟是什么原因呢？

（一）概念原始性

首先，角是一个原始的种概念，也就是说在与角有关的概念系统中，它是首次出现的。凡种概念的定义都是比较困难的，比如几何中"点"就是不定义的，在"中译本"中仅从其度量意义上描述为："无长短广狭厚薄"，线、面、体也是类似。在种概念的基础上定义其中特殊的类，就可以成为相对于这个种概念的属概念，这样的定义相对来说比较容易。比如有了角的概念，就可以定义"直角"，只需要把其中"直"的含义表述清楚，再加上角的原有属性，就成为直角的定义。可以把直角定义为"90度的角"，也可以定义为"两直线垂直时所形成的角"。这种方法在逻辑中叫作"种加属差"法。

（二）含义多重性

根据前面所述，角本质上是为了描述两条直线方向之间关系而产生的概念。但角不仅表示关系，同时又具有形与量的含义。一个概念直观上是图形，数量上可以比较大小，同时又表示两条直线方向上的关系。用一个简短的定义表述出这三种含义，显然是很困难的。数学中类似于这样多重含义的概念通常都是很难定义的。"比"是表达两个量之间关系的概念，但同时又有运算和运算结果的含义，在数学教科书中通常定义为"两个量相除也叫作这两个量的比"。这实际上是用除法运算定义比，很容易让人把比误解为就是除法运算，除法和比尽管有很多相互关联的地方,但是二者不是等价的概念。运算强调的是算法和运算结果,不强调运算对象之间的关系。而比更强调前项和后项之间的关系,所以这个定义并不恰当。平行或者垂直也是表达直线之间的关系,但不是图形,也不是数量,含义相对单一,因此比较容易用定义表述。类似这样单纯表达关系的概念在小学数学中还有整除等等。

(三) 相对独立性

角难以用定义表述的第三个原因是构成角的要素(顶点,射线)与角的形状和度量都没有直接的联系。在点线面体这个系统中,可以说积点成线或点动成线、积线成面或线动成面、积面为体或面动成体。点线之间、线面之间、面体之间都具有直接的联系,可以用点理解线,用线理解面,用面理解体。而顶点和射线作为角的构成要素,与角就不具备类似于此的"包含"关系。从度量的角度说,角的度量系统与线的长度的度量系统也是不一样的。如果把角的概念归结为三个含义,从意义上说表示方向的差异,从形状上说表示两条射线相交于一点,从度量上说表示张开的"程度",那么这个系统与点线面体的系统就具有了相对的独立性。一个系统中的概念用另外一个系统中的概念来定义,自然是不好理解的。这或许也是角的"弧度制"产生的原因。角的弧度制指的是用单位圆(半径为 1 的圆)的弧长作为对应圆心角的大小。比如,如果把一个单位圆平均分为 4 份,那么其中一段弧长就是 $2\pi \div 4 = \dfrac{\pi}{2}$,对应圆心角的度数为 $360 \div 4 = 90$ 度。在研究问题的时候,就经常用弧长 $\dfrac{\pi}{2}$ 代替 90 度了。这样就可以克服度量系统不一致的困难了。

(四) 相对无关性

角概念定义之难还有一个原因,是缺少一个相对的概念帮助理解。数学中一些概念的定义是依赖于其相对概念的。比如负数的概念,首先理解为"不是正数",而且与正数意义相反。如果把"收入"用正数表达,那么"付出"就是负数。如果把向东行走的路程用正数表示,那么向西行走的路程就用负数表示。再比如分数的概念,这里的"分"是相对于"没分"而言的,也就是"整"。最初理解为"不是整数",是分割产生的数。角概念在角系统中的原始性使得它没有一个相对的概念帮助理解,也就是没有"非角"的东西存在。从这个意义上说,历史上认识角的初级阶段把两直线平行或重合视为没有角,从认识论的角度说是合理的。就像在小学数学课程中把"整除"和"有余数"看作相对关系,所以把整除叫作"没有余数"。从数学表达统一性的角度来看,实际上不是没有余数,而是所有正整数之间的除法都有余数,整除的情况叫作"余数为0"。

鉴于以上理由,角定义之难是个客观现实。据此就需要研究如何在教学中解决这些问题。一个基本观点是,角的认识不可能在短时间内完成。学生需要在各个年龄段的学习中经常接触到角,在与角相关联的其他内容的学习中逐步熟悉角。因此,作为数学课程的设计者以及教师还应当了解与角相关联的内容究竟都有什么,如何在不同阶段、不同内容的教学中渗透与角相关联的内容。

第二节　与"角"相关联的内容

从角的历史来看,其核心作用在于描述方向的改变。因此凡是与方向以及方向改变有关的内容都与角相关联。比如"平移与旋转",所谓"平移"就是物体沿着直线运动,不改变方向。这里所说的不改变方向可以从两个方面理解,第一是物体上的同一个点在运动过程中永远在同一条直线上,不改变方向;第二是说物体上两个不同的点分别沿着两条直线运动,这样的两条直线方向是一致的,也即是平行的。

"旋转"是一种物体在运动过程中,方向不断改变的运动。所谓方向不断改变的含义是物体上的同一个点在任意两个不同时刻,其运动方向都不一样。数学中描述这种方向的改变通常依赖的是"圆心角"或切线的斜率,这些概念都是与角密切相关的。由此进一步证明了角的核心作用在于描述方向的改变。旋转作为方向不断改变的一种运动,其特殊性在于方向改变的均匀性。这种均匀性表现为物体上一个点如果转过的弧长相同,那么对应的圆心角也一定是相同的。

由此可见,"平移与旋转"这一课程内容,与角的认识密不可分。在教学中应当充分认识到这一点,将方向与角的相关联系融入到教学中,使得学生逐步熟悉角这一概念用于描述方向的重要作用。类似于此,与方向和角有关的内容还有,方向与位置、圆的认识、钟表的认识、平行与相交、多边形内角和等。从度量的角度说,方向还可以通过线段长度的比来确定。因此,角与比也是密不可分的。下面通过例子说明这些关联性。

一、折线统计图与角

"折线统计图"通常被认为是描述发展趋势的。这种说法有一定道理,但并不完全准确。因为"趋势"指的是将来会怎样,是一种主观的预测。影响这种预测的因素根据实际问题的不同差异是很大的。稍微严格一点的说法应当是,从折线统计图看见的是从过去到现在的发展状况。至于未来的发展趋势会怎样,需要具体问题具体分析。比如,如果图 5-2 的横轴表示时间,纵轴表示气温,那么从早晨到中午是上升的趋势,由此就不能说往后气温还会继续上升。

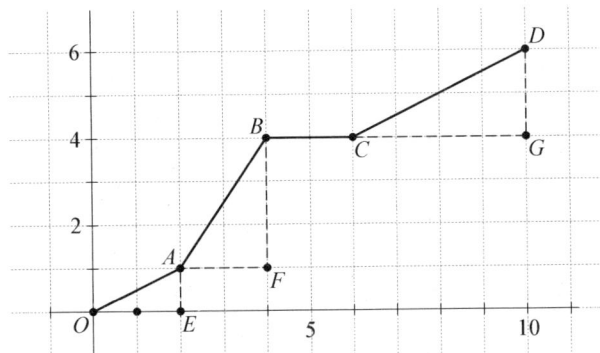

图 5-2   温度与时间折线统计图

这里主要想说明折线统计图与角的联系。从图上的折线看出,总体是上升的。但上升的"坡度"是有变化的。比如,从 O 到 A 上升的坡度就小于从 A 到 B 的上升坡度;从 B 到 C 就没有上升;从 C 到 D 与开始从 O 到 A 的上升坡度是一样的。从数学的意义看,决定这种"坡度"的因素是什么呢?

从 O 到 B 在 A 点出现了"拐弯",也就是出现了"角",这就是《几何原本》英译本中说的"倾斜"。为什么会出现角,原因就是从 A 到 B 与从 O 到 A 相比,方向发生了改变。换一个说法,就是线段 OA 和线段 AB 各自所在直线的方向不同了。这种方向的不同在数学中通常是用水平方向(横轴)作为比较的标准。从图 5-2 中不难看出,线段 OA 与水平方向的夹角 $\angle AOE$,要小于线段 AB 与水平方向的夹角 $\angle BAF$。所以方向的改变反映出的是角的大小的改变,又一次说明了角用于表达方向的意义。

另外从图 5-2 看到,在三角形 AOE 中,线段 AE 与 OE 的比是 1∶2;在三角

形 ABF 中,类似的比是 $3:2$。所以角的变化还与相应线段长度的比有关,中学将要学习的三角函数和直线的斜率就是由此产生的。上面的比值 $\frac{1}{2}$ 和 $\frac{3}{2}$ 分别叫作线段 OA 和线段 AB 所在直线的斜率,即倾斜的程度。也就是直线与横轴向右的方向夹角的正切。图 5-2 中 BC 线段的方向与水平方向一致,所以斜率为 0,意味着没有变化;CD 的斜率是 $\frac{2}{4} = \frac{1}{2}$,与 OA 的斜率相同,说明与 OA 方向一致。如果把线段 OA 和 CD 分别延长,就会发现这两条直线平行。所以决定折线统计图上升坡度的因素是角。

折线统计图的教学不能仅限于所谓的实际意义方面,还应当把角的理解融入进去,使得这一内容具有"数学味"。这样不仅能够加深对角相关知识的理解,还能提升学生说理的能力,从知识和能力方面为今后的学习奠定基础。

二、速度与角

与运动有关的问题通常需要研究运动的时间、距离和速度三者之间的关系。对于运动过程中速度不变的运动叫作匀速运动,速度发生变化的运动叫作变速运动。为了研究的方便,可以画出如下的折线图(如图 5-3 所示)。

在图 5-3 中,假设 O 点沿着图中折线向 D 点运动,横轴表示运动经过的时间。从 O 点到 A 点的运动时间与从 A 点到 B 点的运动时间是相同的(因为 $OE = AF$)。但从图 5-3 中明显可以看出运动距离 OA 和 AB 是不一样的。相同时间运动距离不同,说明运动速度不同。在图 5-3 中显示出的就是 OA 与

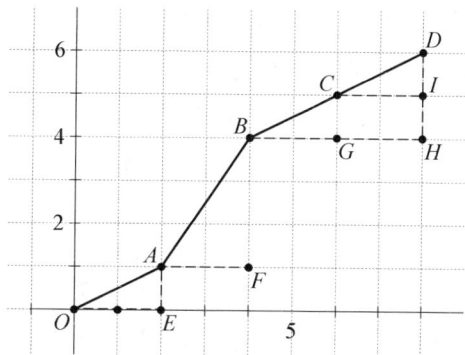

图 5-3　速度示意图

AB 与水平方向的夹角 $\angle AOE$ 和 $\angle BAF$ 不同。从 B 点到 C 点和从 C 点到 D 点运动时间和运动距离都是相同的,说明速度没有发生变化,图 5-3 中显示出的是 $\angle CBG$ 和 $\angle DCI$ 相同。因此,从 B 到 D 就是匀速运动。

如果用这样的折线图研究距离、速度和时间三者的关系,那么运动速度实际

上在图中是由角度决定的。如果运动速度时时刻刻都在变化,可以想象折线就会成为曲线了,因为角度是在不断变化,数学中通常叫作连续变化。对于角度连续变化的曲线,就要利用曲线的"切线"及其斜率来描述速度的变化规律了。微积分中的导数概念就是这样产生的。在微积分中计算曲线弧的长度实际上也是利用这样的方法。

三、周角与三角形内角和

周长与周角中的"周"意义是相同的,都有"旋转一圈"的意思。用角度理解"旋转一圈",就是旋转了 360 度。以长方形为例。

在图 5-4 长方形 $ABCD$ 中,想象 A 点位置有一只蚂蚁向右沿着 AB 边爬行,到 B 点拐弯向上沿着 BC 边继续爬行,到 C 点拐弯向左沿着 CD 边爬行,到 D 点拐弯向下爬行到 A 点拐弯向右,并停止爬行。这时候,蚂蚁回到出发时的状态,即位于 A 点,头朝向 B 点方向。那么蚂蚁爬行的轨迹就形成了这个长方形的"周",蚂蚁爬行的距离就是长方形的周长。如果把蚂蚁从出发到回来的方向因素考虑进来,那么蚂蚁在爬行过程中拐弯所转过的角度总和一定等于周角 360 度。比如,蚂蚁爬行到 B 点时,爬行方向由"向右"转向"向上",转过的角度是 $\angle EBC = 90$ 度;到 C 点由"向上"转向"向左",转过的角也是 $\angle FCD = 90$ 度。依此类推,蚂蚁从出发到回来,一共拐弯 4 次,每次转过的角度都是 90 度,所以蚂蚁爬行一周所转过的角度总和是 360 度。用类似方法还可以证明"三角形内角和等于 180 度"。

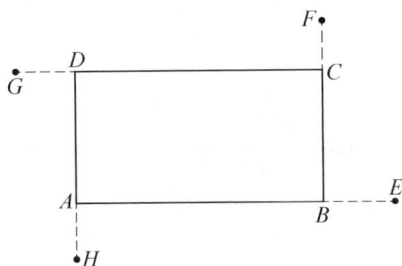

图 5-4　长方形示意图　　　　　图 5-5　三角形示意图

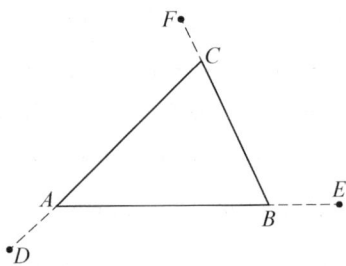

在图 5-5 三角形 ABC 中,假设一只蚂蚁从 A 点出发,沿着三角形的三条边爬行,最后回到 A 点位置,并且头的朝向与出发前一致,即朝向 B 点方向。全程共拐弯三次,虽然对任意三角形不知道每次拐弯转过的角度,但所转过的角度总

和应当等于周角 360 度,即:

$$\angle EBC + \angle FCA + \angle DAB = 360(度)$$

另外从图 5-5 中看出,$\angle ABE$、$\angle BCF$、$\angle CAD$ 分别都是平角 180 度。分别减去上面蚂蚁拐弯时转过的角,就得到三角形的三个内角。其总和就是:

$$180 \times 3 - 360 = 180(度)$$

从这个方法可以联想出任意多边形内角和。比如一个 10 边形,应当有 10 条边和 10 个顶点。假设一只蚂蚁从一个顶点出发,沿着 10 边形的各条边爬行,最后回到原来状态。由于蚂蚁每次拐弯都是在顶点处,所以一共拐弯 10 次。拐弯转过角度总和仍然是 360 度,类似于上面的平角一共 10 个,所以 10 边形内角和就是:

$$180 \times 10 - 360 = 1\,440(度)$$

这样的方法与中学乃至大学课程中的向量有关。所谓向量就是不仅考虑量的大小,还考虑量的方向。前面例子中,不仅考虑蚂蚁爬行的距离,还考虑蚂蚁爬行的方向。描述这种方向的方法就是拐弯时转过的角度。这些思想和方法如果在小学阶段有所渗透,无疑对学生今后的学习和发展是有益的。

四、形状与角

历史上的数学和科学研究主要关注的是空间(space)、时间(time)和物质(matter),物质的形状自然也是研究的对象。数学中研究形状首先关心是否完全一样?所谓完全一样就是可以重合,这样的两个图形叫作"全等"(congruent)。两个图形如果全等,就意味着不仅形状一样,而且大小相同;如果大小不一样,就关心模样"像不像"的问题?所谓"像"的含义好比一个人和这个人的照片作比较,虽然大小不同,但模样是一样的。这时候叫作"相似"(similar)。两个图形相似就意味着通过对其中一个图形成比例地放大或缩小,能够使得二者全等,也就是可以重合。地图实际上就是利用相似的原理制作的。

两条直线通过移动位置可以完全重合,这说明所有直线都是全等的。同样道理,所有射线也都是全等的。任意两条直线段中的一条都可以通过延长或缩短,与另外一条线段重合。说明任意两条直线段都是相似的,这样的性质曲线就不具备。其原因的根源就是直线或直线段的方向是确定的,曲线的方向是不确定的。

由此看来,物体的形状与方向是密切相关的,也就是与角是相关联的。

不难发现,所有的正方形模样都一样。就是说通过放大或缩小一个正方形,可以与任何一个正方形重合。也就是任意两个正方形都相似。两条边长不同的长方形就不具备这个特征。这是为什么呢?

图 5-6 是任意两个大小不同的正方形,有一个共同特征,就是相同位置的线段所形成的角度都是一样的。比如底边与对角线的夹角 $\angle ACD = \angle EGH = 45$ 度。再看长方形的情况。

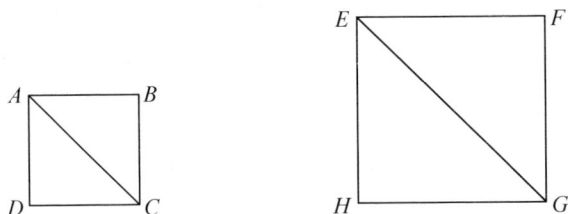

图 5-6   "相似"示意图

图 5-7 中两个长方形对应的角度 $\angle ACD$ 和 $\angle EGH$ 显然是不相等的,导致他们的模样不像,也就是不相似。因此,制约两个图形是否相似的因素就是对应的角。两个图形如果相似,那么所有对应位置线段形成的角度都相等。反过来,两个图形所有对应位置的角度都相等,那么这两个图形相似。如前所说,角的大小可以通过相应边长的比来确定,所以中学数学中的三角函数与"相似三角形对应边成比例"都与此相关。

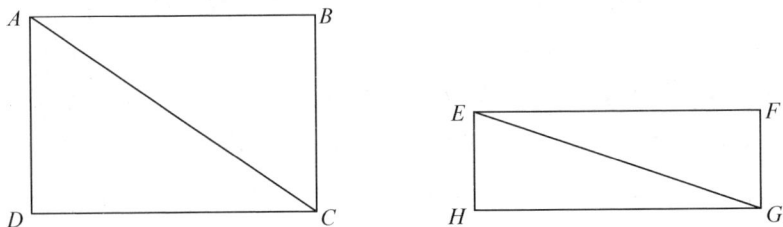

图 5-7   "不相似"示意图

在数学中所说的正多边形,当边数相同的时候,一定是相似的。所以正多边形中的"正"(regular),其含义是形状的确定性或规范性。类似具有形状的确定性和规范性的图形还有圆、正方体、球等。

应当承认,在小学数学课程内容中,关于"角"的内容的系统性相对比较薄弱。这种薄弱主要反映在出现频率少和对相关联的知识认识的不足。导致的结果是小学阶段的学生对角很不熟悉。进入中学学习诸如平面图形的关系、三角函数、极坐标、向量,以及物理中的角速度、变速运动、力的分解等内容时,都会感觉到生疏困难。以上内容旨在说明在小学数学的课程与教学中应当加强对角及其相关知识系统性的认识。

第三节　除法运算的"商不变"

"商不变"指的是在除法运算中,如果被除数和除数同时扩大或缩小相同的倍数(0 除外),那么除法的商不变。[①] 在数学课程中,这一内容通常安排在小学四年级"小数除法"之前,其用意在于计算除数是小数的除法时,利用"商不变"可以将除数是小数的除法转化为除数是整数的除法。这是一种"因为后面要用,所以现在要学"的工具性理解。事实上,"商不变"作为一个运算规律,在数学课程中的重要性远不止于此。

数学课程内容强调知识的贯通性(coherence),实际上就是知识之间的普遍联系。这种联系有时是显性的、直接的;有时是隐性的、间接的。"商不变"与"小数除法"之间是一种显性并且直接的联系,与其他一些知识之间的联系就不那么明显和直接,需要深入、系统地挖掘。

一、"商不变"与分数和正比例

除法、分数和比这三个概念是紧密相关的。从历史的发展来看,其来源不同。在数学中的含义也是有区别的。"除法"是作为相对于乘法的逆运算而存在的,侧重的是计算的过程、方法和结果;"分数"是为了表达小于 1 的"数"而出现的,相对的概念是整数中的"倍",侧重表达局部与整体的关系;"比"实际上是一个几何意义的概念,是为了表达两个量之间的关系而产生的,其含义应当说包括了分数表示局部与整体关系的含义。这三个概念可以用"测量"(measurement)统一对它们

[①] 需要注意这个性质不能叙述成"结果不变"。比如在有余数的除法 36 ÷ 8 = 4……4 中,如果被除数和除数同时除以 2,就变成商 4 余 2 了,余数作为结果就变化了。

的认识。历史上在没有统一度量单位的时候,对于诸如长短、大小这样的问题,通常是用测量的方法表达两个量之间的关系。比如两条线段,用较短的一条去测量较长的一条,如果三次恰好量尽,就说这两条线段的长度是 3∶1 的关系。换一种说法就是较长的线段长度是较短线段长度的 3 倍,或较短线段的长度是较长线段长度的 $\frac{1}{3}$。用除法运算的说法就是较长线段的长度包含了 3 个较短线段的长度。鉴于这三个概念之间的这种统一性,那么"商不变"作为除法的运算规律,也理所应当地在分数和比的相关内容中有所体现。

　　小学数学课程内容中有一个称为"分数基本性质"的内容,含义为"一个分数的分子和分母如果同时扩大或缩小相同的倍数(0 除外),那么分数值不变"。论及这一内容的课程地位时,普遍的认识是为了学习分数的通分或约分奠定基础,毫无疑问这是正确的。但应当认识到,这个内容对学生来说并不是新知识。如果把分数线看作是除号的含义,那么所谓的"分数基本性质"和除法的"商不变"就是一回事。另外,分数除法"颠倒相乘"的运算法则实质上就是"商不变"规律在分数计算中的一个应用。

　　"正比例"是小学六年级的课程内容,是为了表达两个相互关联的变量之间协同变化的一种关系而产生的概念,即如果两个变量的比值保持不变,就把这两个变量之间的关系叫作成正比例。[①] 如果把比看作除法,那么所谓"两个变量的比值保持不变"就是"两个变量相除所得的商保持不变",也就是两个变量的变化过程是在同时扩大或缩小相同的倍数。比如对于圆的直径和周长来说,已经知道周长与直径的比值是常数 π,也就是圆的周长和直径这两个变量成正比例。如果直径变为原来的 2 倍,立刻可以知道这个圆的周长也变为原来的 2 倍。这相当于是利用"不变的商"来把握两个变量之间的关系,这与"商不变"的性质是一种因果换位。所以,可以把"两个变量成正比例"理解为是反过来运用"商不变",目的是表达变量之间的一种关系。中学数学中的正比例函数 $y=kx$,或 $\frac{y}{x}=k$,就是知道 k 不为 0,且是确定不变的常量,在此基础上研究变量 x 与 y 的变化规律。这个函数的图象是一条通过

① 这里所说的"正比例"并不是比例。比例描述的是两个比相等的关系,而成正比例表示的是两个变量之间协同变化的关系。关于正比例和反比例的意义及其关系可以参见笔者另外一篇文章:邸舒竹,张平仁,王智秋.数学术语的隐喻歧义及其人文内涵[J].课程·教材·教法,2011(02):51—57。

原点的直线,其中不变的比值 k 表示的是这条直线的方向,叫作斜率。在高等数学的微积分中研究的导数,从几何的角度看就是曲线切线的斜率。

由此看出,"商不变"这一内容不仅用于"小数除法",还为"分数基本性质"和"正比例"的学习奠定基础,同时也与中学数学乃至高等数学的相关内容都有联系。以上这样的联系相对来说还属于显性的、直接的。如果把"商不变"看作一种运算规律,还能挖掘出更多相关联内容。

二、"商不变"的规律性特征

"商不变"是除法运算系统中的一个规律(pattern)。[①] 这一规律使得诸多不同的除法运算具有了共性。规律的一般含义是指许多事物之间的某种联系。数学中这种规律通常表现为"运动与变化中的不变因素"。比如,写出下面的算式:

$$4 \div 2 = 2, \ 8 \div 4 = 2, \ 12 \div 6 = 2, \ \cdots$$

从形式上看,这些算式都是不同的,体现的是运动与变化。这些变化的算式之间存在着不变的因素,即每两个算式的被除数之间的倍数关系和除数之间的倍数关系都是一样的,这样的联系导致了所有算式的运算结果都是相同的。在数学中,这种"变中的不变"往往都被认为是重要的,因为这样的不变因素可以把握变化的状态,具有"预见"(prediction)的作用。

比如,三角形可以有不同大小和形状,但是无论什么样的三角形,只要是三角形,其"内角和"都是一样的。这个不变的"内角和"就被认为是把握各种类型三角形的重要因素。对于不同大小的圆,周长与直径的比值都是一样的,这个不变的比值就是把握圆的重要因素,著名的无理数"π"因此而生。投掷一枚硬币,随着投掷次数的不断增加,出现正面和反面的次数会越来越趋于一致,此类"趋于一致"的现象导致了概率的产生。在中学数学中,勾股定理、直线的斜率、图形的相似、三角函数等内容都具有这种"变中的不变"的特征。

从方法论的角度来看,可以把"从运动与变化中寻找不变因素"看作一种方法,不妨叫作"异中求同"。这种方法在解决问题的时候也经常使用。比如对于本书第一章提及的问题:

---

① "pattern"一词在词典中通常译为"模式"。在数学中译为"规律"似乎更为恰当。

例题 5 - 1

湖面上有一些天鹅,飞走了 5 只,还剩 23 只。问湖面上原来有多少只天鹅?

这个问题中出现了三个数据:"原有"天鹅数、"飞走"天鹅数、"剩下"天鹅数。这些数据可以变化,已知和未知也可以交换。无论数据如何变化,三个数据之间的关系是不变的,这样的关系就是通常所说的"数量关系",可以表达为三种形式:

$$原有 = 飞走 + 剩下$$

$$原有 - 飞走 = 剩下$$

$$原有 - 剩下 = 飞走$$

小学低年级算术的方法通常采用第一种表达形式,在高年级学习"列方程"时常常采用第二种表达形式。[①] 我们经常说解决问题的关键是寻找数量关系,所谓数量关系实质上就是诸多不同数据之间一种稳定的联系,也就是这个问题系统中的一种规律。解决问题的重要任务就是发现这个规律。

凡规律通常具有可"复制"的特征,也就是一个系统中的规律往往在其他系统中会有类似的规律,不妨把这种特征叫作规律的模拟性。前面论及的"商不变"与"分数基本性质"和"正比例"之间的关系从某种意义上来说就体现了这一点。既然乘法运算与除法运算是互逆的关系,除法运算存在"商不变"的规律,那么可以相信乘法运算系统中也一定存在对应的规律。观察下面的算式就可以看出这一点:

$$2 \times 2 = 4,\ 2 \times 4 = 8,\ 2 \times 8 = 16,\ 2 \times 16 = 32,\ \cdots$$

这一规律可以描述为:在一个乘法运算中,一个因数扩大或缩小多少倍(0 除外),另一个因数不变,那么这个乘法的积也扩大或缩小相同的倍数。用字母表示出来就是:$(na) \times b = n(ab)$,这实质上就是乘法的结合律。[②] 因此可以看出,除法

[①] 小学低年级学生解决这个问题的列式经常出现:"28 - 5 = 23"。 这样的列式可以判定是正确的。因为同样的数量关系可以有不同的表达形式。详见:郜舒竹,刘莹.儿童数学学习中思维的自然结构及其正误辨别[J].课程·教材·教法,2010(07):42—45.

[②] 对于乘法结合律通常认为是乘法运算中改变运算顺序的一个规律,这种认识是不全面的。在数学中更强调的是一种因果对应的关系。如果用函数的观点看,乘法可以看作是变量之间的一种函数关系,用符号表示就是 $f(x, y) = xy$。其中的两个因数 x 与 y 是函数的自变量,其乘积 xy 是因变量。乘法结合律可以理解为,在这个函数关系中一个自变量与因变量具有相同的变化规律,即 $f(kx, y) = f(x, ky) = kf(x, y)$,或 $f\left(\dfrac{x}{k}, y\right) = f\left(x, \dfrac{y}{k}\right) = \dfrac{1}{k}f(x, y)$。

的"商不变"与乘法的结合律实质上是一回事。另外,一些乘除混合运算的运算规律,也可以通过"商不变"看出来。比如"$a \div (b \times c) = (a \div b) \div c$",实际上就是连续两次运用"商不变"得到的。[①] 正是这些运算规律之间存在着诸如此类的转化关系,就使得许多计算问题存在着多种不同的计算方法。这一点可以从"$36 \div 12$"的两种计算方法中清晰地看出来:

方法 1:运用"商不变"　　　　方法 2:运用 $a \div (b \times c) = (a \div b) \div c$

$$36 \div 12$$
$$=(36 \div 4) \div (12 \div 4)$$
$$=9 \div 3$$
$$=3$$

$$36 \div 12$$
$$=36 \div (4 \times 3)$$
$$=(36 \div 4) \div 3$$
$$=9 \div 3 = 3$$

"商不变"规律的模拟特征还反映在对其他运算系统中类似规律的思考中。既然除法运算存在"商不变"的规律,那么加法、减法和乘法是否分别会有相应的"和不变""差不变"和"积不变"呢?

三、"和不变"与"差不变"

"商不变"反映出一个运算系统中不同的算式可以得到相同的运算结果。在加法运算系统中,不同的加法算式得到相同的和,其中加数之间的关系叫作"和不变"的规律。即"在一个加法算式中,如果一个加数增加的部分与另一个加数减少的部分相同,那么加法的结果和不变"。用字母写成等式就是:

$$a + b = (a + c) + (b - c),或 a + b = (a - c) + (b + c)$$

在减法运算中,"差不变"的规律指的是:"在一个减法算式中,如果被减数和减数同时增加或减少同样的数,那么差不变"。用字母和等式表达就是:

$$a - b = (a + c) - (b + c),或 a - b = (a - c) - (b - c)$$

历史上的算术教科书中曾经出现过一个"算术比例"(arithmetic proportion)[②]的

---

① 推导过程为:$a \div (b \times c) = (a \div b) \div (b \times c \div b) = (a \div b \div c) \div (b \times c \div b \div c) = a \div b \div c$。同样方法还可以推导出:$a \div (b \div c) = (a \div b) \div (b \div c \div b) = (a \div b \times c) \div (b \div c \div b \times c) = a \div b \times c$。后面还会涉及关于减法"差不变"的类似等式。

② Augustus De Morgan. *The Elements of Arithmetic* (2nd ed)[M]. London: Taylor and Walton, 2008: 43.

概念,说的是有 4 个数排成一列,如果第二个数减去第一个数的差等于第四个数减去第三个数的差,就说这四个数成算术比例。比如,"2,5,9,12"这四个数,因为"5－2＝12－9",所以这四个数成算术比例,这个相等的差就是3,相当于算术比的"比值"。

算术比例有一个重要性质,即"如果四个数成算术比例,那么第一个数与最后一个数的和等于中间两个数的和"。对"2,5,9,12"来说就是:

$$2+12=5+9$$

为什么这两个和会相等? 其实就是"和不变"的规律在起作用,即:

$$2+12=(2+3)+(12-3)=5+9$$

这反映出对四个数来说,如果有"差不变",就会对应一个"和不变";反之,如果有"和不变",就会对应一个"差不变",也就是说"$a-b=c-d$"与"$a+d=b+c$"是并存的。"和不变"与"差不变"是许多简便计算的依据,比如如果要用简便方法计算:

$$1+2+3+4+5$$

采用的方法通常是"移多补少",即从"5"中减去"2"加到"1"上,使得"5"和"1"都变成"3"。同样方法把"4"和"2"也都变成"3"。这样,这个算式就成为:

$$(1+2)+(2+1)+3+(4-1)+(5-2)=3\times 5$$

这样就把多个数的加法变成了一个乘法,实现了简便计算的目的。其中利用了如下两个等式:

$$1+5=(1+2)+(5-2),2+4=(2+1)+(4-1)$$

这两个等式都运用了"和不变"的运算规律。中学数学中"等差数列求和公式"就可以用这样的方法推导出来的。再比如,对于"122－37"这样的计算题,有学生给出如下的计算过程:

因为 $37-22=15$, $100-15=85$,

所以 $122-37=85$[①]。

---

① 有教师认为学生的这种做法是错误的,理由是"37－22"和"100－15"这两步计算没有来源。这里通过"差不变"为学生的做法找到了依据。学生做法的合理性还可以通过实际问题来解释:"水果店现有水果出售。其中 1 整筐的有 100 个,零散的共有 22 个。一位顾客要买 37 个苹果,求水果店售出后还剩多少个苹果?"过程可以看作是,顾客首先得到零散的 22 个苹果,还差"$37-22=15$"个苹果。售货员从整筐中取出还差的 15 个苹果,这时水果店所剩苹果数即为: $100-15=85$(个)。

这种算法实际上就是用到了"差不变"，如果把计算过程书写完整就能够清晰地看出来：

$$122-37$$
$$=(122-22)-(37-22)$$
$$=100-15$$
$$=85$$

小学生特别易错的一类计算问题是与"$a-(b+c)=(a-b)-c$"和"$a-(b-c)=(a-b)+c$"有关的算式。类似于"商不变"的情况，这两个等式都可以通过两次运用"差不变"得到。下面列出了推导过程：

$$a-(b+c)$$
$$=(a-b)-[(b+c)-b]$$
$$=[(a-b)-c]-[(b+c-b)-c]$$
$$=a-b-c$$

$$a-(b-c)$$
$$=(a-b)-[(b-c)-b]$$
$$=[(a-b)+c]-[(b-c-b)+c]$$
$$=a-b+c$$

除了简便计算之外，"差不变"在日常生活的一些实际问题中也有应用。比如这样一个问题："今天是 7 号，星期一。本周五是几号？"描述同一天的日期有两个数据，一个表示星期几，另一个表示几号。这两个数据通常是不一样的，但他们的变化规律是一样的，都符合差不变的变化规律。据此就能迅速解决这个问题，星期五与星期一的天数相差 4，所以本周五的日期数就应当与 7 相差 4，即 11。所以本周五是 11 号。用算式表达就是：$5-1=11-7$。 另外，诸如"年龄问题"以及中学数学中的"等差数列"等许多内容都与"差不变"的规律有关。前面提及的"算术比例"实际上反映了"和不变"与"差不变"之间的一种关系，也就是二者是可以互相转化的。

四、"积不变"与"商不变"

与"商不变"关系最为密切的是"积不变"的运算规律。在一个乘法算式中，如果一个因数扩大的倍数（0 除外），与另一个因数缩小的倍数相等，那么这个乘法运算的乘积不变。用算式可以表达为：

$$a \times b=(a \times c) \times(b \div c)，或 a \times b=(a \div c) \times(b \times c)，其中 c \neq 0$$

它与"商不变"的关系可以用与前面算术比例类似的方法进行说明。有四个数按顺序排成一排,如果这四个数符合"第二个数除以第一个数的商,等于第四个数除以第三个数的商"这一条件,那么其中第一个数与最后一个数的积就等于中间两个数的积。比如对于"3,6,45,90"之四个数有 $6 \div 3 = 90 \div 45 = 2$,那么就有 $3 \times 90 = 6 \times 45$。即"$a \div b = c \div d$"与"$a \times d = b \times c$"是并存的,与前面"差不变"与"和不变"的并存关系十分相似。如果把除法看作比,这种并存关系实质上就是比例的一个重要性质,即"内项积等于外项积"。如果用分数形式表达,就是"$\frac{a}{b} = \frac{c}{d}$"与"$a \times d = b \times c$"并存。中学数学中解分式方程经常用到的"十字相乘法"就是据此而来的。

"积不变"的规律用于简便计算通常是为了"凑整"。比如下面的简算过程就是利用"积不变"把因数 25 凑成了 100:

$$25 \times 12$$
$$= (25 \times 4) \times (12 \div 4)$$
$$= 100 \times 3$$
$$= 300$$

"积不变"的另一个重要作用是为"反比例"①的学习埋下伏笔。如果把两个变量成反比例理解为:"随着两个变量的变化,其乘积保持不变。"那么这个乘积的确定性就成为把握两个变量变化规律的依据。与"正比例"类似,"反比例"实际上是"积不变"的反用。事实上,正比例和反比例可以统一写为"$x \times y = z$"。如果两个因数之一 x 或 y 是固定不变的常量,那么另外两个变量就成正比例关系。如果乘积 z 是固定不变的常量,那么作为因数的两个变量 x 与 y 就成反比例关系。这两种关系的存在性分别依赖于除法运算的"商不变"和乘法运算"积不变"的运算规律。

五、"商不变"的广泛应用

综上,"商不变"作为除法运算系统中的一种规律,同时具备了客观性和联系

---

① 与正比例类似,反比例并不是比例。两个变量成反比例表达的是这两个变量之间此消彼涨的一种关系。

性两个方面的特征。客观性是相对于主观性而言的。主观性知识通常有较多"人为规定"的因素。而客观性知识是对客观规律的反映,不以人的意志为转移。因此客观性知识是可以探索的知识,探索的基本方式就是在运动与变化之中寻找不变因素,也就是寻找知识之间的联系。

知识之间的联系通常反映在它的基础性(工具性)、模拟性、逻辑性和应用性方面。某知识点具有基础性指的是它将为后续知识的学习奠定逻辑基础或认知基础。前面论及的小数除法、分数基本性质、正反比例以及中学乃至大学的许多内容都是以"商不变"为基础的。模拟性是说这个知识点在自身所在系统中所遵循的规律可以移植到其他系统中,例如"商不变"在除法运算系统中的相关内容完全可以移植到加法、减法和乘法的运算系统中去。

逻辑性的一个含义是把知识点看成一个演绎系统中的环节,那么这个知识点的相关内容就可以利用演绎规则推导出新的内容。比如,加减乘除四则运算作为四个知识点,其逻辑顺序为先定义加法,之后把减法定义为加法的逆运算,把乘法定义为特殊的加法,最后把除法定义为乘法的逆运算。除法运算作为这个逻辑系统中的一个环节,是从乘法演绎而来。因此就可以想到除法的运算规律在乘法运算系统中会有对应的规律,前面所说的乘法结合律实际上就是"商不变"在乘法运算中的对应规律。

逻辑性还可以体现于命题的互反关系方面。数学中对于"如果……那么……"句型的命题,把"如果"后面的内容叫作命题的条件,"那么"后面的内容就叫作命题的结论。当一个命题成立的时候,通常还要研究其逆命题是否成立。所谓逆命题是相对于原来命题而言的。"商不变"的规律作为一个命题可以叙述为:"在一个除法算式中,如果被除数和除数同时扩大或缩小相同的倍数,那么商不变。"其逆命题就是"在一个除法算式中,被除数和除数都发生了变化。如果商不变,那么被除数和除数扩大或缩小的倍数相同"。这个命题的正确性以及在正比例中的应用前面已经谈到。需要指出的是,并不是所有命题与其逆命题都能做到同时成立,这两个命题并不等价。比如,"如果一个平行四边形的底和高确定,那么这个平行四边形的面积就随之确定"。根据平行四边形的面积公式可以知道这个命题是成立的。其逆命题为"如果一个平行四边形的面积确定,那么这个平行四边形的底和高也随之分别确定"。显然这个命题是不成立的。[①]

---

① 郜舒竹."小问题"系列①都是"必须"惹的祸——谈数学教学中的提问[J].人民教育,2009(Z2):70—71.

关于知识的应用性相对来说比较复杂,概括地说可以有三个层次。最高层次是这个知识点中蕴含的观念和思想的应用。之所以叫作最高层次,是因为观念和思想的应用范围是极其广泛的。"商不变"中蕴含的规律与规则、运动与变化、常量与变量等观念和思想,都是哲学层面的范畴,其应用的广泛性不言而喻。第二个层次是方法的应用,前面所说的异中求同作为一种比较的方法,对应的方法是同中求异,不仅在数学的解题中有用,在日常生活以及许多领域都是经常用到的。最低的一个层次是知识点本身的应用。实际上,前面所说的基础性、模拟性和逻辑性都是知识点本身的应用,这些应用更侧重的是纵向的前后联系。这里所说的应用性强调的是横向的联系。在小学数学中有关于单位名称及其转化的课程内容,实质上依据的数学原理就是"商不变"。以时间单位"时"与"分"及其相互转化为例,表5-1中每一列的两个数据的商都是不变的。

表 5-1   表、时、分对照表

时	1	2	0.5	0.25	......
分	60	120	30	15	......

日常生活购物时,经常使用"单价"这一概念。无论购物数量如何变化,所付总价就会随之变化,其变化规律就是购物总量与所付金额相除所得的商不变,也就是单价不变。"商"这个字在古代表示一种计量单位,引申为"标准"的意思。人们常说的"商量"来源于我国古代商业活动中的讨价还价。所谓讨价还价就是先确定单价,而后决定买卖数量。这里的单价就是标准。这种确定标准的做法在各行各业的应用及其普遍,比如常用的各种计量工具、如尺子、秤等及其计量单位都是确定标准的产物。在行程问题中研究的匀速运动,无论运动的距离如何变化,这个距离与所行时间的商不变,也就是速度不变。凡此种种都体现了"商不变"规律的广泛应用。这些例子还属于直接的应用,论及间接的应用就更是不胜枚举了。以上应用已经体现了"商不变"的人文特征,即关乎人及其活动的内容。人文性的一个重要方面是知识表现形式的美感,这种美感使得知识能够具有欣赏性。前面所说的算术比例与几何比例的对称性就体现了这种美感。

"商不变"的客观性和广泛的联系性决定了这个知识点在数学课程中的重要地位。进一步的问题是在教学中如何体现这些内容,实现其育人功能。限于篇幅,在此不作详细讨论。一个基本原则是,如此多的内容分布在各个年级的小学数学课程之中,不可能指望在一两个课时里完成。知识的习得、方法的掌握和思想观念的形成是一个渐进的过程。因此教师应当熟悉这些内容及其关系,根据所教学生年龄特点和认知规律在各个年级的教学中逐步渗透。

第四节　规律性知识间联系的类型

知识间的联系方式多种多样,数学课程中规律性知识之间的联系方式大致可以分为三种类型,即相对意义的联系、相容意义的联系和因果意义的联系。

一、相对意义的联系

所谓"相对"意义的联系,指的是不同的概念、判断或者方法是并存的,并且反映的是同一对象的不同方面。比如小学数学中"商不变的性质"(以下简称"商不变"),反映的是除法算式所遵循的一种规律,这样的规律是由两个相对意义的命题构成的:

命题1:在两个除法算式中,如果被除数之间的倍数关系与除数之间的倍数关系相同(0除外),那么两个除法算式的商相等。

命题2:在两个除法算式中,如果商相等,那么被除数之间的倍数关系与除数之间的倍数关系相同(0除外)。

命题1是把"被除数之间的倍数关系与除数之间的倍数关系相同"作为原因,把"商相等"作为结果;命题2则是反过来,把"商相等"看作原因,把"被除数之间的倍数关系与除数之间的倍数关系相同"看作结果。这两个命题具有并存关系,而且反映出"商不变"作为结果和作为原因的两个不同方面,因此二者具有相对意义的联系。

在数学课程中,这一内容通常安排在小学四年级"小数除法"之前,其用意在于计算除数是小数的除法时,利用"商不变"可以将除数是小数的除法转化为除数是整数的除法。事实上,"商不变"中的命题2与小学数学六年级的"正比例"也有着直接的联系。

"正比例"是为表达两个相互关联的变量之间协同变化的一种关系而产生的概念。如果两个变量的比值保持不变,就把这两个变量之间的关系叫作成正比例。如果把比看作除法,那么所谓"两个变量的比值保持不变"就是"两个变量相除所得的商保持不变",也就是两个变量的变化过程是在同时扩大或缩小相同的倍数。比如对于圆的直径和周长来说,已经知道周长与直径的比值是常数 π,也就是圆的周长和直径这两个变量成正比例。如果直径变为原来的 2 倍,立刻可以知道这个圆的周长也变为原来的 2 倍。这相当于是利用"不变的商"来把握两个变量之间的关系,这与"商不变"中的命题 2 是一致的。所以,对"正比例"的学习应当看作是对"商不变"规律的应用。中学数学中的正比例函数 $y = kx$,或 $\frac{y}{x} = k$,就是知道 k 是确定不变的常量,在此基础上研究变量 x 与 y 的变化规律,也是"商不变"中命题 2 的直接应用。

这种知识间相对意义的联系在数学课程中是普遍存在的。比如在自然数分类中出现的奇数与偶数、质数与合数,在描述两个整数之间整除关系时出现的因数与倍数,描述相反意义量的正数与负数,描述变量之间关系的正比例与反比例,作为运算的加法和减法以及乘法和除法。凡此都具有并存和相对的含义,因此都具有相对意义的联系。这也从某种意义上反映出数学课程内容中所具有的对立统一的规律。

二、相容意义的联系

规律性知识第二种联系的方式是"异中有同",也可以叫作"相容"意义的联系。比如,如果把"内角和固定不变"看作是平面上三角形所具有的一个规律,那么平面上的四边形也具有同样的规律,只是这个固定不变的数值不同而已。再比如,小学数学五年级课程内容中有一个叫作"分数基本性质"的内容,含义为"一个分数的分子和分母如果同时扩大或缩小相同的倍数(0 除外),那么分数值不变"。论及这一内容的课程地位时,通常认为是为了学习分数的通分或约分奠定基础,毫无疑问这是正确的。但应当认识到,这个内容对学生来说并不是新知识。如果把分数线看作是除号的含义,那么所谓的"分数基本性质"和除法的"商不变"的规律就是一回事。

正是这种"异中有同"的联系,为数学问题研究中"异中求同"的转化方法奠定了基础。在"图形与几何"领域中面积计算的问题中,将平行四边形转化为长方形、三角形和梯形转化为平行四边形等,都体现了这种"异中求同"的转化方法。

三、因果意义的联系

规律性知识之间联系的第三种方式是"因果"意义的联系,也可以叫作依赖或者制约的联系。比如在前面将半径为 R 的圆形转化为面积相等的三角形后,圆形的周长成为了三角形的底边长度,当然就成为了制约三角形面积大小的一个因素,因此圆形面积也就依赖于圆形的周长了。因此这个方法实质上是揭示了一个圆形的周长与面积之间因果意义的联系。

在小学数学五年级"长、正方体的认识"的教学中,通常会引导学生通过观察得到"长方体有 6 个面、8 个顶点和 12 条棱"的结论。这里的观察仅仅是在长方体模型上通过"数数"(音：shǔ shù)的方法得到结论的过程。如果用运动的眼光看长方体,还可以揭示出同一个长方体中面、顶点和棱三者之间因果意义的联系。

所谓"运动的眼光"是把"线"看作"点"运动的轨迹,同样运动的"线"所留下的轨迹成为"面",立体图形则表现为运动的"面"所留下的轨迹。比如长方体就可以看作是一个长方形沿着垂直于自身的方向平移运动所留下的轨迹(如图 5 - 8 所示)。

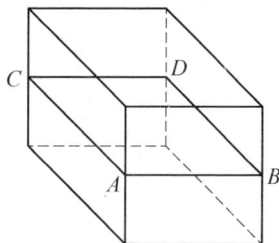

图 5 - 8　以运动的眼光看长方体

图 5 - 8 中长方体可以看作是长方形 $ABCD$ 运动的轨迹,运动的长方形 $ABCD$ 自身有 4 个顶点和 4 条边(棱)。从起始位置平移运动到终止位置,顶点数自然就成为 4 的 2 倍,也就是 $(4 \times 2 =)8$ 了。棱的数量在起始位置和终止位置各有 4 条,4 个顶点运动过程中留下的轨迹又会产生 4 条,因此棱数就是 4 的 3 倍,也就是 $(4 \times 3 =)12$ 条。在起始位置和终止位置各有 1 个面,运动的长方形 $ABCD$ 的 4 条边运动的轨迹又产生 4 个面,因此长方体面的数量就是 $(1 + 1 + 4 =)6$ 个。引导学生进行这样的思考,自然就揭示出了长方体的面、顶点和棱三者之间依赖与制约的联系,也就是因果意义的联系。

第五节　平行四边形面积之难

任何自主性的学习一定是以学习者已有知识或经验为基础的,这样的知识或经验对新内容的学习可能产生积极的正面作用,也可能产生消极的负面作用。

因此，教师在备课中需要思考的一个问题是：对新内容学习产生影响的已有知识或经验究竟是什么？这样的影响是正面的积极作用，还是负面的消极作用？

一、貌似容易

以"平行四边形"为例，数学课程中与之最为接近的已有知识和经验自然应当是"长方形"。二者比较，许多方面都有相同或相近之处：从形式上看，都是四边形；从特性上看，都满足"对边平行且相等"。鉴于这样的相同或相近，往往会感觉平行四边形以及相关内容的学习并不困难。

事实上，貌似容易的内容往往蕴含着更大的困难。表面看相同或相近的对象，如果仔细挖掘，会发现二者其实存在着巨大差异，这样的差异就会成为学习过程中理解的难点。

众所周知，长方形面积公式是"长×宽"，直观上看就是相邻两边长度的乘积（如图5-9所示）。

如果把平行四边形看作是长方形拓展出来的，而且形式上相近并且相像的图形，基于长方形的经验，自然的想法是：平行四边形面积也应当是相邻两边长度的乘积。

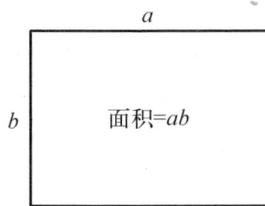

图5-9　长方形面积示意图

因此对于平行四边形面积的学习，首先需要对这个想法进行探究，通过辨析的活动否定这个想法。这种辨析就是要回答：一般的平行四边形与长方形究竟有哪些不同之处？

二、透视的眼光

透视（insight）的眼光指的是由表及里地看待事物，不仅关注表面，而且能够透视出感官所观察不到的内容。相对于长方形，一般的平行四边形在形式上看是"歪"的，通过表面的"歪"，可以透视出平行四边形与长方形在"确定性"（certainty）方面的差异。

这里的确定性，指的是构成平面封闭图形的各条边，其长度一旦确定，图形的形状以及面积大小也随之确定。对于长方形而言，长和宽的长度一旦确定，则长方形的形状和面积大小随之确定，因此长和宽的长度就成为确定长方形形状和大小的因素。

而一般的平行四边形并不具备这样的确定性。比如图 5 - 10 中所示两个平行四边形，对应边的长度都是相等的，但其形状和面积大小都有差异。

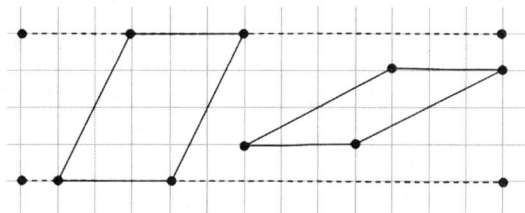

图 5 - 10　平行四边形比较示意图

这说明，平行四边形的形状和大小，与其各条边的长度不具备确定的因果关系。正是一般平行四边形面积大小与形状的不确定性，使得平行四边形面积不能表达为相邻两边长度的乘积。

一般平行四边形与长方形的第二个差异，反映在面积与其一条边长的协变关系方面。这里的"协变"（covarience）指的是，图形面积大小与其一条边长具有同增或同减的关系。比如对于长方形，如果一条边长增加，那么面积一定随之增加。不仅如此，长方形面积与其一条边长还具有正比例的协变关系，也就是如果长方形一条边长扩大为原来的几倍，另外一条边长不变，那么面积也随之扩大为原来的几倍。而一般的平行四边形不具备这样的协变关系（如图 5 - 11 所示）。

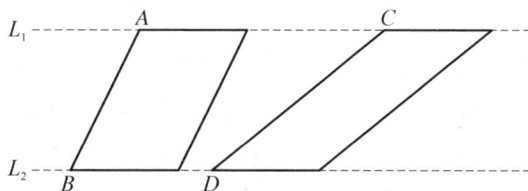

图 5 - 11　等底等高平行四边形示意图

图 5 - 11 中两条平行线 L_1 和 L_2 之间有两个宽度相同的平行四边形，左侧平行四边形 AB 边，对应右侧平行四边形 CD 边，而且 $CD > AB$，但两个平行四边形面积相等。也就是说，把平行四边形一条边长增加，其面积可以不变，甚至可能减少。

这就说明一般的平行四边形面积不具备与其一条边长同增或同减的协变关系。进一步说明了平行四边形面积大小并不由边的长短所确定。这也从另一个角度回答了"为什么平行四边形面积不能表达为相邻两边长度乘积"。

三、关联的眼光

有了上面的认识,接下来的问题是如何看出等底等高平行四边形与长方形面积之间的关系? 教科书中通常的方法是: 通过剪拼和移补,将平行四边形等积变换为长方形。下面介绍另外一个方法。图 5－12 中两条平行线 L_1 和 L_2 之间, $ABCD$ 为长方形, $EFGH$ 为平行四边形,二者等底等高。

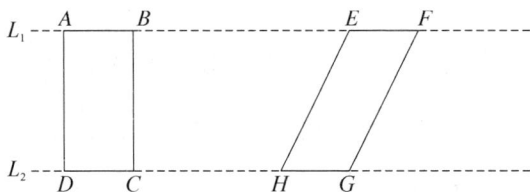

图 5－12   等底等高长方形与平行四边形

在长方形和平行四边形之间有一个梯形 $BEHC$(如图 5－13 所示)。

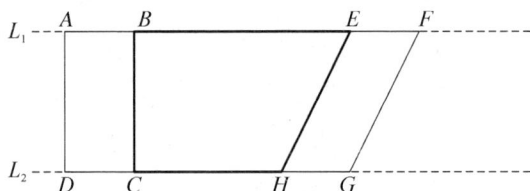

图 5－13   虚拟梯形示意图

这个梯形原本没有,是人为识别出来添加到问题情境中的,这样的思维方式通常叫作"转换推理"(transformational reasoning)。如果将长方形 $ABCD$ 与这个梯形合并为一个图形看,就可以得到一个更大的梯形 $AEHD$(如图 5－14 所示)。

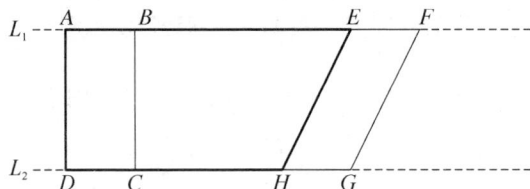

图 5－14   合并示意图(1)

同样地,可以将梯形 $BEHC$ 与右侧平行四边形 $EFGH$ 合并,得到另外一个更大的梯形 $BFGC$(如图 5－15 所示)。

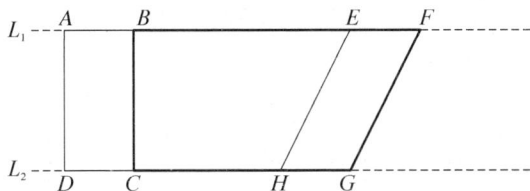

图 5-15　合并示意图(2)

　　对比两个梯形 $AEHD$ 和 $BFGC$，不难看出二者形状和面积大小都是一样的。而中间梯形 $BEHC$ 是二者的公共部分，依据"等量减等量其差仍相等"，就可以看出长方形 $ABCD$ 和平行四边形 $EFGH$ 面积相等。

　　事实上，长方形和平行四边形面积是否相等，并不是由边的长短决定的，而是由相同位置横截出来"宽度"（在图 5-16 中用字母 a 表示），以及"高度"（图 5-16 中平行线 L_1 和 L_2 之间的垂直距离）决定的。

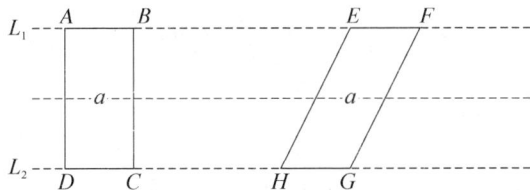

图 5-16　横截线段示意图

　　运用这样的转换推理，还可以得到更一般的结论。事实上，任意两个图形只要符合高度和宽度相等的条件，其面积都是相等的（如图 5-17 所示）。

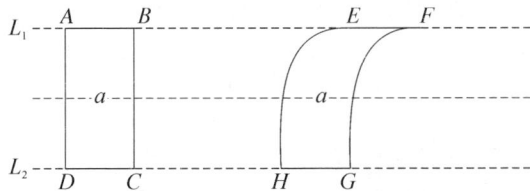

图 5-17　任意图形示意图

　　图 5-17 中 $ABCD$ 是一个长方形，$EFGH$ 是一个曲边图形，由于二者高度和宽度相等，那么长方形 $ABCD$ 与曲边图形 $EFGH$ 面积相等。这样的事实，可以从图 5-18 直观地看出来。相同数量的小长方形分别摆放为如图 5-18 所示的两个形状，虽然摆放方式不同，由于相同位置的宽度以及高

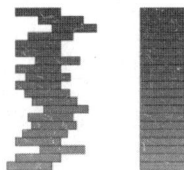

图 5-18　宽度相等
示意图

度相等,那么二者的总面积一定相等。同样道理,图 5-19 中三个曲边图形面积也是相等的。

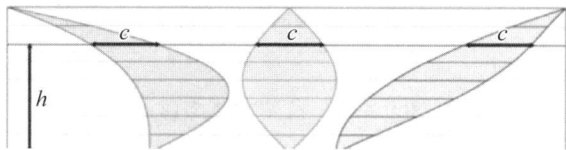

图 5-19　对应宽度相等示意图

直观地看,整个图形面积就是所有宽度 c 积累出来的,由于对应位置的宽度都相同,自然积累出来的总面积也应当相同。

四、直观感知微积分

这样的事实,是由意大利数学家卡瓦列里(Franeesco Bonaventura Cavalieri,1598—1647)最早发现的,后人称之为"卡瓦列里原理"(Cavalieri's Principle),也可以认为是"微积分"在几何中的直观表达。

牛顿(Isaac Newton,1643—1727)发明的微积分早期叫作"流数法"。其中"流数"(fluxion)和"流量"(fluent)是两个核心概念。前者相当于运动的速度,后者相当于运动的距离。比如一个长方形 ABCD,按照"线动成面"的眼光看,可以把这个长方形看成是一条运动线段 EF 沿着垂直于它的方向从 AB 位置运动到 CD 位置所留下的轨迹(如图 5-20 所示)。

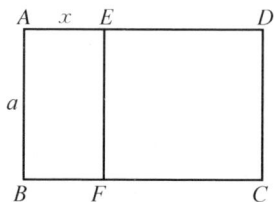

图 5-20　线动成面示意图

图 5-20 中运动线段 EF 的长度 a 就是这个运动过程中的流数,扫过长方形 ABFE 的面积 ax 是这个运动过程中的流量,其中的 x 相当于运动过程中的时间变量。当线段 EF 运动到 CD 位置时,流量 ax 就成为长方形 ABCD 的面积了[①]。

在图 5-19 中,宽度 c 相当于流数,高度 h 与宽度 c 的乘积相当于流量。整个图形面积被看作是所有位置的宽度 c 积累出来的。

论及流数法的基本原理,牛顿在其名著《流数法与无穷级数》的前言中说:"可

---

① 用现在微积分的符号可以表示为:$\dfrac{\mathrm{d}(ax)}{\mathrm{d}x} = a$,或 $\displaystyle\int_0^x a\,\mathrm{d}t = ax$。

以把数学中的量看作是连续的局部运动产生出来的。"[①]在几何形体的求积（quadrature）问题中，"数学中的量"就是描述长短、大小的长度、面积和体积。牛顿这种运动的眼光实质上是改变了欧几里得《几何原本》中"积点成线，积线成面，积面成体"的看法，把几何形体看成"点动成线，线动成面，面动成体"。因此可以说，小学数学中关于长度、面积、体积的内容中，实际蕴含着牛顿流数法中"运动"和"积累"的思想，应当成为学生感悟的内容。

综上所述，貌似容易的"平行四边形面积"的学习，不仅是公式的推导和应用，还应当让学生经历与已有经验中的长方形进行比较的过程。在这样的过程中，学生有机会经历和体验用透视的眼光、关联的眼光和运动的眼光来看待事物的过程。

---

① Isaac Newton. *The Method of Fluxions and Infinite Series: With Its Application to the Geometry of Curve-lines* [M]. London：Henry Woodfall, 1736：1.

第六章　算法的多样性

算法可以看作是为了目的的操作（operation），包括程序、工具等，研究的是"如何算"的问题。就像外出旅游，"去哪里"的目的地一旦确定，就要研究日程以及交通工具等"如何去"的问题。教学需要的准则是：目的是确定的，算法是多样的。

第一节　计算的本质是推理

在小学数学课堂上，经常可以听到教师要求学生在计算时要"又对又快"。虽然"对"的要求在先，但无论是教师还是学生，对计算其实都是在追求"快"。快的前提是熟练，这就导致"熟练"成为了计算教学的主要目标。调查发现，学生的许多计算错误并不是计算本身出现了错误，而是在追求"快"的时候忽略了推理性的思考而造成的"选择性错误"。

数学的一个特征是严谨的逻辑性，数学学习的一个重要目的是提高儿童的逻辑思维水平，提高逻辑思维水平依赖于不断地经历"推理"的过程。如果把计算的过程理解为推理的过程，或许能够更加全面地实现计算教学的育人功能。

一、选择性错误

图 6-1 的两个错例来自不同学校、不同学生的考试试卷，分别属于"两位数乘法"和"除数是两位数的除法"类型的计算题。第一题错在了第一个部分积"22×8"的计算上，正确结果应当是 176，而学生的计算结果是"136"；第二题错在了"36×4"的计算上，结果应为 144，学生错误的计算结果是"164"。其他部分的计算都是正确的。

遇到此类计算错误时，教师通常会把错误原因归结为"粗心、马虎"或者"乘法口诀不熟练"等。通过对比这两个题目的计算过程和思考过程，发现事实并非如此，其中实际上蕴含着儿童的某种学习规律。为了发现这种规律，可以采用"要素分析"的方法，把两个问题正确和错误的计算过程列成表格进行对比。

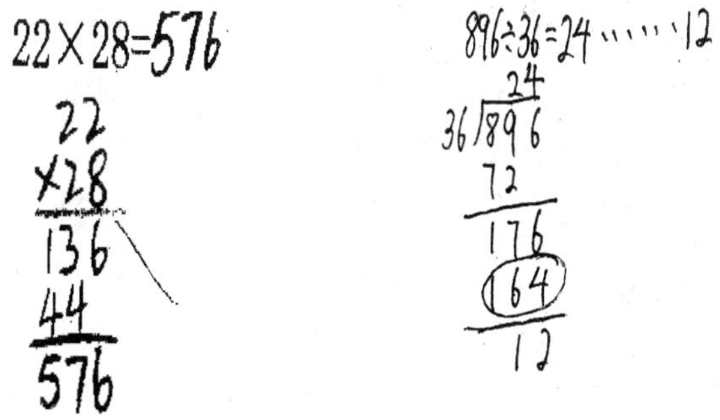

错例1   错例2

图 6-1 计算错误案例

表 6-1 图 6-1 两个错误案例的计算分析

题　目	22×8		36×4	
计算步骤	正确 22×8 = 176	错误 22×8 = 136	正确 36×4 = 144	错误 36×4 = 164
步骤一 第一个因数的个位数字与第二个因数相乘,并记住进位的数字。	第一个因数 22 的个位数字"2"与第二个因数"8"相乘等于 16。	第一个因数 22 的个位数字"2"与第二个因数"8"相乘等于 16。	第一个因数 36 的个位数字"6"与第二个因数"4"相乘等于 24。	第一个因数 36 的个位数字"6"与第二个因数"4"相乘等于 24。
	写"6"并记住进位"1"。	写"6",这时学生可能没有有意识地记忆进位数字"1"。	写"4"并记住进位"2"。	写"4"并记住进位"2"。
步骤二 第一个因数的十位数字与第二个因数相乘,并加上进位的数字。	第一个因数的十位数字"2"与第二个因数"8"相乘等于 16。	第一个因数的十位数字"2"与数字"6"相乘等于"12"。	第一个因数的十位数字"3"与第二个因数"4"相乘等于 12。	第一个因数的十位数字"3"与第二个因数数字"4"相乘等于 12。
	回忆步骤一中的进位"1"并与 16 相加等于 17。写出"17"得到部分积结果为"176"。	回忆步骤一中的进位"1"并与 12 相加等于 13。写出"13"得到部分积的结果为"136"。	回忆步骤一中的进位"2"并与 12 相加等于 14。写出"14"得到部分积的结果为"144"。	12 加上了错误的进位"4"得到部分积的结果为"164"。

从表 6-1 中看出,两个题目计算过程的第一个步骤都是正确的。"22×8"的计算错在了第二个步骤中前面的环节,应当是"第一个因数的十位数字'2'与第二

个因数'8'相乘等于16",而不是"第一个因数的十位数字'2'与数字'6'相乘等于'12'"。这里需要研究的是学生所使用的数字"6"是哪里来的？"36×4"错在了第二个步骤中后面的环节，应当是"回忆步骤一中的进位'2'并与12相加等于14"，学生却"加上了错误的进位'4'"。我们需要分析这个用于进位的数字"4"又是怎么出现在学生头脑中的。

观察表格中的步骤一可以发现，这两个数字具有类似的来源，都是步骤一中"第一个因数的个位数字与第二个因数乘积的个位数字"。对于"22×8"，学生在步骤一的计算中会背诵乘法口诀"二八一十六"，这句话最后的发音是乘积的个位数字"六"，这时学生就不自觉地把数字"6"用到下面的计算中了。对于"36×4"的计算有类似的现象，学生首先背诵口诀"四六二十四"，最后的发音是乘积的个位数字"四"，下一步进位时又是不自觉地用上了。

以上分析可以得到这样一个结论，学生在计算多步骤的计算题时，如果后面步骤的计算需要利用前面计算的某些信息时，学生会出现无意识的错误选择，造成计算结果的错误。这种错误与通常所说的计算错误不同，并不是因为"计算"本身出现了错误，前面两个案例中单独看学生每一步的计算都是正确的。其错误根源在于"选择"的时候出现了误选。因此可以把这种类型的错误叫作"选择性错误"。此类错误具有一定的普遍性，比如在图6-2所示的案例中，乘法口诀"四八三十二"最后的"二"被错误地当成下一步的进位数字了，与前面两个案例错误性质完全一致。

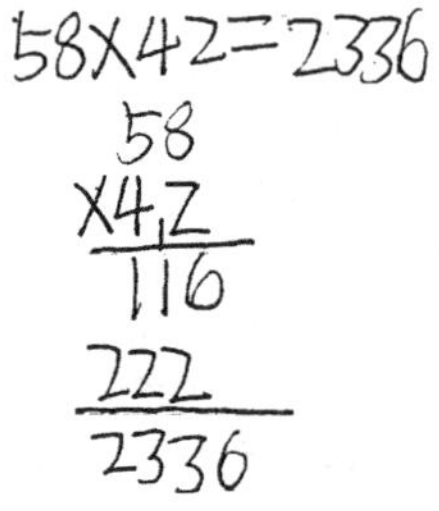

$$58 \times 42 = 2336$$
$$\begin{array}{r} 58 \\ \times 42 \\ \hline 116 \\ 222 \\ \hline 2336 \end{array}$$

图6-2　选择性错误案例

选择性错误产生的原因究竟是什么？首先应当承认，学生出现这样的错误是无意识的，就是说不是故意要犯错误。解释这种无意识行为可以利用心理学中关于"意向性"及其"背景"的相关理论。

二、意向性及其背景

所谓意向性(intentionality)是人代表或呈现事物、属性或状态的能力。作为人的一种心理能力，意向性强调意识的"指向"，这种指向往往处于无意识的状态，会产生无意识的行为。前面案例反映出学生在计算过程中，都是出现了意识的指向错误。那么影响意向性的因素又是什么呢？这就引出了与意向性直接相关的"背景"。

意向性的背景指的是人的"习惯、经验、知识、技能"等。① 图 6-1 错例 1 中"二八一十六"最后的"六"以及错例 2 中"四六二十四"最后的"四",都是影响下一步计算的背景。作为习惯、经验、知识、技能的背景越是熟练,就会导致"思考"的成分越少,由于思考成分的减少,就使得思维按照背景所形成的惯性发展为无意识行为。这一过程可以用图 6-3 直观地表现出来。

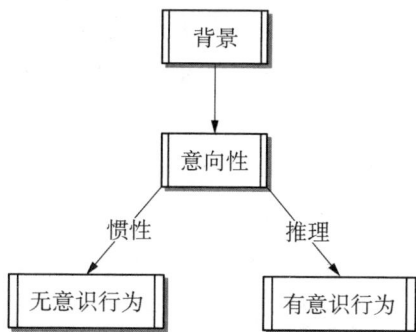

图 6-3　意向性及其背景关系示意图

减少这种"惯性"的办法应当是让学生计算的速度慢下来,增加计算过程中的思维含量,让学生在计算过程中同时能够进行思考,进而把计算过程中的无意识行为变为有意识行为。这样不仅能够减少此类错误的发生,同时可以使得学生经历逻辑思维的训练。

三、计算中的推理

按照逻辑学所说,人的思维有三种形式,即概念、判断和推理。推理就是从一个或几个已知判断得到新的判断的思维形式。数学推理的重要特征是推理过程所得结论的准确性和确定性,计算中的推理自然也应当具备这样的特征。下面以前面图 6-1 错例 1 中"22×8"为例进行说明。

推理之初首先要明晰相关的概念。在"22×8"中,首先要知道什么是"22"以及什么是"×",这样的思考有助于学生对基本概念的进一步理解。在明确了 22 是"2个 10 与 2 的和"以及"×"是"8 个 22 相加"的意思后,就可以形成三个已知判断。

第一个判断是"8 个 22 相加等于 8 个 2 的和加上 8 个 20 的和",依据的是"乘法的意义"或"乘法对加法的分配律"。

第二个判断是"2 个 8 的和等于 16",也就是乘法口诀"二八一十六"。

第三个判断是"8 个 20 的和是 160",在通常的竖式计算中也读作"二八一十六"。

根据以上三个判断,就可以得到"22×8=176",即推理出一个新的判断"22与 8 的乘积等于 176",也就是计算的结果,其依据是"160 与 16 的和等于 176"。

① 吴彩强.意向性和背景[J].自然辩证法通讯,2009,31(01):22—26.

以上推理过程在数学表达中经常写成下面的形式：

∵ $22 = 20 + 2$(十进记数法的位值制)

∴ $22 \times 8 = 20 \times 8 + 2 \times 8$(乘法意义或乘法对加法的分配律)

∵ $20 \times 8 = 160, 2 \times 8 = 16$(乘法口诀)

∴ 22×8

$= 160 + 16$

$= 176$

事实上，利用竖式进行计算，是方便计算的一种形式，这种形式能够使得计算的过程程序化，便于操作。当学生记住这样的操作程序，经过反复的训练，的确可以从某种程度上达到"又对又快"的目的。但如果过分追求形式化、程序化的训练，就会逐渐忽视计算中逻辑思维的成分。因此应当提倡"计算的过程也是逻辑推理的过程"的观点，学生在计算的同时也应当经历逻辑推理的训练，把计算教学的研究重点定位于计算与思考的统一。这样对逐步提高儿童的思维水平应当会有所裨益。

第二节　联系的眼光看竖式

计算教学历来是小学数学中的重点，其中笔算的一个重要内容是学习加、减、乘、除四种运算的竖式。竖式教学的困难主要有三个方面，第一是对于加法、减法和乘法运算，为什么一定要从低位到高位计算？第二是进位和借位数字如何处理？第三是除法竖式为什么与加法、减法和乘法竖式不一致？运用联系的观点和历史的视角可以找到这些问题的答案。

一、让竖式计算"双向可行"

知识间的联系多种多样，其中一种是不同概念间"是"与"非"的并存关系。比如在自然数的范围内有"质数"这一概念，同时就有"非质数"(也就是"1"与"合数")概念的存在；在有理数范围内有"整数"，同时就有"非整数(分数或小数)"的存在；在几何中有直线，同时就有"非直线(也就是曲线)"的存在；等等。这种"是"与"非"的并存关系，就是概念之间的一种联系方式。

这种联系最主要的特征是"相对"和"并存"，也就是失去了一方，另一方就随之消失。这种成双成对意义的联系，不妨叫作"相对意义的联系"。类似的例子在

日常用语中也不罕见,比如描述方向时所用的左右、前后和上下,描述家庭成员的
兄弟、姐妹和父母等,其中的左和右、前和后、上和下、兄和弟、姐和妹、父和母都是
具有相对意义联系的概念。

　　相对意义的联系不仅体现在概念及其表述方面,同时也在方法的使用方面有
所体现。比如利用"竖式"进行运算时,一般习惯"从个位算起",也就是按照"从右
到左"的顺序计算,教科书中通常也会给出这样的提示。如果按照相对意义联系
的观点思考,自然就会产生这样的想法:既然有"从右到左"的计算方法,就应该有
反过来"从左到右"的方法,二者应当是并存的。事实确实如此,在 19 世纪前后的
欧洲对于"3 709 ＋8 540 ＋2 618 ＋706"的计算,就同时存在着从左到右和从右到
左的竖式计算方法(如图 6-4 所示)。

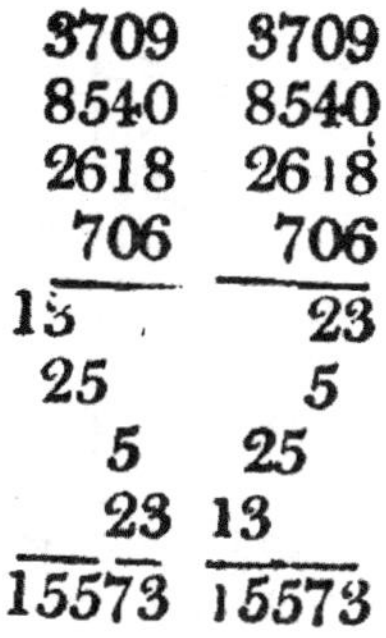

图6-4　欧洲历史上的加法
竖式示意图

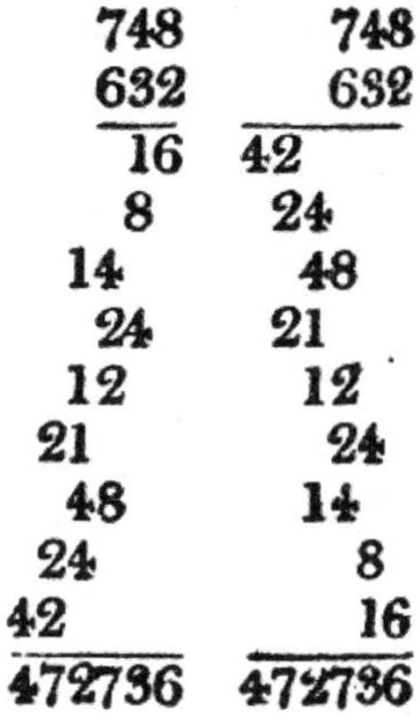

图6-5　欧洲历史上的乘法
竖式示意图

　　图 6-4 中左侧竖式就是按照从左到右的顺序计算的,右侧算式则是从右到左
的顺序计算的。与现在不同的是,每一位上的各个数字相加后的总和要全部写
出,并且单占一行。这样做的好处在于将现在所说的"进位数字"全部写出来,避
免了对"进位数字"的记忆,当然书写格式显得冗长,不如现在的写法简洁。对于
乘法的计算也类似,历史上出现过很多方法,与前面加法类似的双向可行的方法
都在欧洲出现过,比如对于"748×632"就有如图 6-5 所示的两种方法。

　　图中第一种方法是从低位算起的,第二种方法是从高位算起的。其原理与前
面的加法竖式基本是一致的。相对意义的联系在知识以及过程与方法上的体现,
归根到底都是人的思维方式的表现。教学中应当充分利用这样的知识以及过程

与方法,适时、适当、适量地让学生经历这种思维方式的思考活动,同时也能感受到算法的多样性。

二、加、减竖式一码事

事物之间另外一种联系的方式是不同事物之间存在着的共性,如果发现了这样的共性,就意味着建立了事物之间的某种联系。比如两个数“10”和“17”,表面看没什么关系,但是如果在一个月历表中看,就会发现这两个数对应日期的星期数是相同的,如果 10 号是星期三,那么当月 17 号一定也是星期三。其原因就是这两个数除以 7 的余数是相同的。在这个意义下,“10”和“17”之间就有了联系。

通常所说的“探索规律”实际上就是在运动与变化中寻找不变因素,也就是在寻找不同事物或者变化着的事物的共性,一旦发现了共性,就意味着建立了事物之间的联系,也就是发现了规律。这种联系在逻辑学中叫作“相合意义的联系”。

众所周知,小学数学计算教学中学生在进位和退位时极易出现错误。翻阅古代印度由巴斯卡拉·阿卡亚(Bhascara Acharya)所著的《算术与几何》[①]中可以发现,对加法的进位和减法的退位有一种统一的处理方法。对于“3 709＋8 540＋2 618＋706”的计算写为图 6－6 所示的竖式。

	3	7	0	9
	8	5	4	0
	2	6	1	8
		7	0	6
	3	5	5	3
1	2	0	2	
4	5	5	7	3

图 6－6　古代印度加法竖式示意图[②]

其中前四行分别为四个加数,第五行直接写出各个数位相加的个位数字,将相关的进位写在第六行的相应数位处,最后将结果相加得到结果。比如最右侧四个个位数字相加为:

$$9+0+8+6=23$$

这时应当写“3”并且向十位进位“2”,这个进位数字“2”就写在下一行的十位处了。因此相对于现在的竖式,古代印度人的竖式中出现了一个“进位行”,即图 6－6中的“1 202”,这样的进位行起到了帮助记忆计算过程的作用,而且在计算过程中不需要根据进位改变现有数据。这样的计算过程既可以“从右到左”计算,也可以“从左到右”计算。比如如果一开始先计算千位数字之和:

---

① Bhascara Achary. *A Treatise on Arithmetic and Geometry* [M]. Bombay: Samurl Rans, 1816: 123.

② 图 6－6 中最后一行最左侧的“4”为原文笔误,应为“1”。

$$3+8+2=13$$

就可以直接写出个位数字"3"后,将进位数字"1"写在"进位行"万位处即可。对于减法计算可以用完全类似的方法计算,只不过"进位行"变成了"借位行",相应的加法变成了减法。比如对于"702 632 − 428 053"的计算,古代印度人就写成图6-7所示的形式。

图6-7中前两行分别是被减数和减数,第三行"384 689"是依次减得的结果,第四行"11 011"就是借位行,最后的结果"274 579"是第三行"384 689"与借位行"11 011"的差。这样的计算同样可以是双向的,既可以从左到右,也可以从右到左。

$$\begin{array}{r} 702632 \\ 428053 \\ \hline 384689 \\ 11011 \\ \hline 274579 \end{array}$$

图6-7
古代印度减法
竖式示意图

加法竖式中的"进位行"与减法竖式中的"借位行",古代印度人统称为"khuti mahi"。英译为"obliterating line",意思是"可删除的线"。现代数学课程中,这一条线真的被删除了,因此使得竖式计算中的进位和借位不可见了,这或许是学生计算过程中易错的一个重要原因。

对比古代印度人加法和减法竖式,发现三个共同点。第一是每一步计算仅使用现有数据,无需对现有数据进行改变;第二是双向可行,既可以从右到左,也可以从左到右;第三是将进位或者借位数字另起一行书写。这三点都是现在数学课程中的标准竖式所不具备的,也恰恰应当成为计算教学中重点研究的问题。

三、除法竖式源于减法

事物之间联系的第三种形式表现为事物之间的"依赖与制约",也可以叫作"因果关系"。其基本观点是任何事物的发生与发展不可能是孤立的,一定伴随着其他事物的发生与发展。事物之间一定是相互依赖、相互制约,也就是互为因果的。

"除法竖式"在西方国家的数学课程中叫作"长除"(long division),其难教与难学是举世公认的,美国数学教育界于20世纪就掀起过关于"小学生要不要学长除"的大讨论。小学生学习除法竖式遇到的第一个困难是其书写形式与已经熟悉的加法、减法和乘法不同。如果让学生自己写出"20÷2"的竖式,学生通常会模仿先前乘法竖式的写法,写为如图6-8的形式。教师无奈之下只能通过示范,而后学生通过模仿、记忆与练习进行教学。

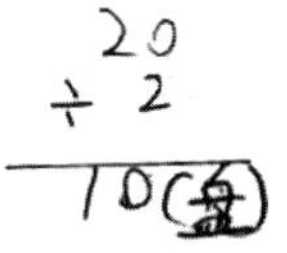

$$\begin{array}{r} 20 \\ \div\ 2 \\ \hline 10(盒) \end{array}$$

图6-8
学生书写除法
竖式示意图

运用"因果关联"的思考,应当相信如今数学课程中除法竖式绝不可能是空穴来风,一定与其他计算方法有依赖与制约的联系。在历史上众多算法中可以发现,现今除法竖式的书写格式应当来源于减法。以"1 554÷37"为例,在 18 世纪前后的欧洲就有如图 6-9 所示的算法。

计算"1 554÷37"实际是求 1 554 中包含有多少个 37。计算的基本思路是用1 554 反复减去 37,直到剩余不够减为止。减法的次数就是除法的结果。为了做减法的次数尽量少,因此首先从 1 554 的高位看,哪一位开始的两位数比 37 大,就从哪里开始减。

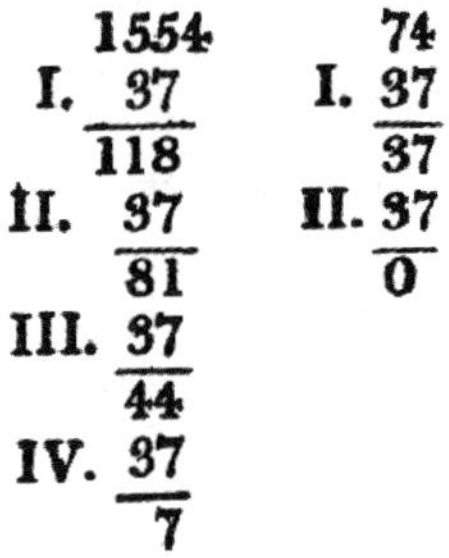

```
        1554        74
   I.   37     I.   37
       ─────       ─────
        118         37
  II.   37     II.  37
       ─────       ─────
        81          0
 III.   37
       ─────
        44
  IV.   37
       ─────
        7
```

图 6-9   18 世纪欧洲运用减法计算除法示意图

图 6-9 就是从 1 554 中的"55"开始依次反复减去 37(实际上是减去 370)。第一次减法后的结果是 118,实际上应当是 1 184,其中的个位数字"4"省略没写。说明已经从 1 554 中减去 10 个 37。以下类推,四次后减得的结果是 7(实际上是剩余 74,其中的 4 省略没写),这个剩余的 7 已经不够继续减 37 了。此时从 1 554 中减去 40 个 37 后还剩余 74。接下来连续两次减法就恰好减完,说明 1 554 中一共包含了（40＋2＝）42 个 37,也就是"1 554÷37"的商是 42。

类似于此的方法如今在欧洲部分国家的数学课程中仍在使用,在首都师范大学初等教育学院留学的瑞士学生就将"24÷2"写成如图 6-10 所示的形式。

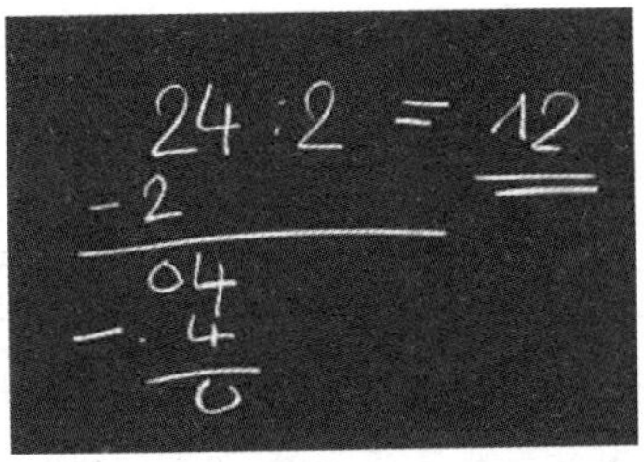

图 6-10   瑞士除法竖式示意图

其中是用比号"："表示除号"÷"。计算过程与前面图 6-9 的算法思路是一样的,从被除数高位看起,首先能够减去除数 2 的就是 24 的十位数字 2,因此第一步从十位减去 2,相当于减去 10 个 2,剩余 4。第二步从 4 中减去 4,相当于减去 2 个 2,恰好减完,说明 24 中包含了（10＋2＝）12 个 2,也就是"24÷2"的结果是 12。在德国的小学数学教科书中可以看到类似的计算过程,比如"945÷5"计算过程的写法(如图 6-11 所示)。

后来人们发现这样的方法并不具有普遍性,比如"22 028 148÷423",从被除数"22 028 148"的高位看起,无法找到能够减去"423"的三位数,因此从被除数中直接减去除数的整十倍的做法就行不通了。为了解决这一问题,人们想出的办法是首先罗列除数的倍数,而后从被除数的高位开始逐步减去最接近的倍数,过程中在被除数右侧逐步记录减去的倍数,减完后这个记录的倍数就是最后的结果(如图6-12所示)。

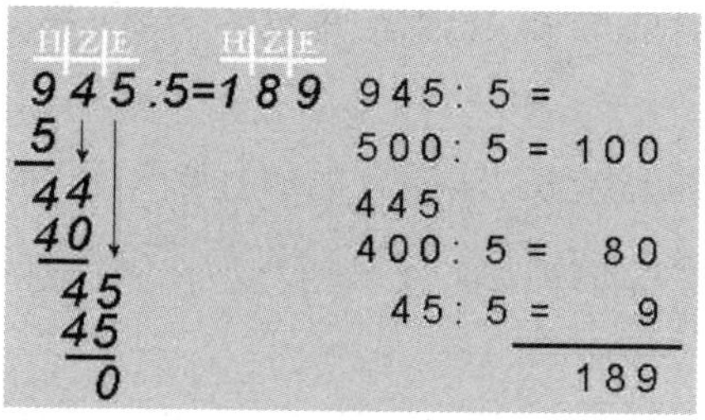

图 6-11　德国小学数学教科书中的
除法计算示意图

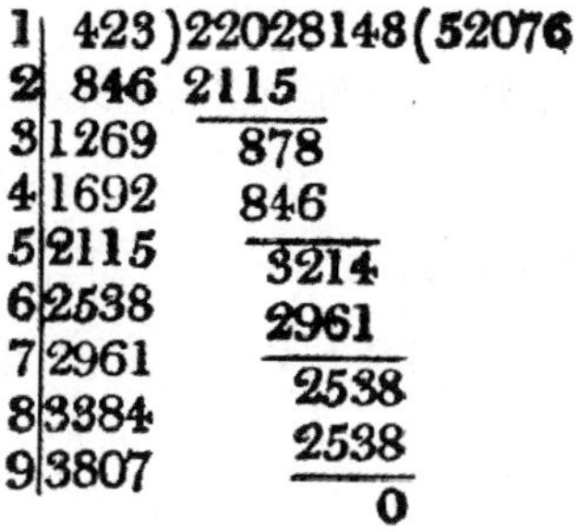

图 6-12　除法竖式示意图

图 6-12 的计算过程是首先在最左边纵向罗列出除数 423 的 1 至 9 倍,而后从被除数高位看,发现除数 423 的 5 倍 2 115 最接近被除数的前四位 2 202,这时就将 2 115 写在 2 202 下做减法,同时将"5"记录在右侧。减得的结果是 878,在左侧除数的倍数中发现除数 423 的 2 倍 846 最接近 878,所以重复前面的过程,将 846 写在 878 下面做减法,将 2 记录在右侧 5 的旁边。以下类推。这个过程直到减法结果为 0,说明被除数 22 028 148 中包含了 52 076 个除数 423,也就是这个除法的结果是 52 076。这个除法竖式与现在数学课程中的除法竖式并没有本质的差别,只不过现在的写法中将罗列除数的倍数这个过程省略了,将商写在了被除数的上方。

以上例子说明,除法竖式实际上来源于减法,其本质是从被除数中逐次减去除数的倍数,最后将减去的次数统计出来就是除法的结果。因此在除法竖式的教学中首先应当建立除法与减法的关系,而后从减法竖式引出除法竖式的学习。

竖式是笔算的工具,属于人发明的知识,其作用是减轻计算过程中的思维负担。按照"变教为学"的观点,学生学习的过程应当是经历发明活动的过程。发明的结果一定是多样的,教师应当对这种多样的结果给予鼓励,运用联系的观点引导学生自主评判、自主选择,让学生的发明从"多样"逐步走向"统一"。

第三节　"鸡兔同笼"算法源流

在"鸡兔同笼"问题的教学中,教师通常会将我国古代《孙子算经》的简单介绍附加到教学过程中,意图在于体现数学的历史发展,向学生渗透数学历史中的文化因素。这种想法固然是好的,但这种"附加"式的介绍对于实现这样的目的很难有实质性的作用。为了变"附加"为"融入",让数学史中的知识与文化更好地发挥育人功能,就需要对数学史的相关内容做较为广泛、深入的了解。

"鸡兔同笼"的问题在我国古代可以说源远流长,从问题的叙述到问题的算法都经历了不同形式的变化,了解这些内容对于课程内容的编制和教学设计会有所裨益。

一、《孙子算经》中的"雉兔同笼"

"鸡兔同笼"问题始见于公元 3—4 世纪的《孙子算经》,该书作者不详。从清代的《子部集成·科学技术·数理化学·孙子算经·孙子算经(宋刻本)·卷下》中看,"鸡兔同笼"问题的叙述为:"今有雉兔同笼,上有三十五头,下有九十四足。问雉兔各几何"(如图 6-13 所示)。

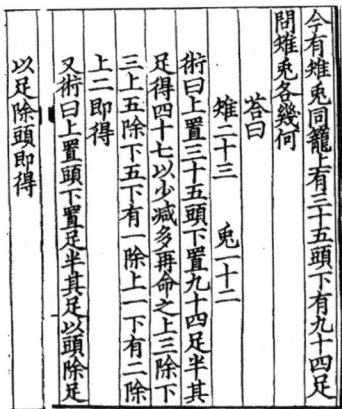

图 6-13   《孙子算经(宋刻本)·卷下》扫描图

其中的"雉"是"野鸡"的意思,"几何"是"多少"的意思。用现在的语言可以把这个问题叙述为如例题 6-1 所示的内容。

例题 6-1

鸡和兔在同一个笼子中,总头数为 35,总足数为 94。问鸡和兔各有多少只?

《孙子算经》中对这个问题的解法分为如下的四个步骤。

第一步:上置三十五头,下置九十四足

我国古代是用算筹进行计算的,所谓"算筹"就是用于计算的小棒,是古人用于计算的一种工具。这里所说的"上置三十五头,下置九十四足",就是把题目中的头数"35"和足数"94"用小棒分别摆在上面的位置(上位)和下面的位置(下位)(如表 6-2 所示)。

表 6-2 《孙子算经》中"鸡兔同笼"第一步算法

	十位	个位
上位总头数(35)	☰	⦀⦀⦀
下位总足数(94)	⊥	‖‖

古人用算筹表示数时,摆放方式分纵式和横式两种。通常用纵向小棒摆放个位数字,横向小棒摆放十位数字,以后依次纵横交替摆放。比如"35"就摆放成如下形式:

图 6-14 《孙子算经》中"鸡兔同笼"第一步算法"35"的算筹形式

如果横向摆放的数大于5,就用纵向小棒代表5,比如表 6-2 中的"⊥"就表示(5+4=)9。

第二步：半其足得四十七

意思是求出下位总足数 94 的一半等于 47。表 6-2 就变成了表 6-3 所示的形式:

表 6-3 《孙子算经》中"鸡兔同笼"第二步算法

	十位	个位
上位总头数(35)	☰	⦀⦀⦀
下位减半足数(47)	☰	⊤

表 6-3 中"⊤"上面的横向小棒表示"5",下面两条纵向小棒表示"2",因此"⊤"表示(5+2=)"7"。

第三步：上三除下三，上五除下五

这里的"除"是"除去"或"减少"的意思，"上三除下三"就是"从下位四十七中除去与上位相同的三十"，"上五除下五"就是"从下位四十七中除去与上位相同的五"（如表6-4所示）。

表6-4　《孙子算经》中"鸡兔同笼"第三步算法

	十位	个位
上位总头数（35）	〓	‖‖‖
下位兔头数（12）		‖

用现在的语言说，就是从47中减去35为12，得到兔子的只数。这一过程在《孙子算经》的"术"中叫作"以少减多再命之"，意思是以少减多之后，下位"总足数"的含义发生了改变，需要重新命名，也就是把"总足数"重新命名为"兔头数"。

第四步：下有一除上一，下有二除上二即得

与前面类似，这句话的意思是用总只数35减去兔只数12就得到鸡的只数了。上位的"总头数"需要重新命名为"鸡头数"（如表6-5所示）。

表6-5　《孙子算经》中"鸡兔同笼"第四步算法

	十位	个位
上位鸡头数（23）	〓	‖‖
下位兔头数（12）		‖

以上算法的合理性并不难理解。总足数94取半成为47，此时相当于所有鸡都成为了金鸡独立的"独足鸡"，所有兔都站立起来成为了"双足兔"。此时每只鸡的头数和足数都是1，每只兔的头数是1，足数是2，所以用47减去总头数35就得到兔的只数是12。最后用总头数35减去12就得到鸡的只数。《孙子算经》中把这一算法概括为："上置头，下置足，半其足，以头除足，以足除头即得。"不妨称此方法为"半足法"，下面的表6-6可以更加清晰地呈现这一过程。

表 6-6 《孙子算经》中“鸡兔同笼”算法分析

解决过程	上置头下置足	半其足	以头除足	以足除头
上位	三十五 (总头数)	三十五 (总头数)	三十五 (总头数)	二十三 (鸡头数)
下位	九十四 (总足数)	四十七 (总足数的一半)	一十二 (兔头数)	一十二 (兔头数)
对应算式		94 ÷ 2 = 47	47 − 35 = 12	35 − 12 = 23

二、《算法统宗》中的“鸡兔同笼”

“鸡兔同笼”问题后来又收录于明代程大位(1533—1606 年)所著《算法统宗》第八卷的“少广章”(如图 6-15 所示)。

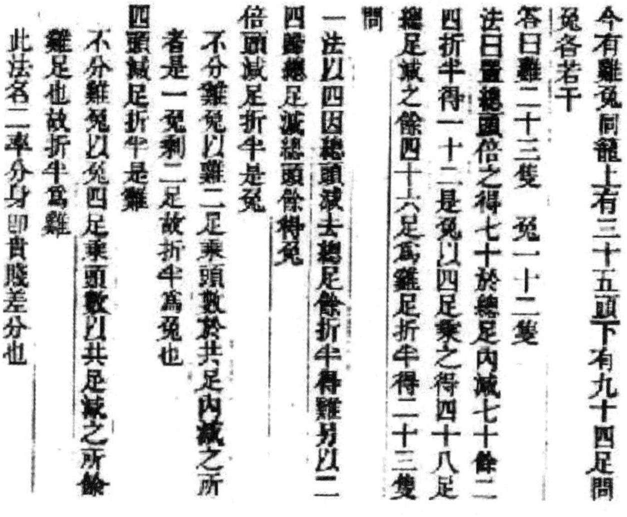

今有雞兔同籠上有三十五頭下有九十四足問
兔各若干
答曰雞二十三隻　兔一十二隻
法曰置總頭倍之得七十於總足內減七十餘二
四折半得一十二是兔以四足乘之得四十八足
總足減之餘四十六足為雞足折半得二十三隻
問
一法以四因總頭減去總足餘折半得雞另以二
四歸總足減總頭餘得兔
倍頭減足折半是兔
不分雞兔以雞二足乘頭數於共足內減之所
者是一兔剩二足故折半為兔也
四頭減足折半是雞
不分雞兔以兔四足乘頭數以共足減之所餘
雞足也故折半為雞
此法名二率分身即貴賤差分也

图 6-15 《算法统宗》中的“鸡兔同笼”问题扫描图

其中对问题的叙述把“雉”改为了“鸡”,因此“鸡兔同笼”的说法沿用至今。《算法统宗》中对问题给出了两种算法,这两种算法与《孙子算经》中的算法是不一样的,相当于现在所说的“假设法”。第一种算法的过程为:

第一步:“置总头倍之得七十”,意思是将总头数 35 加倍,也就是乘 2,得到 70。

第二步:“与总足内减七十余二四”,也就是从总足数 94 中减去 70 得到 24。

第三步:“折半得一十二是兔”,将 24 折半(也就是 24 除以 2),得到 12,这就是兔的只数。

第四步:"以四足乘之得四十八足",用每只兔的足数 4 乘 12,得到兔的总足数 48。

第五步:"总足减之余四十六足为鸡足",用总足数 94 减去兔的总足数 48 得到 46,就是鸡的总足数。

第六步:"折半得二十三",将鸡的总足数 46 折半(46 除以 2),就得到鸡的只数为 23。

另外一个算法是先求鸡的只数,与前面先求兔只数的程序基本相同,这一算法可以用下面表 6-7 的形式呈现出来。

表 6-7   《算法统宗》中"鸡兔同笼"算法分析

原文	以四因总头	减去总足	余折半得鸡	减总头余得兔
释义	用 4 乘总头数 35 得 140	用 140 减去总足数 94 得 46	46 的一半 23 就是鸡的只数	用总只数 35 减去鸡的只数 23,就得到兔的只数 12
算式	$35 \times 4 = 140$	$140 - 94 = 46$	$46 \div 2 = 23$	$35 - 23 = 12$

《算法统宗》中关于"鸡兔同笼"问题的两个算法,在书中概括为两句话:"倍头减足折半是兔"和"四头减足折半是鸡"(如图 6-15 所示)。第一句话的意思是把求兔的只数的过程分为了倍头、减足和折半三个步骤,"倍头"就是把总头数 35 加倍变成 70;"减足"是用总头数 94 减去 70 得到 24;"减半"就是取 24 的一半得到兔子的只数为 12。这个过程写成如今的算式就是:

$$(94 - 35 \times 2) \div 2 = 12(只)$$

第二句话的意思是把求鸡只数的过程分为了四头、减足和折半三个步骤,"四头"就是用 4 乘总头数 35 得到 140;"减足"是用 140 减去总足数 94 得到 46;与求兔只数的过程类似,"折半"就是取 46 的一半得到鸡的只数 23。写成算式就是:

$$(35 \times 4 - 94) \div 2 = 23(只)$$

这样的过程显然与《孙子算经》中的"半足法"不同,半足法首先将总足数减半。这里的第一步是用每只鸡或兔的足数(2 或 4)去乘总头数,因此不妨把这个方法叫作"倍头法"。不难发现,"倍头法"背后的道理其实就是现在所说的"假设法"。

《算法统宗》中的“鸡兔同笼”问题出现于该书第八卷中，实际上在之前的第五卷中就已经出现了与“鸡兔同笼”问题数量关系类似的“米麦问题”：

例题 6-2

今有米麦五百石，共价银四百零五两七钱，只云米每石价八钱六分，麦每石价七钱二分五厘。问米麦各若干(如图 6-16 所示)。①

用现在的语言叙述就是：“有大米和小麦共 500 石，总价格为 405.7 两。大米每石价格为 0.86 两，小麦每石价格为 0.725 两。问大米和小麦各有多少石？”

《算法统宗》中给出的算法为：“置米麦五百石，以米价八钱六分乘之得四百三十两，减去共价余二十四两三钱为实，以米价内减麦价余一钱三分五厘为法，除之得麦一百八十石，却以米麦五百石内减麦数余三百二十石为米数，各以原价乘之合问”(如图 6-17 所示)。

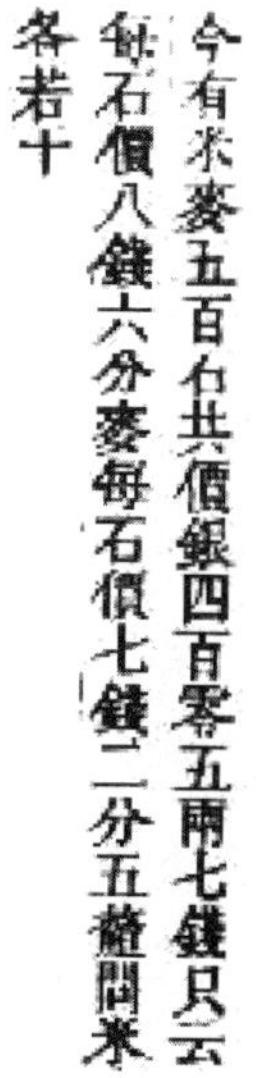
今有米麥五百石共價銀四百零五兩七錢只云
每石價八錢六分麥每石價七錢二分五釐問米
各若干

图 6-16　《算法统宗》中的“米麦问题”

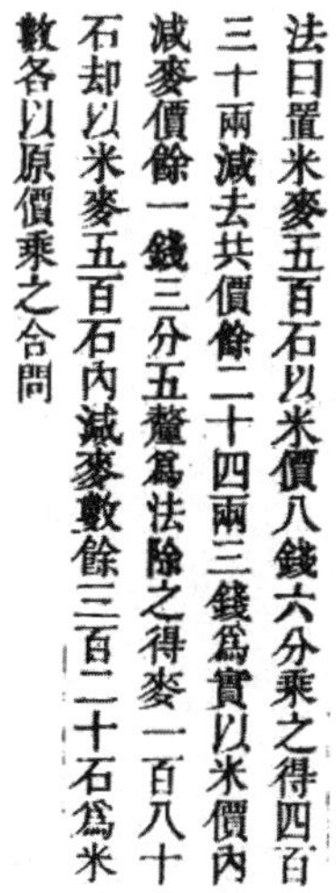
法曰置米麥五百石以米價八錢六分乘之得四百
三十兩減去共價餘二十四兩三錢爲實以米價內
減麥價餘一錢三分五釐爲法除之得麥一百八十
石却以米麥五百石內減麥數餘三百二十石爲米
數各以原價乘之合問

图 6-17　《算法统宗》中“米麦问题”的解答

其中的“实”与“法”分别表示现在所说的“被除数”和“除数”。这一算法用现在的语言可以解释为，首先用大米和小麦的总数 500 与米的单价 0.86 相乘得到 430 两，然后减去实际总价格 405.7，得到 24.3 两作为被除数，大米单价与小麦单

① 选自瀚堂典藏.子部集成·类书集成·古今图书集成·历象汇编·历法典·第一百十七卷·算法统宗五.

价相减的差0.135两作为除数,除得的结果就是小麦有180石,用总数500减去180就得到大米数量为320石。写成算式就是:

$$(0.86 \times 500 - 405.7) \div (0.86 - 0.725) = 180(石)$$

$$500 - 180 = 320(石)$$

不难看出,这一算法与前面解决"鸡兔同笼"问题的"倍头法"是一样的。《算法统宗》中将这一算法命名为"贵贱差分法"。在"米麦问题"中,大米是贵物,小麦是相对于贵物的贱物,所谓"贵贱差分法"就是一种能够将二者区分开的方法。《算法统宗》对这一方法的解释为:"差分贵贱法尤精,高价先乘共物,情却用都钱减今数,余留为实,其分明别将二价也相减,用此余钱为法,行除了先为低物价,自余高价物方成。"意思是说:"差分贵贱法很精确,先用贵物单价与总数量相乘,而后减去实际总价格,这个差作为被除数,贵、贱物单价的差作为除数,除得的结果就是贱物的数量,而后不难求出贵物数量。"

三、《镜花缘》中的"灯球问题"

在清代李汝珍所著《镜花缘》[①]的第九十三回"百花仙即景露禅机众才女尽欢结酒令"中,也出现了两个与"鸡兔同笼"问题数量关系类似的问题。这两个问题均出现于众才女在小鳌山赏灯时的情景。

例题6-3

楼下灯有两种:一种一大球,下缀二小球;另一种一个大球,下缀四个小球。大灯球共三百六十个,小灯球共一千二百个。问两种灯各有多少?

楼上灯有两种,一种上做三大球,下缀六小球,计大小球九个为一灯;(另)一种上做三大球,下缀十八小球,计大小球二十一个为一灯。大灯球共三百九十六个,小灯球共一千四百四十个。问两种灯各多少?

---

① 《镜花缘》是清代才学小说的代表作,其中融入了诸如地理、历史、生物、数学、医药、水利、商业、神话、文学、音韵、艺术、游戏、星相等。作者李汝珍(约1763—1828)终生未举,小说中所写内容很多是他自身的研究成果。《镜花缘》前五十回写武则天时期落第秀才唐敖、商人林之洋、船工多九公游历海外几十个国家的故事,通过夸张、想象寄寓了作者对于政治、社会、文化的批判和理想。后五十回写武则天取中的一百名才女相聚游戏,呈技斗艺的故事。

书中才女兰芬对问题 1 给出的解答为："将小灯球一千二百折半为六百,以大球三百六十减之,余二百四十,是四小球灯二百四十盏;于三百六十内除二百四十,余一百二十,是二小球灯一百二十盏。"这一解法与《孙子算经》中"雉兔同笼"的"半足法"相同,先将 1 200 个小灯球减半为 600 个,然后用 600 减去大灯球个数 360 得到 240,这就是四小球的灯数。再用大灯球个数 360 减去 240 得到 120,就是二小球的灯数。写成算式就是:

$$1\,200 \div 2 = 600$$

$$600 - 360 = 240$$

$$360 - 240 = 120$$

兰芬对问题 2 的解法为:"先将一千四百四十折半为七百二十,以大球三百九十六减之,余三百二十四,用六归,……得五十四,是缀十八小球灯五十四盏;以三乘五四,得一百六十二,减大球三百九十六,余二百三十四,以三归之,得七十八,是缀六小球灯数目。"

简单说就是先将小灯球数 1 440 减半($1\,440 \div 2 = 720$),之后用 720 减去大灯球数量 396 得到 324($720 - 396 = 324$),用 6 除 324 得到 54($324 \div 6 = 54$);用 3 乘 54 得 162($54 \times 3 = 162$),用大灯球数 396 减去 162 得 234($396 - 162 = 234$),最后用 3 除 234 等于 78($234 \div 3 = 78$),就是有六个小球的灯的个数。这一算法显然也是采用了《孙子算经》中的"半足法",而不是《算法统宗》中的"倍头法"。

在日本的数学教科书中有一个叫作"鹤龟算"的问题[1],这一问题的原型其实就是中国古代的"鸡兔同笼"问题。1815 年在日本出版的《算法点窜指南录》中记载了"鹤龟算"问题(如例题 6-4 所示)。

例题 6-4

某处有鹤龟百头,只云足数和为二百七十二,问鹤龟各几何?

其解法为:

[1] 李淑文.日本新编中学数学教材的特点评析[J].数学教育学报,2003,12(04):20—23.

"置龟之足数（4），减鹤足数（2），以余为法（4－2＝2），置某处鹤龟之数（100），乘以龟足数（100×4＝400），得四百，又减总足数（400－272＝128），得余数一百二十八，用法除之（128÷2＝64），得六十四，此为鹤之数。"[①]这一解决方法与《算法统宗》中的"倍头法"是一致的。

我国古代数学文献中的内容，通常是以问题及其算法的方式呈现的，很少有关于算法的道理的论述。问题的算法通常叫作"术"，类似于西方数学教育中所说的"程序性知识"（procedural knowledge），指的是解决问题的工具和操作程序。前面介绍的算筹就是算法的工具，操作步骤就是程序。对于"鸡兔同笼"问题的解决，无论是《孙子算经》中的"半足法"，还是《算法统宗》中的"倍头法"，都具有"只叙术，不讲理"的特点。

由此带来的问题是，学习者可以按照操作程序解决问题，但不明白为什么可以这样操作的道理，也就是缺少了"概念性理解"（conceptual understanding）。因此将数学史融入数学教育，就需要对数学史内容背后的道理进行研究，挖掘"术"背后的思维因素，也就是要回答"怎样想出方法？"这样的问题。

第四节　算法多样，思想统一

第三节中对我国历史上《孙子算经》、《算法统宗》以及《镜花缘》中出现的"鸡兔同笼"问题的各种算法进行了梳理。在此基础上，需要探讨产生这些算法的思想基础是什么？

一、算法与想法

解决数学问题通常需要两种不同层次的方法，一种叫作算法，相当于《孙子算经》中所说的"术"或《算法统宗》中的"法"。以"鸡兔同笼"问题为例，《孙子算经》中的半足术为："上置头，下置足，半其足，以头除足，以足除头即得。"《算法统宗》中给出的倍头法为："倍头，减足，折半是兔。"《算法统宗》中对"鸡兔同笼"问题的另外一种可以叫作四头法的算法为："四头，减足，折半是鸡。"按照这样的算法依次计算，可以顺利地得到问题的正确答案。

---

① 平山谛.东西数学物语[M].代钦,译.上海：上海教育出版社,2005：49.

以上算法的一个显著特征就是程序化,这种程序化实质上就是一种按部就班的操作模式,主要表现为两个方面。第一是可操作性,第二是操作要有顺序,这种顺序通常是不能打乱的。也就是要明确怎么做,以及先做什么后做什么。比如《算法统宗》中的四头法,第一步要做的计算是"四头",即用 4 去乘总头数 35,得到140。第二步要做的计算是"减足",就是从第一步得到的结果 140 中减去总足数94 得到 46,这一步是以前面"四头"的结果作为基础的。鉴于算法程序化的特征,所以对算法的学习通常需要依赖模仿和练习。通过模仿可以记忆操作以及操作的顺序,通过练习逐步熟练这样的操作。

解决数学问题需要的另外一种方法是想出算法的方法,是一种思考方法,可以叫作解决问题的"想法"。这样的想法具有复杂性、发散性和可误性,所谓复杂性指的是思考内容的多元化,包含了问题的理解、算法的设计、算法的实施以及算法的比较与完善等诸多环节。发散性的一个含义是思考过程不具有前面所说按部就班的程序化特征,另一个含义是思考的结果可能是多样的。正是这种多样性使得思考结果具有可误性,也就是思考的结果可能是错误的或不可行的。

数学教学仅停留在程序化的算法方面显然是不够的,还应当让学习者经历算法产生与完善的思考过程,这样的过程无疑对学习者积累基本活动经验,感悟基本思想会有所裨益。因此,解决问题的教学研究需要探讨想出算法的想法是什么,算法与想法是什么样的关系。

二、什么是问题

为了研究产生算法的想法,首先要搞清楚什么是问题。按照通常的理解,一个问题指的是"一个情境,其中存在着阻碍达到目标的障碍,而且问题解决者并不能确定这样的障碍是否能够被克服"[①]。由这个定义可以看出,构成一个问题有三个关键因素,分别为情境、目标和障碍。

其中问题的情境是由与问题相关的所有信息及其关系构成的,问题的表达其实就是对问题情境的描述。其中的所有信息包括已知信息和未知信息,已知信息

---

① Irving Tallman, Robert K. Leik, Louis N. Gray & Mark C. Stafford. A Theory of Problem-Solving Behavior[J]. *Social Psychology Quarterly*, 1993, 56(03): 157—177.

又可以区分为问题表达中直接给出的信息和没有直接给出的信息，可以把直接给出的信息叫作直接信息，没有直接给出的信息叫作暗含信息。"鸡兔同笼"问题在《算法统宗》中用语言表达为："今有鸡兔同笼，上有三十五头，下有九十四足。问鸡兔各若干。"从中可以提取到的已知信息为：

- 一只鸡有 2 个足（暗含信息）。
- 一只兔有 4 个足（暗含信息）。
- 一只鸡和一只兔都是一个头（暗含信息）。
- 鸡、兔共有 35 只（直接信息）。
- 鸡、兔总足数为 94（直接信息）。

从中可以提取到的未知信息主要有鸡总头数（鸡只数）、兔总头数（兔只数）、鸡总足数和兔总足数。各类信息之间的主要关系为：

- 鸡总头数的 2 倍是鸡总足数。
- 兔总头数的 4 倍是兔总足数。
- 鸡总头数与兔总头数的和是鸡兔总头数 35。
- 鸡总足数与兔总足数的和是鸡兔总足数 94。

一个问题的目标指的是问题情境中某个或某些未知信息，而且问题提出者或问题解决者有获得这样信息的愿望。"鸡兔同笼"问题的目标自然就是鸡只数和兔只数。

问题的障碍是阻碍问题解决者从已知信息达到问题目标的因素，这样的因素一方面与问题情境的难易有关，另一方面与问题解决者的经验、知识、能力等主观因素有关。对于"鸡兔同笼"问题，如果问题解决者具有利用方程解决问题的知识和经验，就会很容易地通过列方程建立已知信息和问题目标之间的联系。无论是《孙子算经》中的半足术，还是《算法统宗》中的倍头法和四头法，都是在没有利用方程作为工具的基础上想出来的算法，那么古人想出这些算法的想法究竟是什么呢？

三、"半足术"背后的想法

问题的障碍往往表现为问题情境中的信息及其关系与问题解决者主观意愿的某种对立。比如"鸡兔同笼"问题中鸡的特点是"一头二足"，兔的特点是"一头四足"，共同的特点是每只动物（鸡或兔）的头数与足数都是不同的，而且每只鸡和每只兔的足数也不相同(如表6-8所示)①。

表6-8 "鸡兔同笼"问题的情境示意表

	鸡(多少只?)			兔(多少只?)			总　数
头	……	⦿头	⦿头	⦿头	⦿头	……	35
足	…… △足 △足 …… △足 △足			△足 △足 …… △足 △足 …… △足 △足 …… △足 △足 ……			94

　　而问题解决者的潜意识中往往认为如果二者是相同的,问题就可以解决了。这种客观的"不同"与主观意愿中的"相同",就形成了一种对立关系或矛盾关系,这种对立关系如果不能实现统一,也就是不能在某种条件下互相转化,这样的矛盾关系就构成了问题的障碍。解决问题的算法通常就来源于对这种对立关系实现统一的思考。"鸡兔同笼"问题诸多算法背后的想法或许就是对如何能够创造条件,使得不同变为相同的思考。《孙子算经》中解决"鸡兔同笼"问题所使用的"半足术"($94 \div 2 = 47$),其实就是将每只鸡的足数变成了1,与头数相同了(如表6-9所示)。

表6-9 《孙子算经》中使用的"半足术"示意表

	鸡			兔			总　数
头	……	⦿头	⦿头	⦿头	⦿头	……	35
足	……	△足	△足	△足 △足 …… △足 △足 ……			$94 \div 2 = 47$

　　此时的每只鸡都变成了"一头一足",每只兔都成为了"一头二足"。因此取半后的47足就可以分为两部分,一是与总头数相同的部分(35),另一部分是与兔头数相同的部分($47 - 35 = 12$)(如表6-10所示)。

---

① 图中符号"⦿头"表示鸡或兔的1个头,"△足"表示鸡或兔的1个足,下同。

表 6-10   《孙子算经》中"半足术"的头、足对应示意表

	鸡	兔	总　数	
头	…… 头 头	头 头 ……	35	
足	…… 足 足	足 足 ……	35	47
		足 足 ……	47－35＝12	

这样就得到兔的只数是 12 了，当然也就不难求出鸡的只数了。因此可以说每只动物(鸡或兔)的头数与足数不同，导致了解决"鸡兔同笼"问题的一个障碍。《孙子算经》中的半足术来源于不同与相同这一对矛盾的统一，也就是通过"半足"创造出了变不同为相同的条件。

四、算法虽异想法尤同

《算法统宗》中的"倍头法"和"四头法"，从思想渊源上看，与《孙子算经》中的"半足术"是一脉相承的。半足术是通过"半足"使得每只鸡的头数和足数都成为 1，而倍头法是通过"倍头（$35 \times 2 = 70$）"让每只鸡的头数和足数都成为 2（如表 6-11 所示）。

表 6-11   《算法统宗》中使用的"倍头法"示意表

	鸡	兔	总　数	
头	…… 头 头 头 头	头 头 …… 头 头	$35 \times 2 = 70$	
足	…… 足 足 …… 足 足	足 足 …… 足 足 ……	70	94
		足 足 …… 足 足 ……	$94 - 70 = 24$	

这样总足数 94 就可以分为与总头数相同的一部分（70），以及与兔头数的 2 倍相同的另一部分（$94 - 70 = 24$）（如表 6-11 所示）。所以 24 的一半就是兔只数。《算法统宗》中的"四头法"也来源于类似的想法，通过"四头（$35 \times 4 = 140$）"把每只兔的头数变为 4，与每只兔的足数相同了（如表 6-12 所示）。

表 6-12 《算法统宗》中使用的"四头法"示意表

	鸡	兔	总 数
头	...... ⊕头 ⊕头 ⊕头 ⊕头 ⊕头 ⊕头 ...... ⊕头 ⊕头	⊕头 ⊕头 ⊕头 ⊕头 ⊕头 ⊕头 ...... ⊕头 ⊕头	$35 \times 4 = 140$
足	...... △足 △足 ...... △足 △足	△足 △足 ...... △足 △足 △足 △足 ...... △足 △足	94

这时总头数 140 就可以分为与总足数 94 相同的一部分,以及与鸡头数的 2 倍相同的一部分(表 6-12 中阴影部分,140-94=46),因此 46 的一半就是鸡只数了。另外一个思路是将每只鸡补上 2 个足(表 6-13 中阴影部分),这时总足数也变成了 140。

表 6-13 《算法统宗》中"四头法"的头、足对应示意表

	鸡	兔	总 数
头	...... ⊕头 ⊕头 ⊕头 ⊕头 ⊕头 ⊕头 ...... ⊕头 ⊕头	⊕头 ⊕头 ⊕头 ⊕头 ⊕头 ⊕头 ...... ⊕头 ⊕头	$35 \times 4 = 140$
足	...... △足 △足 ...... △足 △足 ...... △足 △足 ...... △足 △足	△足 △足 △足 △足 ...... △足 △足 △足 △足	140

补上的足数,也就是比 94 多出来的部分(140-94=46),恰好是鸡头数的 2 倍,所以 46 的一半就是鸡只数了。

《算法统宗》中"倍头法"和"四头法"这两种算法背后的想法与《孙子算经》中

的"半足术"是一样的,都是为了将头数与足数变成相同而产生的。由此可以总结出算法与相应的想法之间的一种关系,就是同一个想法可以产生诸多不同的算法,也就是算法虽然不同,但是想法可以相同。这也验证了前面所论及的想法的发散性特征。

五、算法虽同想法各异

如前所说,《算法统宗》中的"倍头法"和"四头法"的想法是将鸡或兔的头数与足数变为相同,由此产生的算法用综合算式可以表示为如下形式:

倍头法:$(94-35\times2)\div(4-2)=12$(兔)

四头法:$(35\times4-94)\div(4-2)=23$(鸡)

还可以换一种方式分析"鸡兔同笼"问题的障碍,如果问题情境中不是两种动物,而只有一种动物,自然问题的解决就会变得容易,因此"鸡兔同笼"问题的障碍还可以看作是鸡足数(2)和兔足数(4)的不同造成的。由此产生的想法就是创造条件使得二者变为相同,按照这样的想法,就可以假设35只都是鸡,总足数就变成了($35\times2=$)70,比实际总足数94少了($94-70=$)24,少的原因是每只兔少算了($4-2=$)2个足,因此兔的只数就是($24\div2=$)12。这一算法从程序上看与前面的倍头法是一样的。当然也可以先假设35只都是兔,可以得到与四头法一样的算法。虽然算法是相同的,但与前面半足术的想法是有差异的。如果把"鸡兔同笼"问题转化为几何问题,那么对同样的算法,还可以有新的想法。

用一个长方形的横向边长表示每只动物(鸡或兔)的足数,纵向边长表示动物的头数,那么这个长方形的面积就可以表示这种动物的总足数(如图6-18所示)。

图6-18由上、下两个长方形构成,下面长方形横向边长代表每只兔的足数4,纵向边长代表兔头数,因此下面长方形的面积就代表兔的总足数。同样上面长方形的面积代表鸡的总足数。根据"鸡兔同笼"问题的已知信息可以知道,两个长方形的纵向边长之和代表的是总头数35,面积之和代表的是总足数94。这样"鸡兔同笼"问题就变为了一个几何问题。

图6-18 "鸡兔同笼"问题的几何表示

例题 6-5

如图 6-18 的两个长方形,已知横向边长分别为 4 和 2,纵向边长之和为 35,两个长方形的面积之和为 94。求两个长方形的纵向边长分别是多少?

解决这一问题的障碍在于一个"乱"字,这种"乱"表现为两个长方形的横向边长和纵向边长均不相等。因此自然的想法就是实现"乱"与"齐"这一对矛盾的转化,也就是创造条件设法变乱为齐。

一种变乱为齐的方式是"补"。如图 6-19 所示添加辅助线,使得两个不同的长方形拼接成了一个大长方形,由于这个大长方形的横向边长是 4,纵向边长是 35,因此大长方形的面积就是:

$$35 \times 4 = 140$$

又由于原来两个长方形面积之和是 94,所以补上的长方形的面积就是:

$$140 - 94 = 46$$

补上长方形的横向边长是 $4-2=2$,所以纵向边长就是:

$$46 \div 2 = 23$$

也就是原题中的鸡头数。

另外一种变乱为齐的方法是"分"。如图 6-20 添加辅助线,将下面长方形分为了左右两个部分。

其中左面的部分与上面的长方形拼接成了一个面积为 $(35 \times 2 =)70$ 的长方形,右面长方形的面积就是:$94-70=24$。因此不难求出这个长方形纵向线段为:$24 \div 2 = 12$,也就是原题中兔只数是 24。以上两种算法列成综合算式分别与《算法统宗》中的四头法和倍头法是完全一样的。因此同样的算法是可以在不同想法的指引下产生的,也就是算法虽然相同,但是想法可以各异。这也是想法发散性的一种具体体现。

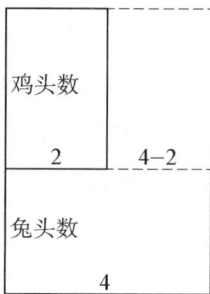

图 6-19　"鸡兔同笼"问题几何题的"补齐"解法示意图

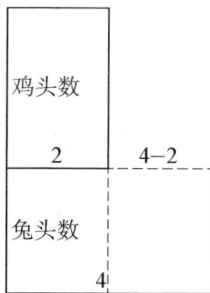

图 6-20　"鸡兔同笼"问题几何题的"分割"解法示意图

任何程序化的算法都是人创造出来的,任何创造算法的人都会有创造算法的想法,这样的想法是具有育人功能的。数学教学及其质量的评价仅局限于"会算"与"算对"是不够的,还应当让学习者经历算法背后想法的思考过程,这或许也是《课标(2011年版)》总目标中所倡导的"四基"①的一种体现。为此,就需要对数学课程内容中的各种算法背后的想法进行历史与文化方面的挖掘。

第五节   算法、算理还不够

小学数学的计算或解题教学,常见的模式是首先出示一个有故事情境的问题,比如:

笑笑有5个红色的玻璃球和3个蓝色的玻璃球。她一共有多少个玻璃球?

然后画出示意图,直观地显现出两个局部构成一个整体的数量关系(如图6-21所示):

在此基础上列出算式并计算:5+3=8。

从而得到问题的答案为:笑笑一共有8个玻璃球。

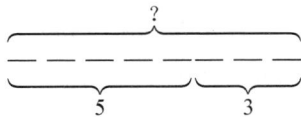

图6-21   局部与整体示意图

在这样的过程中,学生所经历的学习活动主要包括两个转换:第一个转换是通过对文字表述的情境性问题进行理解,并将文字叙述转换为直观的图形;第二个转换是将数量关系用算式表示出来,并通过计算得到答案。这样的思考过程可以称之为"从情境到算式"的学习活动。如果把这个过程反过来,让学生经历从"算式到情境"的思考过程,其中就会蕴含更丰富的思维活动。这种反过来的学习活动可以称之为"给算式讲故事"。

一、给算式讲故事

按照辩证唯物主义对立统一的观点,应当相信任何过程都应当有其相反的过程存在,比如有前进的过程,就会有倒退的过程。有上升的过程,就会有下降的过程。数学的学习有"从情境到算式"的思考过程(如图6-22所示),就应当伴随有反过来的"从算式到情境"的过程(如图6-23所示)。

① "四基"指的是基本知识、基本技能、基本活动经验和基本思想。

图 6-22 "从情境到算式"示意图

图 6-23 "从算式到情境"示意图

如果把"从情境到算式"的思考过程理解为"为问题找答案",那么反过来"从算式到情境"的思考就是"为算式找应用"。如果把情境看作是现实世界中的问题,把算式看作数学中的抽象模型,这样的思路反映的就是现实世界中的具体问题与数学中抽象模型相互作用、互为因果的辩证关系。

从情境到算式,其结果通常是确定的,而从算式到情境就具有相当广泛的开放性或者多样性。比如针对"5+3=?"这样的加法算式,可以引导学生用"为算式讲故事"的方式,去思考在什么情况下可以使用这样的算式。

最为常见的一种情况就是前面问题中的数量关系,即一个整体由两个局部组成,其基本关系可以用图 6-24 示意出来。

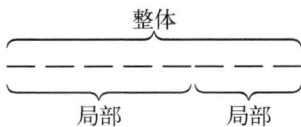

图 6-24 整体与局部关系示意图

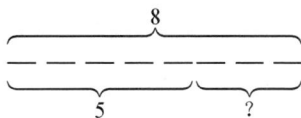

图 6-25 已知整体求局部示意图

如果已知两个局部的数量,则运用加法可以计算出整体的数量。与之对应的减法问题就是知道整体和一个局部的数量,求另外一个局部的数量(如图6-25 所示)。

用文字叙述这个问题可以是:

笑笑有 8 个玻璃球,5 个是红色的,其余是蓝色的。她有多少个蓝色的玻璃球?

这种整体与局部关系的情境应当说相对简单,较为复杂并且对于低龄儿童不易理解的还有不同对象间进行比较的数量关系。[①]

① T. A. Romberg & C. D. Grouws. A. Learning to Add and Subtract [J]. *Research in Mathematics Education. Monograph*, 1987(02): itvii—viii, 1, 178.

二、比较的关系

比较关系的故事情境通常需要有两个对象,各自的数量不同,因此就会出现"多多少"或者"少多少"的问题。比如对于"5+3=?"就可以叙述出情境性问题:

- 淘气有 5 个玻璃球,笑笑比他多 3 个。笑笑有多少个玻璃球?
- 淘气有 5 个玻璃球,如果笑笑减少 3 个就和淘气一样多。笑笑有多少个玻璃球?

对应的示意图可以是图 6-26 所示的形式。

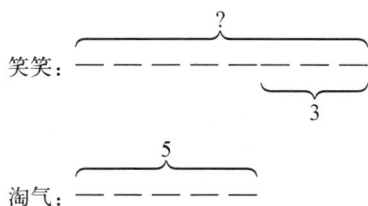

图 6-26 "多多少"示意图

图 6-27 "少多少"示意图

还可以交换主语和宾语的位置叙述为:

- 淘气有 5 个玻璃球,比笑笑少 3 个。笑笑有多少个玻璃球?
- 淘气有 5 个玻璃球,如果他再增加 3 个就和笑笑一样多。笑笑有多少个玻璃球?

这两种文字叙述的关系可以用图 6-27 表示出来。

鉴于加法和减法的互逆关系,从这些加法算式的情境中还可以衍生出用减法算式计算的故事情境,为了清晰起见,这些问题和相关的示意图,罗列在表 6-14 中。

表 6-14　比较关系减法情境问题

算　式	示　意　图	文　字　叙　述
8-5	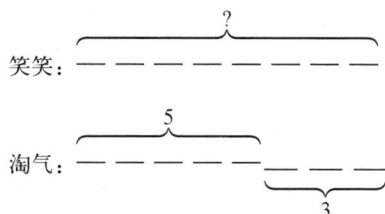	笑笑有 8 个玻璃球,淘气有 5 个。笑笑比淘气多多少个玻璃球? 笑笑有 8 个玻璃球,淘气有 5 个。笑笑减少多少个就能和淘气一样多?

(续表)

算　式	示　意　图	文　字　叙　述
8－5	笑笑： 淘气： （8，5，？ 示意图）	笑笑有 8 个玻璃球,淘气有 5 个。淘气比笑笑少多少个玻璃? 笑笑有 8 个玻璃球,淘气有 5 个。淘气需要得到多少个玻璃球才能和笑笑一样多?
8－3	笑笑： 淘气： （8，？，3 示意图）	笑笑有 8 个玻璃球,如果淘气赢了 3 个就和笑笑一样多。淘气有多少个玻璃球?
8－3	笑笑： 淘气： （8，3，？ 示意图）	笑笑有 8 个玻璃球,如果她减少 3 个就和淘气一样多。淘气有多少个玻璃球?

对于低龄儿童,这些问题的困难往往不是数学中的计算,而是难以理解用语言或者图形表示出来的故事情境。"给算式讲故事"这样的学习活动能够帮助学生熟悉各种各样的情境,以及与算式的对应关系。对于加法算式,除了以上介绍的局部与整体关系和不同对象比较关系的情境外,还有体现数学中的变换思想,也就是运动与变化中各种关系的情境。

三、运动与变化中的关系

运动与变化的情境往往表现为同一人物或对象在不同时间或者地点的不同状态。比如:

笑笑有 5 个玻璃球,淘气又给了她 3 个。笑笑现在一共有多少个玻璃球?

情境中的人物笑笑经历了变化前有 5 个玻璃球,变化中又得到了 3 个,变化后一共是 8 个的过程。这一变化过程可以用图 6 - 28 表示出来。

图 6 - 28　变化示意图

这样运动与变化的过程,有可能是"增加",也有可能是"减少"。如果变化过程是"增加",那么"5+3=?"对应的问题就应当是图 6 - 29 所示求变化后的问题类型。

图 6 - 29　求变化后示意图

用文字叙述出来就是:

笑笑有 5 个玻璃球,淘气又给了她 3 个。笑笑一共有多少个玻璃球?

如果变化过程是"减少",那么"5+3=?"对应的问题就应当是求"变化前"的数量(如图 6 - 30 所示)。

图 6 - 30　求变化前示意图

用文字可以叙述为:

笑笑有一些玻璃球,给了淘气 3 个后还剩 5 个。笑笑原来有多少个玻璃球?

此类问题也可以衍生出"8-5=?"以及"8-3=?"的情境性问题(如表 6 - 15 所示)。

表 6 - 15　减法算式情境性问题

算　式	模　　　型	文　字　叙　述
8-5		笑笑有 5 个玻璃球,需要增加多少个,才能一共拥有 8 个玻璃球?
8-5		笑笑有 8 个玻璃球,给了淘气一些后还剩 5 个。笑笑给了淘气多少个玻璃球?
8-3		笑笑有 8 个玻璃球,给了淘气 3 个。笑笑还剩多少个玻璃球?

（续表）

算　式	模　　型	文　字　叙　述
8—3	变化前 ? → 变化 增加3 → 变化后 8	笑笑有一些玻璃球,淘气给了她 3 个后,她共有 8 个。笑笑最初有多少个玻璃球?

用运动与变化的眼光看算式,可以联想出许多现实性的故事情境。比如,城市交通中的公交车,如果车上原有 3 位乘客,到站后又上来 4 人,现在就有"3＋4＝7 人"[①](如图 6-31 所示)。

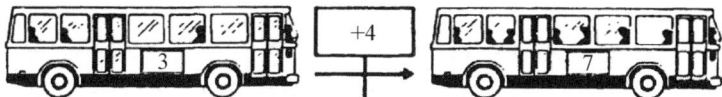

图 6-31　公交车情境示意图

学生在低年级时熟悉这种运动与变化的情境,对今后的学习是非常有益的。比如认识负数,因为负数描述的是与正数意义相反的量,因此认识负数就需要理解什么是意义相反的量。对于运动与变化的故事情境,这种正与反的关系通常会比较明显。比如在"公交车情境"中,有上车的乘客,也有下车的乘客,那么如果用"正"表示上车的人数,那么"负"就表示下车的人数。

再比如,一只乌龟向前走了 5 步,而后又倒退了 9 步。那么这里的 5 步和 9 步就具有了方向相反的意义[②](如图 6-32 所示)。

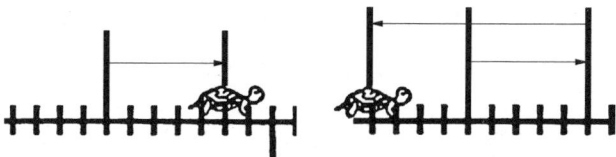

图 6-32　乌龟前进与倒退示意图

把这种相反方向的变化过程进一步推广,就可以引申为在高中数学课程中对于向量概念的认识。所谓向量,在数学中就是给一个数赋予方向的含义。比如,

① F. J. Van Den Brink. Numbers in Contextual Frame Works[J]. *Educational Studies in Mathematics*, 1984, 15(03): 239—257.
② Patrick W. Thompson & Tommy Dreyfus. Integers as Transformations[J]. *Research in Mathematics Education*, 1988, 19(02): 115—133.

对于一个运动的情境：某人从 A 出发，向东行走 4 千米到 B。之后又向北行走 3 千米到 C（如图 6-33 所示）。

这里的数字 4 和 3 不仅有表示多少千米的含义，还有"向东"和"向北"不同方向的含义。这时对于算式"4+3"就不能简单地计算答案等于 7，而要根据具体情境中的问题目标而决定。如果问"一共行走多少千米"，

图 6-33　向量加法

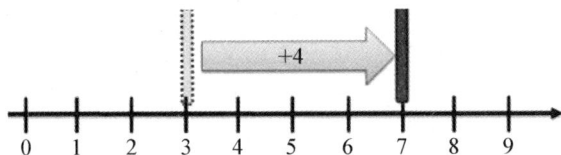

可以直接利用算式"4+3"进行计算得到结果为 7 千米。但是如果问："起点与终点最短距离是多少千米"，就不能这样计算了，需要用向量加法的法则计算出结果为 5 千米，这个计算需要运用初中数学中的勾股定理。

用运动与变化的眼光看算式，实质上是将算术运算与几何中的变换联系起来。比如在图 6-34 中一个形体初始位置在数轴上"3"的位置，加 4 后就变换到"7"的位置。这个加法运算就描述了几何变换中的平移。

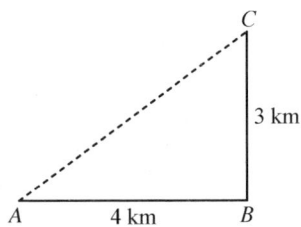

图 6-34　平移变换示意图

总之，将"从情境到算式"单一的学习活动，拓展到情境与算式相互联想的学习活动，更加全面地认识情境与算式的辩证关系，让学生经历的不仅是解决问题的过程，还包括了对同一算式对应不同情境的认识，实质上是开拓了学习活动设计的思路，为学习活动的设计增加了更为丰富的内容。

第七章　直觉与逻辑

直觉与逻辑是认知活动的基本形式。直觉最显著的特征是"自明性"（self evident）。欧几里得《几何原本》中诸如"两点之间直线段最短"的公理，是当时人们认为不证自明、可以直接接受的命题，因此可以认为是直觉的结果。在直觉过程中，如果认知对象使得认知主体的直觉过程受阻，认知对象相对于主体就具有反直觉（counterintuitive）的特征，此时就需要逻辑。

第一节　几 何 直 观

《课标（2011 年版）》提出了"几何直观"这一核心概念，认为"几何直观主要是指利用图形描述和分析问题。借助几何直观可以把复杂的数学问题变得简明、形象，有助于探索解决问题的思路，预测结果。几何直观可以帮助学生直观地理解数学，在整个数学学习过程中都发挥着重要作用"。

这段话所说的是对几何直观在含义与作用方面广义的理解。而在面对具体数学课程内容的时候，教科书编写以及实际教学设计将要面临的具体问题是：什么情况下需要几何直观？如何借助几何直观进行教学？通过几何直观能够感知的内容究竟有什么？这些问题的回答并不容易，期望下面几个案例的分析能够成为此类问题研究的引玉之砖。

一、数形结合看"倒数"

关于"倒数的认识"通常关注两点：第一是"两个数的乘积都是 1"；第二是"相乘的两个数的分子、分母正好颠倒了位置"（如图 7-1 所示）。

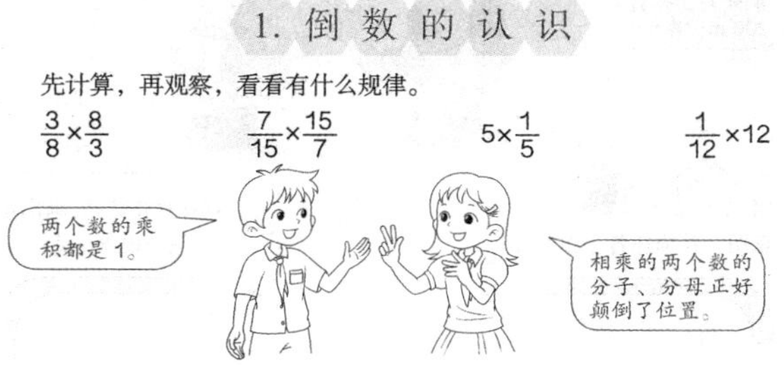

其中"两个数的乘积都是 1"

1. 倒数的认识

先计算，再观察，看看有什么规律。

$\frac{3}{8} \times \frac{8}{3}$　　$\frac{7}{15} \times \frac{15}{7}$　　$5 \times \frac{1}{5}$　　$\frac{1}{12} \times 12$

两个数的乘积都是 1。

相乘的两个数的分子、分母正好颠倒了位置。

图 7-1　"倒数的认识"

揭示出了倒数关于乘法运算"逆元"(inverse element)的属性;"分子、分母颠倒了位置"是从书写形式上说明了两个数之间的关系。这两点均没有从本质方面说明倒数的含义究竟是什么。以 $\frac{1}{2}$ 与 2 为例,二者相乘结果为 1,表明关于乘法运算互为逆元,也就是互为倒数;从形式上看是分子、分母颠倒了位置。需要进一步探讨的是,$\frac{1}{2}$ 与 2 在意义上是如何相关联的?

按照分数的理解,$\frac{1}{2}$ 表示"将单位 1 平均分为两份中的一份",而 2 可以认为是某数的 2 倍,现在需要知道这里的"某数"是什么? 此时借助几何直观就可以使得 $\frac{1}{2}$ 与 2 的关系一目了然(如图 7 - 2 所示)。

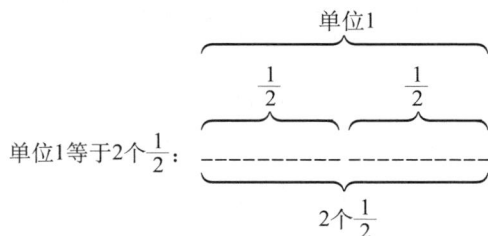

图 7 - 2   "单位 1 等于 2 个 $\frac{1}{2}$"示意图

从图 7 - 2 线段图中看出,$\frac{1}{2}$ 与其倒数 2 的关系为"单位 1 等于 2 个 $\frac{1}{2}$"。这样的关系还可以反过来表达,也就是"单位 1 等于 $\frac{1}{2}$ 个 2",这一点可以从图 7 - 3 中明显看出。

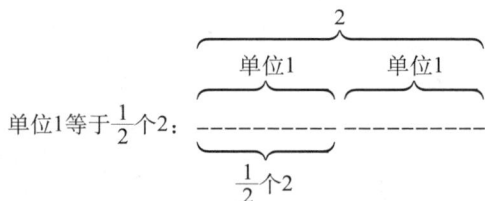

图 7 - 3 $\frac{1}{2}$ 个 2 示意图

按照这样的方式还可以进一步理解 $\frac{2}{3}$ 与 $\frac{3}{2}$ 的关系,即"单位 1 等于 $\frac{3}{2}$ 个 $\frac{2}{3}$"（如图 7-4 所示）。

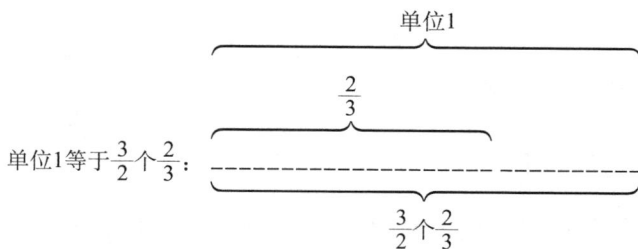

图 7-4 "单位 1 等于 $\frac{3}{2}$ 个 $\frac{2}{3}$"示意图

反过来的"单位 1 等于 $\frac{2}{3}$ 个 $\frac{3}{2}$"可以从图 7-5 明显看出。

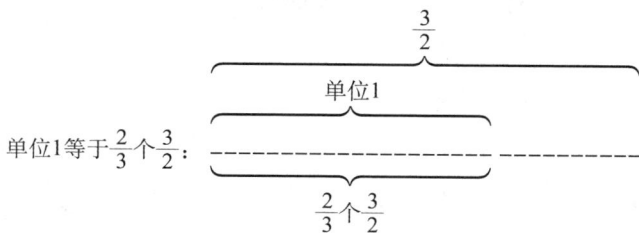

图 7-5 "单位 1 等于 $\frac{2}{3}$ 个 $\frac{3}{2}$"示意图

综上,两个互为倒数的分数 $\frac{b}{a}$ 与 $\frac{a}{b}$ 的关系可以概括为,分数 $\frac{b}{a}$ 对应的单位 1 中含有 $\frac{a}{b}$ 个 $\frac{b}{a}$;这一命题反过来也是正确的,即分数 $\frac{a}{b}$ 对应的单位 1 中含有 $\frac{b}{a}$ 个 $\frac{a}{b}$。这里的几何直观可以说揭示出了"倒数"真正的含义,借助几何图形使得互为倒数的两个数之间的关系可以看得见了。

有了这样的理解,除数为分数的除法中"颠倒相乘"的运算法则就是显而易见的事情了。比如"$10 \div \frac{2}{3}$"表示"求 10 里面包含多少个 $\frac{2}{3}$",由于"单位 1"里面包含"$\frac{3}{2}$ 个 $\frac{2}{3}$",所以"10"里面包含"$\frac{2}{3}$"的个数就是"$\frac{3}{2}$ 的 10 倍",即 $10 \times \frac{3}{2} = 15$。

从这个例子可以总结出几何直观在数学教学中的一个作用就是通过数与形的结合,借助形象的图形展现出隐蔽着的数量关系。类似的例子还有,从图 7-6 长方形面积之间的关系可以明显看出乘法对加法的分配律"$a \times (b+c) = a \times b + a \times c$"。

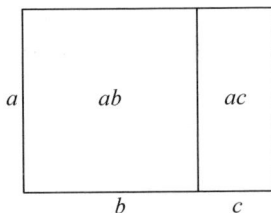

图 7-6　"分配律"直观示意图

二、几何中的几何直观

几何直观并非仅仅体现的是数与形的结合。在几何图形这一领域内部也经常需要几何直观沟通联系并帮助理解。美国数学学会有一个名为 *Mathematics Magazine* 的期刊,其中有一个叫作"无字证明"(*Proof Without Word*)的栏目,栏目中的问题及其证明都是体现几何直观的。1990 年 6 月该栏目刊载的就是如何直观看出一个半径为 R 的圆的周长 $2\pi R$ 与圆的面积 πR^2 之间的关系。[①]

图 7-7 是一个半径为 R 的圆,圆内部画出许多同心圆。最外围的大圆周长是 $2\pi R$。

想象将圆面从某处剪开,然后逐步展开并拉直(如图 7-8 所示)。

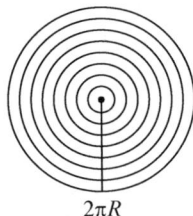

图 7-7
半径为 R 的圆及其内部的同心圆示意图

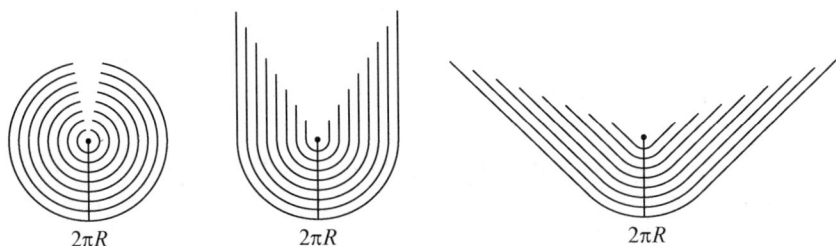

图 7-8　半径为 R 的圆及同心圆剪开并逐步拉直过程示意图

当所有同心圆的圆周都拉直后,就会形成一个如图 7-9 所示的三角形。

这个三角形的底边长度就是大圆周长 $2\pi R$,底边上的高就是大圆半径 R,利

---

① Russell Jay Hendel. Proof without Words: Area of a Disk Is πR^2[J]. *Mathematics Magazine*, 1990, 63 (03): 188.

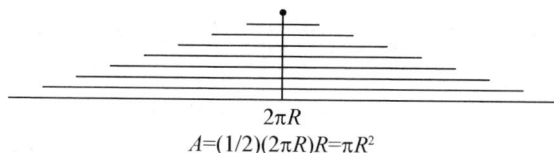

$$2\pi R$$
$$A=(1/2)(2\pi R)R=\pi R^2$$

图 7-9 半径为 R 的圆的同心圆剪开并拉直后示意图

用三角形面积公式立刻可以得到这个三角形的面积为 $2\pi R \times R \div 2 = \pi R^2$，与圆面积公式一致。

数学知识之间的联系有宏观和微观的区别，如果把倒数的认识看作是算术或代数领域中的内容，那么前面倒数认识的几何直观所沟通的是数学中不同领域之间的联系，这样的联系属于宏观的联系。这里所说的圆周长和圆面积同属于圆这一几何图形的测量问题，二者并非孤立存在，而是相互关联的，这样的联系不同于宏观的联系，属于微观的联系。其中的几何直观是通过一系列的图形演变，使得隐藏着的联系变得明显了。

几何直观可以分为静态和动态两种。所谓动态的几何直观是指将几何图形实施保持某种属性不变的一系列的变化，关于"平行四边形面积"这一内容的呈现基本上也就是这样的过程（如图 7-10 所示）。

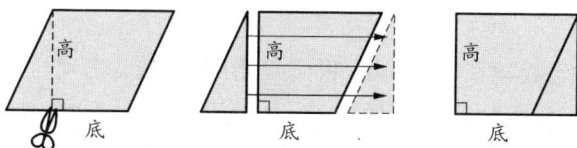

观察拼出的长方形和原来的平行四边形，你发现了什么？

平行四边形的面积 =＿＿＿＿＿

图 7-10 平行四边形面积的计算

"直观"是相对于"抽象"而言的，抽象作为人头脑中的思维活动，往往具有隐性的特征。因此直观的过程就是把抽象的内容具体化、把隐性的内容形象化的过程。几何直观是利用几何图形使得隐性的内容和过程显性化。几何直观作为数学学习活动的一种方式，除了应当发挥其"通过直观实现简明"的功能外，还应当重视几何直观对于"展现思维活动"以及"沟通数学对象之间联系"的作用。同时注意，几何直观并非孤立存在，应与逻辑推理等思维活动相辅相成。

第二节　运动的眼光与基本思想

图 7-11 展示出了一个长方形围绕其一边旋转一周,形成一个圆柱的过程。实际上是把圆柱看作是一个运动的长方形在运动过程中所留下的轨迹。在这个运动的过程中,运动的对象是平面上的长方形,运动的方式是旋转。用这样运动的眼光看待圆柱,有益于沟通空间中的圆柱体与平面上的长方形之间的联系。

| 图 7-11　"圆柱形成过程"示意图 | 图 7-12　"圆锥形成过程"示意图 |

类似于此,图 7-12 显示出了一个直角三角形围绕其一条直角边旋转一周,形成圆锥的过程。同样利用旋转运动的眼光沟通了圆锥体与平面上三角形的联系。

像这样用运动的眼光看待几何形体的研究方式,可以追溯到距今约 1 800 年前希腊数学家帕普斯(Pappus of Alexandria,约公元 290—350)所著的《数学汇编》(*Mathematical Collections*),其中出现的旋转体表面积和体积的研究就是采用的这种方式。①

伟大的科学家、数学家牛顿于 17 世纪发明的"流数法",可以说是微积分诞生的一个标志。论及流数法的基本原理(principle),牛顿在其名著《流数法与无穷级数》的前言中说:"可以把数学中的量看作是连续的运动产生出来的。"②这句话告诉我们,几何形体不仅可以从形状上看成是运动生成的,其求积(quadrature)③问题也可以用运动的方式研究。下面以小学数学课程"图形与几何"中常见的形体为例进行说明。

一、长方形与平行四边形

静止的眼光看一个长方形,是由四条直线段围成的四边形,并且四个内角都是直角,相对的两条边的长度相等。如果用运动的眼光看,一个长方形可以看作

---

① 郜舒竹,徐春华.对旋转体体积的再认知[J].数学通报,2005(01): 54—57.
② Isaac Newton. *The Method of Fluxions and Infinite Series with Its Application to the Geometry of Curve-lines* [M]. London: Henry Woodfall, 1736: 183.
③ "求积问题"在几何中泛指所有解决有关求长度、面积和体积的问题。

是一条运动的线段 EF 从 AB 位置沿着垂直于这条线段的方向平移到 CD 位置所留下的轨迹(如图 7-13 所示)。

从运动的过程中可以看出,这个长方形的大小(面积)由两个因素决定。第一是运动线段 EF 的长度,第二是线段 EF 运动的距离,因此二者的乘积就可以表示这个长方形的大小,也就是这个长方形的面积。

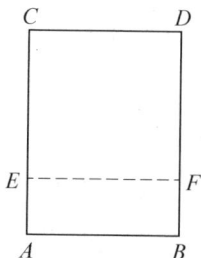

图 7-13 "运动形成长方形"示意图

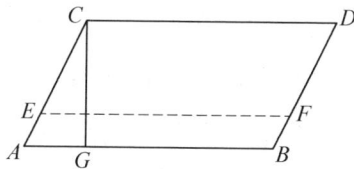

图 7-14 "运动形成平行四边形"示意图

对于平行四边形也是类似,平行四边形 $ABCD$ 可以看作是一条运动的线段 EF 从 AB 位置平移运动到 CD 位置留下的轨迹(如图 7-14 所示)。

与长方形的区别在于运动的方向不是沿着垂直于线段 EF 的方向,而是沿着与线段 EF 形成一定角度的方向(图 7-14 中 AC 或 BD 线段的方向)。这时所形成的平行四边形的大小同样由线段 EF 的长度和平移运动的距离决定,这个平移运动的距离是 AB 与 CD 之间垂直线段 CG 的长度,也就是平行四边形的高。因此这个平行四边形的面积就可以表示为二者的乘积。

由此可以对长方形(包括正方形)和平行四边形及其面积形成统一的认识,都可以看成是一条直线段沿着一个确定的方向平移运动留下的轨迹,其面积都是运动线段的长度与运动距离的乘积,这里的运动距离指的是运动线段的起始位置和终止位置的最短距离,也就是垂直距离。

二、梯形与三角形

如图 7-15 的梯形同样可以看成是运动的线段 EF 从 AB 位置平移运动到 CD 位置所留下的轨迹。

与前面长方形和平行四边形不同的是,运动的线段 EF 在运动过程中,其长度在连续、均匀地变化,图中表

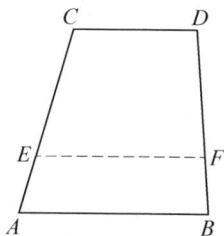

图 7-15 "运动形成梯形"示意图

现为运动的线段 EF 自下而上平移运动过程中不断地缩短长度，也可以看成自上
而下不断地增加长度。

这里所说的"均匀变化"，指的是运动的线段平移上升的距离如果一样，那么
线段变化（缩短）的长度也是相同的。这一点可以从图 7-16 更加清晰地看出来。

这种均匀变化类似于等差数列的变化规律，比如下面的五个奇数构成的等差
数列：

$$1，3，5，7，9$$

从第一项变化到第二项增加了 2，那么从第二项变化到第三项也会增加 2，依
此类推。均匀变化的量的一个重要特征是其算术平均值等于最大数与最小数的
算术平均值。比如五个数"1，3，5，7，9"的平均值 $\frac{1+3+5+7+9}{5}$ 就等于最小
数 1 和最大数 9 的平均值 $\frac{1+9}{2}$。

前面图 7-15 中梯形的大小（面积）同样可以认为是由运动线段 EF 的长度以
及平移运动的距离所共同确定的。其中运动距离仍然是起始位置和终止位置之
间的垂直距离，也就是梯形高的长度。而运动线段 EF 的长度可以用变化的平均
值代替，由于运动过程中的变化是均匀的，所以这个平均值就等于最大值与最小
值的算术平均值，也就是 $\frac{AB+CD}{2}$。这样就可以得到梯形面积的计算方法是上
底与下底长度的平均值与高的乘积。

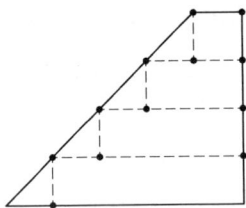

图 7-16   "均匀变化"示意图

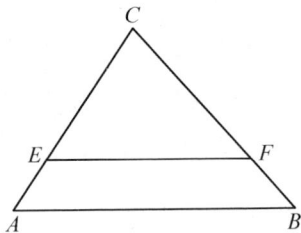

图 7-17   "运动生成三角形"示意图

三角形实质上是梯形的一种特殊情况，也就是运动的线段 EF 自下而上地运
动过程中，其长度缩短为一个点 C 时停止了运动（如图 7-17 所示）。

这样上底的长度就是 0，因此上底和下底的平均值就是三角形底边长度的二

分之一。因此三角形面积公式就是底边长度的二分之一与高的乘积。

总之，梯形和三角形可以统一看作是长度均匀变化的线段沿着一个确定的方向平移运动留下的轨迹，其面积等于运动线段起始位置的长度与终止位置长度的平均值与移动距离的乘积，与平行四边形类似，移动距离指的是两条平行线之间的垂直距离。

三、圆及其面积的认识

用运动的眼光看圆，可以是一条固定长度的直线段（半径）围绕线段的一个端点（圆心）旋转运动一周所留下的轨迹（如图 7-18 所示）。

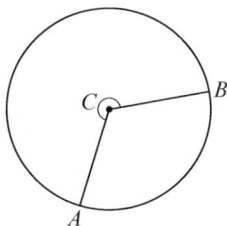

图 7-18　"运动形成圆"示意图　　　图 7-19　"旋转距离差异"示意图

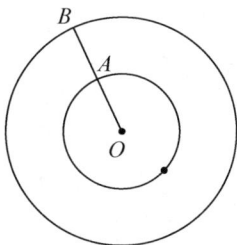

与前面几个图形形成过程的区别在于，线段的运动方式不是平移运动，而是旋转运动。与平移运动不同，一条线段绕其端点旋转的过程中，线段上每两个点旋转所经过的距离都是不一样的。比如图 7-19 中，运动线段 OB 上的 B 点和 A 点旋转出来的两个圆周长就是不一样的。

对圆有了这样的认识，仍然可以仿照前面利用运动线段的长度与运动距离的乘积得到圆的面积公式。这里运动线段的长度就是圆的半径（用字母 r 表示），由于运动线段上不同的点旋转运动的距离不一样，仿照前面三角形的方法取其平均值，最长的运动距离是 $2\pi r$（图 7-19 中 B 点的旋转周长），最短的运动距离是 0（图 7-19 中 O 点），平均值为：

$$(2\pi r + 0) \div 2 = \pi r$$

因此圆的面积就是运动线段的长度 r 与运动距离的平均值 πr 的乘积，也就是：

$$\pi r \times r = \pi r^2$$

　　用运动的眼光还有另外一种方式看圆面的形成，即把圆面看成是一个圆周连续不断地缩小为圆心过程中所留下的轨迹(如图 7-20 所示)。

　　这样的运动过程类似于平移运动，圆周上每一个点都是沿着直线运动，运动的距离就是半径的长度 r。与前面三角形的情况类似，圆周长度在运动过程中连续、均匀地变化(缩小)。仿照前面三角形的情况，用

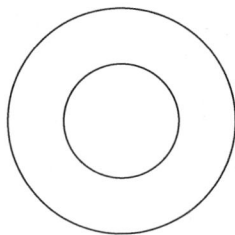

图 7-20　"圆周缩小形成圆心"示意图

圆周长度的平均值 $\dfrac{2\pi r+0}{2}$ 乘以运动距离 r，就得到圆的面积公式 πr^2。

四、体的认识

　　前面讨论的图形都是平面图形，用运动的眼光看表现为运动的"线"所留下的轨迹成为"面"，可以概括为"线动成面"。其面积公式可以认为是"线"的长度与"运动距离"的乘积。用类似于此的方式看待立体图形，则表现为运动的"面"所留下的轨迹成为"体"，也即"面动成体"。比如长方体就可以看作是一个长方形沿着垂直于自身的方向平移运动所留下的轨迹(如图 7-21 所示)。

　　仿照"线动成面"的方法，长方体的体积显然由运动长方形的面积以及平移运动的距离决定。如果用字母 a 和字母 b 分别表示运动长方形 $ABCD$ 的长和宽，

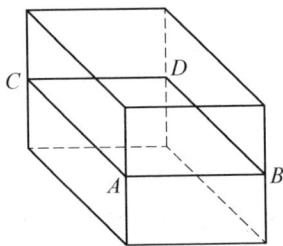

图 7-21　"面动成体"示意图

那么其面积就是 $a\times b$。用字母 c 表示从起始位置运动到终止位置的距离，那么长方体的体积就是 $a\times b\times c$，与长方形面积的认识方式实质上是一样的。同样的方法也可以用于圆柱体积的认识，如果把一个圆柱看成是一个运动的圆沿着垂直于自身的方向平移运动的轨迹，那么圆柱的体积实质上就是这个圆的面积与运动距离的乘积，这个运动距离就是圆柱的高。

　　在小学数学六年级学习的立体图形中，圆锥具有与前面图形不同的特殊性。用运动的眼光看，可以是一个不断缩小的圆，直到缩小为一点所留下的轨迹；也可以是一个直角三角形(图 7-22 中三角形 ABO)绕一条直角边旋转一周所留下的

轨迹。

　　按照前面梯形和三角形的思路,圆锥体积应当是底面积 πr^2 的二分之一与运动距离 h 的乘积 $\frac{1}{2}\pi r^2 h$。而实际并非如此,圆锥体积公式是 $\frac{1}{3}\pi r^2 h$。其原因在于自下而上运动的圆的面积的变化不是前面所说的均匀变化,也就是在运动距离相同的情况下,圆面积缩小的部分是不相同的。比如下面的一列数:

$$1,4,9,16,25$$

　　从第一项变化到第二项,增加了 3;从第二项变化到第三项增加了 5;从第三项变化到第四项增加了 7,等等。这样一组数的平均值 $\frac{1+4+9+16+25}{5}(=11)$ 与其中最小数与最大数的平均值 $\frac{1+25}{2}(=13)$ 就不相等了。

图 7-22　"圆锥形成"
示意图

五、运动的眼光与基本思想

　　点、线、面、体是构成一切几何图形的基本元素。明代学者徐光启与意大利传教士利玛窦合作翻译古希腊欧几里得的《几何原本》开篇词中,用如下的语言描述了点、线、面、体之间的关系:"凡论几何先从一点起,自点引之为线,线展为面,面积为体。"这番话体现了点与线、线与面、面与体之间的因果关系,也就是线是因点而产生的,面是因线而产生的,体是因面而产生的。与前面论及的"线动成面"和"面动成体"是一脉相承的。

　　辩证唯物主义方法论认为事物是不会孤立存在的,一定与周围其他事物有一定的联系,这种联系常常表现为相互依赖与制约。[①] 运动的眼光实际上就是沟通了不同形体之间的这种依赖与制约的联系,也就是通常所说的有机联系。因此用运动的眼光认识几何形体,可以渗透辩证唯物主义"普遍联系"的方法论思想。

　　另外,不同图形的面积公式和体积公式,孤立地看表现形式互不相同。运动的眼光可以发现其中的共性,进而形成统一的认识。如果把前面所说的"线动成

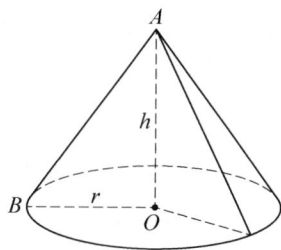

---

① 艾思奇.大众哲学[M].北京:中国社会出版社,2000:107.

面"和"面动成体"统一说成"A 动成 B"，面积和体积统一说成"度量"，那么前面所有的面积和体积公式都可以统一说成：A 的度量的平均值与运动距离平均值的乘积等于 B 的度量。因此普遍联系思想的另外一个含义是"异中求同"，也就是发现表面看不同事物之间的内在联系，把这种内在联系挖掘出来，就成为了更具普遍意义的一般规律。这种普遍规律在微积分中就成为了"积分中值定理"。

我国 20 世纪的数学教育家许莼舫先生曾经说过，初学的人往往把几何图形看成静止的、固定的，而不容易体会到表面上是静止、固定的几何图形，也可以代表运动的观念。运动与静止是互相对立的一对矛盾，辩证唯物主义关于对立统一的观点认为矛盾的双方在一定条件下是可以相互转化的。比如一条线段，静态地看是无数个点聚集而成的。如果改变这种眼光，也可以看成是一个运动的点平移运动过程中所留下的轨迹，因此看待几何图形的眼光就成为了运动与静止这一对矛盾相互转化条件，几何形体实质上是运动与静止这一对矛盾的统一体。由此可见，在数学课程与教学中引导学生用运动的眼光看几何图形，还可以渗透辩证唯物主义对立统一的基本思想。

注重在数学课程与教学中渗透思想方法是我国数学教育的传统，《课标（2011年版）》更是把"基本思想"列入了数学课程总目标。因此开展对数学课程内容中基本思想内涵和外延的研究十分必要。一个基本观点是，数学课程内容中所蕴含的基本思想应当是无数前人大师在数学研究实践中产生的无数想法凝练出来的，具有多样性、复杂性和隐蔽性。不可能用几个诸如抽象、模型、推理这样的词汇全部概括出来。数学课程内容中蕴含的基本思想是一个无尽的宝藏，需要点点滴滴地开掘和积累。

第三节　直观和经验不可靠

小学六年级数学课程中有"圆锥体积"的教学内容。教学中通常是用实验的方法得到"圆锥体积是等底等高的圆柱体积的三分之一"这一结论。学生在学习这一内容时，经常会出现一个疑惑："既然圆柱和圆锥分别是由长方形和直角三角形围绕一条边旋转而成，旋转前三角形的面积是长方形面积的二分之一，那么旋转后的体积为什么不是二分之一，而是三分之一了呢？"（如图 7-23 所示）。

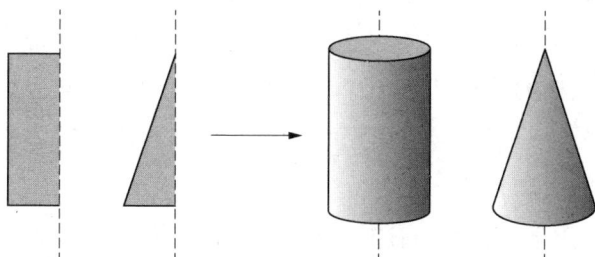

图 7 - 23　长方形和三角形旋转形成
圆柱和圆锥示意图

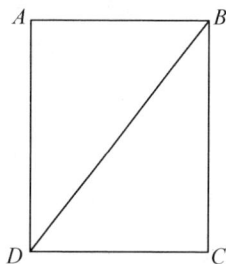

图 7 - 24　旋转前长方形和三
角形的面积示意图

　　可以把这个问题换一个说法,用对角线 BD 把旋转前的长方形 $ABCD$ 分割为两个面积大小相等的直角三角形(如图 7 - 24 所示),当这个长方形围绕 BC 边旋转一周后,两个面积相等的三角形 ABD 和 BCD 旋转出来的立体图形的体积为什么不相等了呢?

一、初步的解释

　　这个疑惑应当说是自然合理的,与对因果关系的认识有关。旋转前平面图形面积的大小是制约旋转后体积大小的一个原因,但是不是唯一的原因呢? 可以用一个更加简单的例子说明这个问题。

　　设想一个点围绕一条直线旋转一周得到一个圆。这个点到这条旋转轴的垂直距离(也就是旋转后圆的半径)是 3 cm,那么转出的圆的周长就是 6π。如果把这个距离改为 4 cm,那么圆的周长就是 8π。同样的一个点,因为与旋转轴的距离不同,使得旋转后圆的周长就不同了(如图 7 - 25 所示)。由此可以想到对于旋转体来说,旋转后的体积不仅与旋转前的面积有关,还与这个旋转面到旋转轴的距离有关。[①]

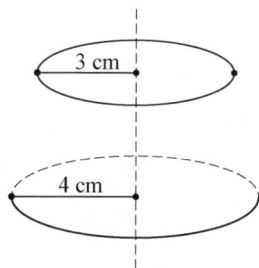

图 7 - 25　由一点绕一直线
旋转一周示意图

　　如果把旋转后的体积看作因果关系的结果,那么这个结果的产生不是一个原因,至少有两个原因。假设图 7 - 24 长方形的 BC 边长度为 5 cm, AB 边的长度

---

① 关于什么是"旋转面到旋转轴的距离",后面将有解释。

为 3 cm。首先设想这个长方形围绕 AB 边旋转一周得到一个圆柱,那么不难计算出这个圆柱的体积是 75π。再设想图 7 - 24 中长方形 ABCD 围绕 BC 边旋转一周也得到一个圆柱,计算出这个圆柱的体积是 45π。同样的长方形,围绕不同边旋转出来的圆柱体积不同,这就充分说明了旋转前面积的大小不是制约旋转后体积大小的唯一原因,还与到旋转轴的距离有关。

数学家帕普斯在其所著的《数学汇编》一书中记载了这样一条定理:"如果一个平面封闭图形绕该图形之外,且在同一平面内的一直线旋转一周,则旋转体的体积等于初始面的面积乘以旋转面重心所转过的圆周长度。"[1]这一定理显示出,旋转体的体积是如下两个量的乘积:第一是旋转前的面积;第二是旋转面的重心旋转的圆周长度。圆周长度是由半径的长度决定的,因此可以说旋转体的体积的大小由旋转面的面积和旋转面重心到旋转轴的距离这样两个因素决定。

这里所说的平面图形的重心,是一个物理学中的概念。在数学中对于抽象的平面图形,都假设质量分布是均匀的。对于中心对称的平面图形来说,重心就与对称中心重合。比如一条线段的重心就位于这条线段的中点;对一个长方形来说,重心位于两条对角线的交点;对于圆来说,重心就位于圆心。这个概念的重要性在于"以点带面",就是用点带动面或代替面。

前面说到旋转体的体积不仅与旋转前的面积有关,还与旋转面到旋转轴的距离有关。如何理解"面"到一条直线的距离,这时就需要利用重心到旋转轴的距离来代替这个面到旋转轴的距离。以前面图 7 - 24 中长方形为例($AB = 3$,$BC = 5$),重心到 BC 边的距离 1.5 cm,到 AB 边的距离为 2.5 cm。如果这个长方形围绕 BC 边旋转,那么帕普斯定理中所说的重心所旋转的圆周长度就是"$2 \times 1.5 \times \pi = 3\pi$",长方形面积是"$3 \times 5 = 15$"。依据帕普斯定理,旋转后圆柱的体积就是"$3\pi \times 15 = 45\pi$",与前面计算的结果是一致的。如果这个长方形围绕 AB 边旋转,同样得到旋转后的圆柱体积为:($2 \times 2.5 \times \pi$)$\times$(3×5)$= 75\pi$。两个答案不一样的原因就是重心到旋转轴的距离不一样。下面再来看三角形的情况。

---

[1] 帕普斯的著作中并没有给出这个定理的证明,关于定理的证明可以参见郜舒竹,徐春华.对旋转体体积的再认知[J].数学通报,2005(01):54—57。

二、三角形的重心①

把圆锥看作是由直角三角形围绕一条直角边旋转而成。为了应用帕普斯定理，就需要知道三角形的重心位置。这个问题要复杂一些，因为任意三角形不是中心对称的图形。不难想象重心应当具有一种对称性。在图7-26的三角形 ABC 中，D 点是 BC 边的中点，E 点是 AC 边的中点。从三角形的顶点到对边中点的连线叫作三角形的中线。图中的 AD 和 BE 都是三角形 ABC 的中线。

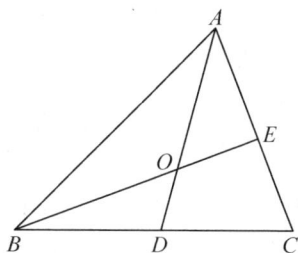

图 7-26　三角形 ABC "重心"示意图

根据"等底等高，则面积相等"可以知道，AD 线段把大三角形 ABC 分割成的两个三角形 ABD 和 ADC 面积相等。重心的对称性指的是，这时三角形 ABC 的重心应当位于 AD 这条中线上。同样道理可以知道这个重心还应当位于 BE 线段上。既然重心同时位于两条相交的线段上，那么交点 O 一定是重心所在位置。为了后面求重心到旋转轴的距离，还需要把这个位置量化，也就是还需要知道 O 点在 AD 和 BE 线段上的具体位置。

首先，由于三角形 ADC 和 BCE 的面积都是大三角形 ABC 面积的一半，所以二者面积相等。把这两个三角形同时去掉公共部分（四边形 $OECD$），就可以知道三角形 AOE 和三角形 OBD 面积相等。同样方法还可以知道三角形 ABO 和四边形 $OECD$ 面积相等。下面再来看看三角形 OBD 与其相邻的四边形 $OECD$ 的面积是什么关系？为了便于比较，连接 O 点和 C 点，把四边形分割为两个三角形 ODC 和 OEC（如图 7-27 所示）。

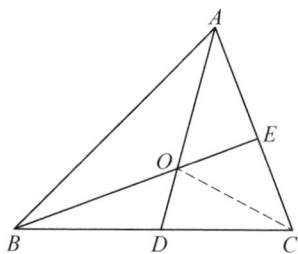

图 7-27　三角形 ABC 添加辅助线 OC 示意图

这样就立刻发现三角形 ODC 与邻近的三角形 OBD 面积相等，三角形 OEC 与邻近的三角形 AOE 面积相等。联系刚才的结果就可以知道下面两个关系，三

角形 ABO 的面积等于三角形 AOE 面积的 2 倍,也等于三角形 BOD 面积的 2 倍。由此就可以知道线段 BO 的长度是线段 OE 长度的 2 倍,同样线段 AO 的长度是线段 OD 长度的 2 倍。现在就知道三角形重心的具体位置了,可以概括为两句话描述这个位置:

- 任意三角形的重心是三条中线的交点。
- 任意三角形的重心位于每一条中线靠近底边的三等分点处。

三、疑惑的解释

下面就可以利用帕普斯定理来解释前面的疑惑了。在前面长方形中添加上对角线 AC,三角形 ABD 的中线 DF 和三角形 BDC 的中线 BE(如图 7 - 28 所示)。

这样就分别找到了三角形 BCD 的重心 N 和三角形 ABD 的重心 M。重心 N 到旋转轴 BC 的距离是线段 NH 的长度,重心 M 到旋转轴 BC 的距离为线段 MG 的长度。从图 7 - 28 中明显看出这两个距离是不一样的。根据帕普斯定理,虽然长方形对角线 BD 分割出来的两个三角形 ABD 和 BDC 的面积相等,旋转后的体积一定是不一样的。

利用一点初中"相似三角形对应边成比例"的知识可以知道,线段 NH 的长度是 AB 长度的 $\frac{1}{3}$,线段 MG 的长度是 AB 长度的 $\frac{2}{3}$,因此三角形 ABD 的重

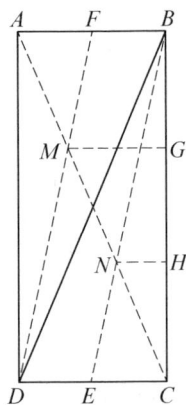

图 7 - 28   三角形 ABC 旋转前示意图

心到旋转轴的距离就是三角形 BDC 重心到旋转轴距离的 2 倍。这样就可以解释为什么圆锥体积是等底等高圆柱体积的三分之一了。由于任意一个圆的圆周长度与这个圆的半径成正比例,因此三角形 ABD 的重心旋转的圆周长度就是三角形 BDC 的重心旋转的圆周长度的 2 倍。两个三角形面积相等,重心的旋转半径是 2 倍关系,根据帕普斯定理,三角形 ABD 旋转出来的体积就是三角形 BDC 旋转出来的体积的 2 倍。所以,长方形 $ABCD$ 旋转出来圆柱的体积就是三角形 BDC 旋转出来圆锥体积的 3 倍,反过来说圆锥体积就是圆柱体积的三分之一。至此,不仅解释了"为何不是二分之一"的问题,还解释了"为何是三分之一"。

从某种意义上说,数学是一门研究"关系"的学问。比如说,认识自然数"2",实际上就是认识它与"1"的关系。所谓长方形面积公式实际上就是表达长方形的面积与边的关系。一般来说,关系分为两大类。第一类叫作"相合与相离"的关系,概念的种属关系就属于这一类。第二类叫作"依赖与制约"的关系,因果关系就属于这一类。在研究因果关系的时候,往往有两种思路,一种是通过原因寻找结果,叫作"执因寻果";另一种是通过结果寻找原因,叫作"执果寻因"。比如对于一个正方形,如果把利用边长求周长叫作"执因寻果",那么知道周长求边长就是"执果寻因",这两个问题都是不难解决的,原因在于这是一个"一因一果"的问题。对于长方形来说,如果已知长方形的长和宽,那么可以求出周长。反过来,如果知道长方形的周长,要想求出这个长方形的长和宽,就会出现多种答案的不确定现象,因为这是一个"二因一果"的问题。本文中讨论的圆锥体积实质上也是二因一果的问题。这里试图全面解释"不是二分之一,而是三分之一"的问题。教学中还要结合学生的接受水平,适时、适度地予以讲解。

第四节　数学课程与教学中的归纳推理

如今的数学教学倡导从具体的实际问题出发,逐步引发学生数学知识的学习。这一过程实际上就是归纳推理的过程。从逻辑的角度说,归纳(induction)推理指的是人依据自身的意愿、经验和当前感知,从事实(fact)到推论(inference)的思维方式。这里的"事实"指的是个别的、可感知的事物;"推论"指的是人根据事实所推理出来的判断,也就是对事物肯定或否定的结论。归纳推理相对于演绎推理来说具有不确定性,或者叫作或然性。这种不确定性指的是由于人的意愿、经验和感知方式的差异所导致结论的多样性和可误性。换句话说,归纳推理具有"不可靠"的特征。

数学教育倡导运用归纳推理,是为了培养学生"发现"与"推断"的智慧。[①] 与此同时,应当特别注意到归纳推理不确定性可能导致的风险。这种风险主要体现于归纳的片面、跳跃和错位等方面。

---

① 王瑾,史宁中,史亮,等.中小学数学中的归纳推理:教育价值、教材设计与教学实施——数学教育热点问题系列访谈之六[J].课程·教材·教法,2011(02):58—63.

一、归纳推理三步曲

归纳推理的过程大致来说可以分为三个阶段。第一个阶段是对观察到的事实进行描述,描述的目的是为了使得归纳推理所依据的事实更加清晰,采取的方法通常是分类、画图、列表等;第二个阶段是依据对事实的描述进行解释,就是寻求影响事实潜在的因素;第三个阶段是依据对事实的描述和解释形成结论,这里所说的结论通常是一种具有普遍意义的判断,也可能是对未来发展趋势的预测。下面用一则真实的"怪洞之谜"作进一步的说明。

某山区的一位牧羊人发现一个山洞。他带着猎狗走进山洞时,走不多远狗就瘫倒在地,挣扎几下就死掉了,而牧羊人自己却安然无恙。怪洞之谜的消息传开,引起了科学家研究的兴趣。科学家在实地考察时用更多种类的动物进行试验,发现了这样一些现象:

- 类似于狗、猫、老鼠这样的小动物,进入洞内都会死亡。
- 人在洞里不会死亡。
- 像马、牛、骡、驴这样的大牲畜,在洞里不会死亡。

像上面这样的过程,就属于归纳推理中对事实的描述阶段。描述事实有两个要素,第一是要客观真实,不是主观臆想,任何人都要承认的。第二是对多种事实进行分类,为后面的解释和判断提供方便。有了事实的描述,接下来就进入解释阶段。

解释通常是从问题的思考开始的。都是动物,为什么有的死亡,有的不死亡呢? 针对这个问题,科学家开始了如下的思考,进入洞内死亡的狗、猫、老鼠等,虽然是不同的动物,但它们有一个共同的特点,就是"小";进入洞内不死亡的人、马、牛、骡、驴也有一个共同的特点,就是"大"。因此可以得到初步的结论,就是进入洞中小动物会死亡,大动物不会死亡。这一初步的结论并没有回答前面"为什么"的问题,而是进一步明确了前面对事实的描述。

下面需要解释的问题是:为什么"小"就死亡,"大"就不死亡呢? 通过进一步的考察发现,这个岩洞的地下会冒出二氧化碳气体,因为二氧化碳气体比空气的比重大,洞内又不通风,所以二氧化碳气体都沉积在地面附近,靠近地面附近就没有氧气了。小动物的头部距离地面较近,吸不到氧气,当然就会死亡了。而头部离地面较远的人和大牲畜,仍然可以呼吸到氧气,因而不会死亡。至此,就完成了

"怪洞之谜"的解释过程。

　　根据这样的解释,就可以得到对于生物学和地质学研究十分有用的结论,凡是地下会冒出二氧化碳气体的山洞,都不会有小动物存在。当然,对于科学家来说还会据此进一步去探究更多的问题。比如,是不是所有的山洞地下都会冒出二氧化碳气体? 如果不是,什么样的山洞地下会冒出二氧化碳气体? 等等。

　　归纳推理的过程包含了三个关键词,第一是事实,第二是解释,第三是判断。解释是以事实为依据的,判断是以解释为基础的。在数学教学中运用类似这样的过程,可以帮助学生了解数学知识发生与发展的过程,同时可以经历并习得科学研究的过程与方法。应当注意的是要尽量避免归纳推理可能出现的一些问题。

二、片面的归纳

　　片面的归纳指的是依据局部的事实得到局部的结论,这样的结论的适应范围过于狭隘。在低年级小学数学课程有"认识钟表"这一内容。在教学中发现,当教师引导学生认识了"1 时半""2 时半"和"3 时半"后,学生可以正确归纳出"4 时半"(如图 7 - 29 -(1)所示)等位于钟表右侧的"几时半"的读法。但此时当教师出示"7 时半"(如图 7 - 29 -(2)所示)让学生说出时间时,学生通常会误认为是"8 时半"。

图 7 - 29　人教版小学数学教科书"认识钟表"钟表示意图

　　这里反映出学生在进行归纳推理时经常出现的一种片面性。在感知"1 时半""2 时半"等钟面右侧的时间时,学生依据自身的空间观念已经不自觉地归纳出这样的结论:"当分针指向 6,时针指向几的下面,就是几时半。"比如"4 时半"(如图 7 - 29 -(1)所示),就是分针指向 6,时针指向 4 的下面。依据这一结论,自然而然地推论出"当分针指向 6,时针指向 8 的下面时,就是 8 时半"。这就显示出,学生在钟面右侧归纳出来的结论具有片面性,不适用于钟面的左侧。另外一种可能是对称性的影响,学生在潜意识中认为,钟面左右对称位置的"几时半"的读法应当是一样的,如果模仿"4 时半"的读法,"7 时半"就应当读作"8 时半"了。

　　低龄儿童关于"方向"的经验多为直线型的,即左右、前后、上下等。在认识

"几时半"的时候,如果首先从钟面右侧的感知环境开始,那么先入为主的感知都是"从上向下"的读法,学生不自觉的归纳推理就在潜意识中把"从上向下"当作了"普遍规律",并将之用于钟面左侧时间的读法了。因此可以说学生运用归纳推理的时候,会受到已有经验和当前感知环境的影响。在小学数学中类似的情况还有很多,比如三角形底和高的认识。学生经常会在潜意识中有这样的认识:"三角形的底一定在下面"以及"高一定在三角形内部",等等。

由此给教学带来的启示是,如果教师运用归纳推理进行教学,首先要了解学生相关的已有经验,由此分析学生在归纳推理过程中可能出现的困难和问题。在钟表的认识中,对于低龄儿童首先应当认识的是"旋转"的方向与"平移"的方向是不同的。因此教学之初不应当是认识"几时"和"几时半",而首先应当是直观感知指针的运动方式。通过观察、手势、拨指针等活动,感知到时针和分针的运动方向是一样的,但运动的快慢是不一样的。教学的第二步应当是建立指针运动过程中"顺序"的概念,通过类似于前面的活动方式让学生感知到指针运动的先后。比如,指向"8时"的状态应当在指向"7时半"状态的后面出现,指向"7时半"的状态应当在指向"8时"状态的前面出现等。有了这样的经验作为基础,就可以开始具体时间的认识了。

运用归纳推理进行教学应当特别注意全面地创设感知环境。比如,图7-29中左图"4时半"与右图"7时半"两个时刻,从直观上看具有对称性。学生容易运用归纳推理或类比推理得到时间读法一样的结论。认识到这一点,就可以安排一个教学环节,将图7-29中左右两个图同时展示给学生进行对比观察,组织学生讨论这两个时刻的区别与联系。

三、跳跃的归纳

归纳推理的过程是有层次的,往往是先得到初步的结论,而后逐步过渡到最后的结论。所谓跳跃的归纳指的是归纳推理过程中所得到的一系列结论出现了混淆,推理过程中不自觉地出现了跳跃。以"三角形内角和"这一教学内容为例,"平面上所有三角形内角和等于180度"这一结论,通常是通过测量、剪拼或分割长方形等方式进行归纳的,其特点都是从"特例"入手。值得注意的是,从特例入手并不能直接归纳出"平面上所有三角形"都具有这个属性。比如运用测量的方法,通常是给学生一个三角形纸片,学生用量角器量出每个角的度数,然后相加。

按这样的方式无论测量多少个三角形（假设所有测量都是准确的），所能够得到的结论是："平面上存在三角形，其内角和等于 180 度。"并不能直接"跳跃"地推理出所有三角形都具有这一属性。

在数学中关乎"存在"和"所有"的命题，其层次是不同的。比如，可以说"偶数中存在 4 的倍数"，但不能说"所有偶数都是 4 的倍数"，因为偶数中也存在不是 4 的倍数的数。换个说法就是全体偶数包含着全体 4 的倍数的同时，也包含着不是 4 的倍数的数，是一个更大的范围。因此，如果知道一个数是 4 的倍数，可以推出这个数是偶数；但反过来，从一个数是偶数就不能推断出它是 4 的倍数。"存在"意味着"有"，但不是"所有"；而"所有"意味着"无一例外"。由此可以知道"存在三角形"和"所有三角形"相应的命题也是有层次差异的。在数学中把前者叫作比后者弱的命题，后者叫作比前者强的命题。

归纳推理的特征是从具体特例入手，无论特例有多少，在无限的范围内也不可能穷尽。不同形状、大小的三角形有无限多，因此通过特例归纳出"所有三角形内角和都等于 180 度"这样的命题，从逻辑上说就是一件非常困难的事情。这个时候，通常可以采取两个办法。

"平面上所有三角形内角和等于 180 度"这个命题实质上是两个命题复合而成的。第一个命题是"平面上所有三角形内角和都是相等的"；第二个命题是"这个相等的和等于 180 度"。按照这样的理解，教学第一步就可以通过各种类型三角形对应内角的比较，让学生感受到"如果有角缩小，就会有角增大；如果有角增大，就会有角缩小"。在这个基础上可以相信，任意两个三角形的三个内角和是相等的。之后再利用测量的方法，量出一个特殊三角形的三个内角的度数，而后相加得到这个特殊三角形的内角和等于 180 度。这样就可以运用如下演绎推理得到结论了。

因为：平面上所有三角形内角和都相等；

又因为：存在三个内角和等于 180 度的三角形；

所以：平面上所有三角形内角和等于 180 度。

第二个方法是任意取出一个三角形作为"代表"进行研究，研究的过程中不能够利用这个"代表"所特有的属性，只利用所有三角形共有的属性。在数学语言的表述中通常说"任取一个三角形"，就是任意取出一个三角形的意思。虽然是一个三角形，但由于是"任取"的，所以它实际上代表了每一个三角形，它所具有的属性,自然就是所有三角形都具有的了。这个时候不能够使用测量的方法,因为测量的方法要量出这个三角形的各个内角的度数,也就是用到了这个三角形特有的属性,即每个内角的度数了。如果用剪拼的方法,首先让学生体会到手里的三角形纸片是任意取出的,而后剪下三个内角进行拼接观察,而后归纳出"任意三角形的内角和都是 180 度",从逻辑上是说得通的。因此在用剪拼的方法进行教学时,应当首先让学生感受到自己手里三角形的任意性。

四、错位的归纳

错位的归纳与前面跳跃的归纳有类似之处,指的是依据事实所直接得出的结论与期望的结论虽有联系,但并不一致。在"3 的整除特征"教学中,通常的程序是给出一个能被 3 整除的数,比如"123"。然后观察各个数位上数字和的特征,发现这个数字和也能被 3 整除,比如"1+2+3=6"能被 3 整除。因此归纳出结论:"如果一个整数各个数位上数字之和能被 3 整除,那么这个数就能被 3 整除。"接下来就利用这个结论去判断一个数是否为 3 的倍数了。事实上,从前面的推理过程能够得到的结论是:"如果一个数能被 3 整除,那么这个数的各个数位上的数字之和能被 3 整除。"与"如果一个整数各个数位上数字之和能被 3 整除,那么这个数就能被 3 整除。"并不是同样的结论。

在数学中,一个逻辑判断也叫作命题或定理。通常表述为:"如果 A 成立,那么 B 成立。"其中的"A 成立"叫作命题的条件,"B 成立"叫作这个命题的"结论"。如果把条件和结论互换位置,就是:"如果 B 成立,那么 A 成立。"就得到一个新的命题,叫作原来命题的逆命题。如果用 A 表示"一个整数能被 3 整除",用 B 表示"各个数位上的数字之和能被 3 整除",那么前面的推理过程得到的结论应当是"如果 A 成立,那么 B 成立",而不是"如果 B 成立,那么 A 成立"。二者是互逆关系。

一般来说,一个命题与其逆命题并不是自然等价的,按照逻辑术语来说二者并不是同真或同假的。比如命题:"如果一个整数能被 4 整除,那么这个数是偶数"是正确的,也就是真的。但其逆命题:"如果一个数是偶数,那么这个数能被 4 整除"就是错误的,也就是假的。像"6"这样的偶数就不能够被 4 整除。在数学中,任何一个命题都可以通过改变条件和结论的位置,得到原命题、逆命题、否命题和逆否命题四种形式。

- 原命题：如果 A 成立，那么 B 成立。
- 逆命题：如果 B 成立，那么 A 成立。
- 否命题：如果 A 不成立，那么 B 不成立。
- 逆否命题：如果 B 不成立，那么 A 不成立。

其中的原命题与其逆否命题是等价的，也就是同真或同假的；原命题的逆命题与否命题是等价的。比如，命题："如果一个整数能被 4 整除，那么这个数是偶数。"是真的，那么其逆否命题："如果一个数不是偶数，那么它一定不能被 4 整除。"也一定是真的。原命题的逆命题："如果一个数是偶数，那么这个数能被 4 整除。"是假的，原命题的否命题："如果一个数不能被 4 整除，那么这个数一定不是偶数。"也一定是假的。

如果一个命题与它的逆命题都为真，这时就意味着这个命题的四种形式都是真的。前面"3 的整除特征"的命题就是如此。就是说下面四个命题都是真的。

- 如果一个整数各个数位上数字之和能被 3 整除，那么这个数就能被 3 整除。
- 如果一个整数能被 3 整除，那么其各个数位上数字之和能被 3 整除。
- 如果一个整数各个数位上数字之和不能被 3 整除，那么这个数就不能被 3 整除。
- 如果一个整数不能被 3 整除，那么其各个数位上数字之和就不能被 3 整除。

这个时候，就把"各个数位数字之和能被 3 整除"叫作这个整数"能被 3 整除"的充分必要条件。尽管如此，教学中也不应当把这些命题混为一谈。当学生通过具体实例归纳出："如果一个数能被 3 整除，那么这个数各个数位上数字之和能被 3 整除。"这一命题后，应当进一步提出类似于"反过来对吗？"这样的问题让学生思考讨论，其实就是在渗透命题之间逻辑关系的知识，对培养学生的逻辑思维能力会有所裨益的。

在小学数学中，还有一些容易混淆的类似问题。在"圆锥体积"的教学中，经常听到这样的说法："如果圆锥和圆柱的体积具有三分之一的倍数关系，那么他们一定等底等高。"这个命题实际上是不正确的，比如一个圆柱底面积是 4，高是 6；一个圆锥底面积 8，高是 3。那么这个圆锥体积就是圆柱体积的三分之一，但底和高都不相等。正确的命题应当叙述为："如果一个圆锥和一个圆柱等底等高，那么圆锥体积是圆柱体积的三分之一。"相当于是前者的逆命题。

诸如此类错误的说法还有："要想知道平行四边形的面积，就必须知道它的底和高。"

这个结论或许会使学生形成这样一个思维定势：只要遇到求平行四边形面积的问题，就必须先求这个平行四边形的底和高。如果求不出底和高，自然就求不出平行四边形的面积。这样一来学生在以后遇到下面这样的问题，也就无从下手了。

例题 7 - 1

问题：在图 7 - 30 中，三角形 ABE 的面积为 24 平方厘米，求平行四边形 ABCD 的面积。

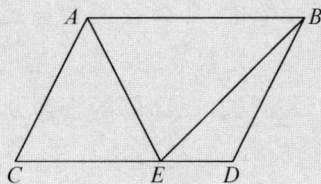

图 7 - 30   平行四边形示意图

"平行四边形的面积"一课的教学，是教给学生一个平行四边形中"底、高、面积"三者的关系，即：平行四边形的面积等于这个平行四边形底和高的乘积。而这个关系可以得到的结论是：如果已知一个平行四边形"底、高、面积"三者之中的任意两个，就可以求出第三个，当然也就包括：

如果已知一个平行四边形的底和高，则可以得到这个平行四边形的面积。

这个结论意味着已知底和高是求出相应平行四边形面积的途径之一，但决不意味着是唯一途径。事实上，能用公式求出面积的平面图形是很少的，更一般的方法是寻求图形之间的关系。

从逻辑推理的角度看，一个命题与它的逆否命题是等价的，它的逆命题与它的否命题是等价的，但命题与它的逆命题和否命题是不等价的。这就是说，一个真命题的逆命题和否命题未必是真的。根据平行四边形面积公式，可以知道命题：

如果"已知一个平行四边形的底和高，则可以得到这个平行四边形的面积"是真的。其逆命题和否命题分别是：

逆命题：要想求出一个平行四边形的面积，就必须知道这个平行四边形的底和高。

否命题：如果不知道平行四边形的底和高，就无法求出这个平行四边形的面积。

显然教师总结的结论是本节课所得到的结论的逆命题和否命题,与原命题并不等价。其实平行四边形面积公式:

$$面积 = 底 \times 高$$

是一个函数关系。而函数关系所体现的对应关系是一种"多对一"的关系,就是说确定了底和高,则面积确定;但反过来,确定了面积,并不能确定底和高。

如果教师在教学平行四边形的面积公式之后,提出如下问题供学生思考,也许会得到更好的效果:

- 如果两个平行四边形等底等高,则可以得到什么结论?(答:这两个平行四边形面积相等。)
- 如果两个平行四边形面积相等,则可以得到什么结论?(答:只能说这两个平行四边形的底和高的乘积相等,但无法确定底和高的对应关系。)

任何教学方法的顺利实施,都依赖于教师在课堂上的教学语言。教师在课堂上的每一句话都或多或少地对学生产生着影响。因此,教师无论具备了多么先进的教育思想,采用了多么先进的教学方法,都应该慎重地对待课堂上教学语言的设计,特别是"提问"式和"结论"式的语言,一定做到"符合逻辑"。

第五节 "小数乘法"的起点在哪

"小数乘法"作为小学数学课程内容,通常安排在五年级第一学期的第一单元。课程内容主要包括:竖式算法、乘积取近似数、应用运算律简便计算以及在实际情境中的应用。其中对于竖式算法的介绍,是将小数转化为整数,通过整数竖式计算的方法计算小数乘法。这样的安排试图将整数乘法的方法直接应用于小数乘法运算。

这样安排的问题在于,两个小数相乘已经失去了"相同加数求和"的含义。对于一个算式,如果仅知道怎样算,不知道何时这样算,显然是计算教学的缺失。因此,学习小数乘法的起点不应当是怎样算的问题,而是如何理解两个小数相乘的过程。

一、"乘"的本质是放缩

把两数相乘的过程视为相同加数求和,或者简称为"重复加"(repeated

addition),是认识乘法运算的初步阶段,这样的认识是以"数数"(音：shǔ shù；英：counting)的活动为基础的。比如,某商品每千克3.5元,如果买 3 千克,需要多少元? 实际就是求"3 个 3.5 等于多少",数数的思考过程可以用图7-31表示。

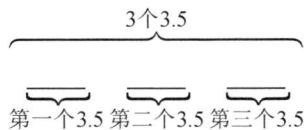

图 7-31 "3 个 3.5"直观示意图

用加法算式表示出来就是:

$$3.5+3.5+3.5$$

由于重复加法可以表示为乘法,因此 3 个 3.5 可以写为乘法算式"3.5×3"。像这样将两数相乘的运算过程看作重复加,在两个因数都是小数的情况下,就无法解释其含义了。比如,某商品每千克 3.5 元,如果买 0.5 千克,需要多少元?

这时列出的算式"3.5×0.5",就没有重复加的过程。因此在学习小数乘法之前,首先需要拓展对两个数相乘意义的理解。

事实上,题目中出现了两类不同的"变量"(variable),分别是"质量"(capacity)和"价格"(price),二者具有"协变"(covariation)的关系,也就是相互依赖、协同变化的关系。其中的变化,可能是变大,也可能是变小(如表 7-1 所示)。

表 7-1 两个数相乘意义的理解

千　克	……	0.5	1	3	……
元	……	3.5×0.5	3.5×1	3.5×3	……

表格中把"1 千克对应 3.5×1 元"看作变化的起点,如果质量从 1 千克扩大为 3 千克,那么价格就从"3.5×1 元",协同扩大为"3.5×3 元"。同样,如果质量从 1 千克缩小为 0.5 千克,那么价格就从"3.5×1 元",协同缩小为"3.5×0.5 元"。

按照这样的理解,对于"3.5×0.5"的算法,首先想到的不是将 3.5 和 0.5 分别乘10,变为整数乘法算式"35×5",而应当是 0.5 和 1 的关系,如果已经知道 0.5 是 1 的一半$\left(\text{或}\frac{1}{2}\right)$,那么接下来就要想 3.5 的一半$\left(\text{或}\frac{1}{2}\right)$是多少? 根据小数与整数的位值关系可以知道:

$$3.5=3+0.5$$

再根据对于分数的初步认识,可以知道 3 的一半是 1.5,0.5 的一半是 0.25。所以可以得到"3.5×0.5"的结果为:

$$3.5 \times 0.5 = 1.5 + 0.25 = 1.75$$

这样的思考过程叫作"比例思维"(proportional thinking),实质上是将乘的过程看作是"放缩"(scaling)的过程,也就是把乘的过程理解为放大或缩小的变化过程。

放缩的过程,不同于重复加的过程,本质上是基于"测量"(measure)的认识活动。测量过程一般是源于比较的需要,主要包含两个基本要素,第一是确定标准(单位),第二是被测对象与标准的关系。前面题目中是将"3.5×1"视为标准,而后看"3.5×3"和"3.5×0.5"相对于标准发生了怎样的变化,前者是扩大为原来的 3 倍,后者是缩小为原来的一半或二分之一。

依据这样的认识,乘的过程不仅是放大,而且可能是缩小,这就更正了"越乘越大"的误解。放缩在数学中是类似于平移、旋转和对称的一种变换,主要描述某对象在原有状态下放大和缩小的规律,是将不同对象看作同一对象在一个变化过程中的不同状态。比如对于"3×2",运用重复加的认识,可以看作是 2 条长度为 3,或者 3 条长度为 2 的线段的总长度。按照这样的认识,就无法解释算式"0.3×0.2"。

如果运用放缩变换的眼光看"3×2",首先确定一条长度为 1 的线段,将其放大 3 倍,得到长度为 3 的线段,再将其放大 2 倍,这时线段的长度就是"3×2"。这样的方法同样可以应用于"0.3×0.2"。首先仍然是确定一条长度为 1 的线段,将其缩短为 1 的 0.3 倍得到长度为 0.3 的线段,再将其缩短 0.2 倍,这时线段长度就是 0.3×0.2。用这样放缩变换的方法认识乘法,还可以解释对于长方形面积公式的困惑。

二、"长方形面积"的再认识

长方形面积公式的初步认识,通常安排在小学三年级第二学期的数学课程中,认识的基本过程是利用小方格(面积单位)的行列关系,得到长方形面积等于长的长度与宽的宽度相乘(简称:长乘宽)。这样的认识,仍然是基于对两数相乘为重复加的理解,思考过程同样是以数数为基础的。只能将长方形面积公式的正确性局限于边的长度为正整数的情况。

如果长方形的长和宽都是小数,比如分别为 1.2 米和 0.8 米,那么就不易推理出这个长方形面积仍然是长乘宽。因此在教学中,首先需要让学生理解,长为 1.2 米、宽为 0.8 米的长方形面积,为什么可以写为乘法算式"1.2×0.8"。

运用放缩变换的方法,首先画出边长为 1 米的单位正方形 ABCD,作为放缩的起点(标准)(如图 7-32 所示)。

而后将 AB 边扩大 1.2 倍,也就是 1.2 米。这时边长为 1 米的正方形就放大为原来的 1.2 倍,成为长方形 AEFD(如图 7-33 所示)。

接下来将 AD 边缩小 0.8 倍,也就是 0.8 米。这时图 7-33 中长方形 AEFD 的面积也随之缩小为原来的 0.8 倍,成为长方形 AEHG(如图 7-34 所示)。

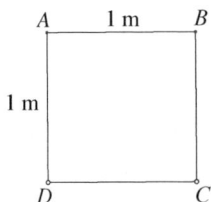

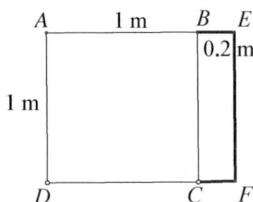

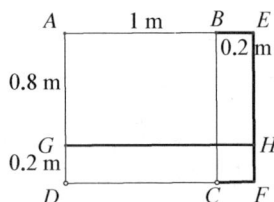

图 7-32　单位正方形　　图 7-33　第一次放大示意图　　图 7-34　第二次缩小示意图

此时,长为 1.2 米,宽为 0.8 米的长方形 AEHG 的面积,就可以写为乘法算式"1.2×0.8",这个算式的出现经历了如下的放缩过程:

第一步:确定以边长为 1 米的单位正方形 ABCD 作为标准,也就是放缩过程的起点,其面积为 1 米×1 米＝1 平方米。

第二步:将单位正方形的面积放大为原来的 1.2 倍,方法是将 ABCD 一条边长 AB 扩大为 1.2 米。此时长方形面积计算的算式为:

$$(1.2×1 米)×1 米＝1.2 米×1 米＝1.2 平方米$$

第三步:将长方形 AEFD 的面积缩小为原来的 0.8 倍,方法是将图 7-33 长方形 AEFD 的另外一条边长 AD 缩短为 0.8 米。这时就得到长为 1.2 米、宽为 0.8 米的长方形面积:

$$1.2 米×(0.8×1 米)＝1.2 米×0.8 米$$

在小学三年级通过"数方格"以及"重复加"所得到的长方形面积公式,并不能直接适用于边的长度为小数或分数的情况。数学课程中的此类问题很多,其本质是关于正整数范围内的规律,如何应用于更广泛范围中的继承性(permanence)问题。

"继承性"这一说法始见于英国 19 世纪数学家乔治·皮克科(George Peacock,1791—1858)于 1830 在剑桥大学出版社出版的《论代数》(A Treatise on Algebra)前言中,本意是研究算术中的形式如何继承到代数系统中,也就是如何保持算术运算规律和法则适用于代数运算的问题。[1] 后来被广泛应用于数学不同领域的类似研究中。

小学低年级关于四则运算的学习,往往局限于对于离散量的直观认识,这些认识往往不能适用于高年级,乃至更高水平的学习。因此,运用继承性的思想[2],让四则运算的认识逐步拓展、提升,体现螺旋上升的课程原理,是数学课程与教学研究的重要课题。

三、小数乘法第一课

小数乘法作为一个单元的学习内容,起始阶段应当让学生熟悉什么情况下会出现两个小数相乘,以及两个小数相乘的放缩过程。为此,可以从思考讨论小数与整数,以及小数与小数之间的关系入手。

数是描述客观世界中"量"(magnitude)的语言,所谓"量"指的是范围、大小、多少等方面出现程度变化与差异的对象。比如长短变化带来"长度",范围大小带来"面积",等等。小学数学课程中常见的量如表 7-2 所示。

表 7-2　常见量列表

名　称	意　义	单　位
离散量	多少	个,位,匹,张……
长度、距离	长短	米,千米,厘米,分米
面积	范围	平方米……
体积、容积	占据空间	立方米……
角度	张开程度,方向变化	度,直角,平角,周角

[1] George Peacock. A Treatise on Algebra [M]. Volume I. London: Cambridge University Press, 1830: IV.
[2] 郜舒竹.数学课程中"人为规定"的思想性[J].课程·教材·教法,2018(09): 93—98.

（续表）

名　　称	意　　义	单　　位
质量(重量)	轻重	克,千克,斤,公斤,两
时间	经历长短	年,季,月,周,天,时,刻,分,秒
货币	价值大小	元,角,分
温度	冷热程度	度

除了这些体现延展(extensive)意义的量之外,还有利用以上不同量复合而成,主要描述集中程度(intensive)的量,比如速度、浓度(密度)、工作效率等。数学课程中关于这些量的内容,既有"概念性"(conceptual)的意义,也有"背景性"(contextual)的意义。就是说关于量的知识除了本身作为理解的对象,还可以成为引出其他内容的背景,学习其他内容的工具。在小数乘法学习中,充分利用这些内容,将其融入学习活动中,对于理解小数以及拓展乘法的认识十分有益。

让学生利用熟悉的量,描述数之间的关系,对于体会运算的意义十分有益。比如可以给学生布置如下的任务(task):用尽可能多的实例与方法,说明 0.5 与 0.25 的关系。学生在思考交流的过程中,产生的方法一定是多样的。

方法 1:利用加法运算。因为 $0.25+0.25=0.5$,所以 0.5 是 0.25 的 2 倍,或者 0.25 是 0.5 的二分之一。

方法 2:利用长度(数轴)。在数轴上标记 0.25 和 0.5,可以发现 0.5 是 1 的二分之一,0.25 是 1 的四分之一,因此 0.5 是 0.25 的 2 倍(如图 7-35 所示)。

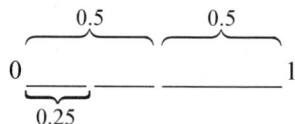

图 7-35　数轴示意图

方法 3:利用人民币。因为 0.5 元是 5 角(或 50 分),0.25 元是 2 角 5 分(或 25 分),所以 0.5 是 0.25 的 2 倍。

方法 4:利用时间。0.5 小时等于 30 分,0.25 小时等于一刻钟,也就是 15 分钟。30 分钟是 15 分钟的 2 倍,所以 0.5 是 0.25 的 2 倍。

凡此都是学生利用已经熟悉的量的放缩过程,引出算式"$0.25\times2=0.5$"。至此对于算式的理解就不局限于"2 个 0.25 相加",还包括放缩变换的意义。比如,0.25 放大 4 倍等于 1,0.5 放大 2 倍等于 1,所以 0.25 放大 2 倍是 0.5。再比如,长度为 1 的线段缩短一半是 0.5,再缩短一半就是 0.25。所以 0.5 缩短一半是 0.25。

由此还能够引出算式"$0.5 \times 0.5 = 0.25$"。

在此基础上,可以进一步引导学生思考算式"0.25×0.2"的含义。比如可以给学生布置任务:用尽可能多的实例说明算式"0.25×0.2"的含义。

学生首先可能想到的是前面算式"0.25×2"与"0.25×0.2"的关系,因为 0.2 是 2 缩小 10 倍的结果,所以"0.25×0.2"的结果应当是 0.5 缩小 10 倍,也就是 0.05。

教师还可以用学生已经熟悉的长度进行解释,如果把因数 0.2 视为 0.2 米,也就是 20 厘米。根据前面的经验,20 厘米乘 0.25 就是将 20 厘米缩短一半的一半,第一次缩短一半等于 10 厘米,第二次缩短一半是 5 厘米,5 厘米等于 0.05 米。

学生学习计算,学习目标不能局限于"怎么算",至少还应当包括"何时这样算"和"为何这样算"。

第八章　数学课程需要"变教为学"

如果把教师之"教"等同于"讲",那么就会遭遇"有人没在听,有人不爱听,有人听不懂,有人已知道,有人会忘记"的窘境。如果把"教"的活动等同于"讲解、示范、留作业",那么"学"的活动就等同于"倾听、模仿、做练习"。改变这种现状的唯一办法就是"变教为学"。

第一节　什么是"变教为学"

课堂教学是由教师"教"的活动和学生"学"的活动构成的。如果教师"教"的活动占据主导地位,可以称之为"以教为主"的课堂教学。这种课堂教学最大的特点是教师的"讲授"为主导并且贯穿始终,学生的活动是伴随着教师"教"的活动而出现的,处于被动和被约束的状态,缺少自发性、自主性和自由性。

一、教与学易位

所谓"变教为学"就是把"以教为主"的课堂教学变为"以学为主"的课堂教学,也就是把课堂上以教师"讲授"为主的教学活动,改变为学生自主或合作开展的"学习"活动,让学生的学习活动占据主导地位并且贯穿始终。这种教与学的易位追求的是,"让每一位学生受到关注,让每一位学生都有活动,让每一位学生都有机会,让每一位学生获得发展"。

"以学为主"课堂教学中的学习内容是以学生学习活动的方式呈现的。比如"直线、线段、射线"的教学,就可以设计如下四项学习活动:

- 查字典并记录每个字的意思(直,段,射)。
- 根据字典的解释,分别画出一条直线、一条射线、一条线段。
- 与同伴说说直线、射线与"线段"的共同之处与区别。
- 想想成语"一望无际",日常用语"一直走"与今天的学习内容有什么联系?

这四项学习活动的行为动作分别是"查字典并记录""画出""说说"和"想想",

动作的主体是学生。整节课的教学过程都围绕这四项学习活动展开,期间学生可以自发地提出问题、自主地操作思考、自由地交流分享。通过这些活动期望学生理解直线、射线和线段的共同特征"直"的含义,同时理解直线和射线中"无限延伸"的含义,并且学会使用直尺画出线段。

"以学为主"的课堂教学中,教师的角色可以概括为"导学、诊学、助学"。其中"导学"指的是引导学生的学习,导学的目的主要包括三个方面:第一是"知学",要让每一位学生明白自己将要学什么和做什么;第二是"愿学",设法让每一位学生具有开展学习活动的动机;第三是"会学",让每一位学生知道自己的学习方式,这样的学习方式可能是自主的,也可能是合作的等等,不同的学生可能适合不同的学习方式。

当学生的学习活动开始后,教师最重要的任务就是"诊学"和"助学"。所谓"诊学"就是诊断学生的学习,"助学"指的是依据诊学的结果对学生的学习实施有针对性的帮助。诊学的手段主要是观察,通过观察发现学生学习过程中的问题和困难。对于普遍性的问题和困难需要记录下来,并思考解决的办法。对于个别学生的问题和困难则需要实施个别的帮助。这一过程实际上是"课中备课"的过程,通过对每一位学生的关注与观察,为应当"讲什么"和"对谁讲"获取信息,使得"教"的活动更有针对性。对教师来说,"变教为学"并不是一件容易的事情,为了实现这种转变,就需要分析可能出现的困难。

二、"变教为学"难在哪里

"变教为学"面临的第一个困难是教师潜意识中"不讲不放心"的心理。在与教师交谈过程中经常听到的一句话是:"不讲怎么能会呢?"应当承认这是教师责任心的一种体现,每一位教师都希望自己能够把学生教会、教好,因此为了学生的"会",努力地"讲好"就成为教师追求的目标。当遇到"讲了还不会"的情况时,就不遗余力地"反复讲"。如果遇到"讲了多少遍也不会"的情况时,就只能是对学生学习能力或学习态度的抱怨和指责了。事实上,任何一位教师"讲"的过程中,一定会有学生"或者没在听、或者不爱听、或者听不懂",在这样的情况下,教师的讲就是无效的,也就是"白讲"。这种教师言语乏力的现象启示我们应当寻求"教师少说话,学生多活动"的教学方式。

我国古代的《论语》中就记载了孔子的"无言之教",当他向学生们表示"予欲无言"，也就是"我不想说话"的时候，学生们很不理解，孔子的解释是："天何言哉，四时行焉，百物生焉，天何言哉。"①孔子所表达出的意思是教师即便不说话，学生仍然可以按照一定的规律开展自己的学习。凡此并不是对教师讲授的全盘否定，倾听应当是学生学习活动的一个方面，但不是全部。教师的职责也不仅仅是知识的讲授，还应当包括"引导学生的学习、诊断学生的学习、帮助学生的学习"。这样才有可能使得教学活动更加有针对性，从而更加有效。而做到这样教学的前提是准确、精炼地确定学习内容以及设计出可行、有效的学习活动。

影响"变教为学"第二个困难在于对教学效率的认识方面。在"教师少说话，学生多活动"的课堂教学中，学生的活动需要占用大量时间，而且学生通过活动所产生的多样化的结果或者想法需要时间进行展示和分享。这就使得原本一节课能够"讲完"的内容可能无法完成，给人的感觉是在确定时间内的教学内容减少了，也就是教学效率降低了。如果把教学内容仅理解为教师讲授的内容，这种效率降低的现象的确不可避免。如果把教学内容理解的宽泛一些，不仅包括教师讲授的内容，还包括学生所经历的学习活动以及通过活动可能取得的收获和发展，那么就不能认为这样的教学是低效的。相反，学生通过活动不仅获得了知识，而且在活动中还提升了能力、积累了经验、感悟了思想等，这些都使得教学内容更加的丰富，因此可以认为是提高了教学效率。实现这种高效教学的前提仍然是学习内容的确定和学习活动的设计。

阻碍教师"变教为学"的第三个困难是担心学生"做不出、做不对、做不好"，一旦出现这样的情况往往会给教师一种挫败感，使得教学陷入进退两难的尴尬境地。其实这样的担心是不必要的。相反，这恰恰应当成为培养学生多方面素质的契机。如果把"做不出"视为学生学习过程中的困难，那么"遇到困难不退缩"的精神、"辨别困难找方法"的智慧以及"克服困难获成功"的体验，对学生的学习以及一生的发展都是重要的。同样，如果把"做不对"和"做不好"视为错误和失败，那么让学生经历"承受错误与失败的挫折"以及"对错误和失败的反思"过程，使得"失败成为成功之母"，无疑对学生的全面发展也是有益的。需要注意的是，有时出现"做不出"的情况是由于学生对学习活动的不明白或者误解，这就警示教师要在学习活动的表述方面下功夫，这种表述应当明确、具体，切忌使用诸如"自主探

① 轩辕轲.中华民族教育思想纂要[M].北京：教育科学出版社，1994：172.

究……""合作交流……"这样空泛的说法,这些说法会让学生不知道自己应当做什么和怎样做。

在"变教为学"的实验研究中发现,教师在应对学生课堂上不同于预设的"生成"时也存在困难。这样的生成主要有三种情况,第一是说错了,第二是难以辨别说对了还是说错了,第三是学生提出教师难以回答的问题。实际上出现诸如此类的情况是很正常的,应对时切忌急于指出正误、不予理睬或者立刻回答。可以采取的基本策略是"把问题还给学生",也就是通过问题引导学生进一步的思考。无论是正确还是错误,都需要进一步思考结论背后的原因、结果产生的方法、方法之外的其他方法以及问题的来源,对应的基本句型分别为"为什么……?""怎么……?""还可以怎么……?"以及"你是怎样想到这个问题的呢?"这样做一方面可以促进学生的"高阶思考"(high order thinking),另一方面可以让这样的思考与其他同学分享。准确的反问来源于两个方面,第一是教师对学习内容的理解和把握水平,第二是对学生说法背后想法的准确诊断。而这些都与备课中对学习内容的确定和学习活动的设计有关。

上述困难可能会成为"变教为学"的障碍,因此就需要认真研究如何克服这些困难。切入点应当是从认真研究"学什么"和"怎样学"这两个基本问题做起。

三、备课应当想什么

对应"以教为主"课堂教学的备课方式自然是"备教为主",就是把备课过程中思考的内容定位于"教师应当说什么和做什么",期望把教科书以及教学参考书中的内容准确、全面地讲清、讲顺。"变教为学"需要改变这种备课过程中的思维方式,把主要思考的内容定位于学生应当"学什么"和"怎样学",也就是要确定学生应当学习的学习内容和设计学生应当经历的学习活动。学习内容的确定需要准确、精炼,学习活动的设计需要可行、有效。

我国许多地区目前采用"目标导向"的教学设计方式,基本思路是首先确定教学目标,之后依据目标设计教学过程。这种方式曾经受到质疑,理由是从目标并不能直接得到教学过程的设计。[①] 事实上,无论是教学目标还是教学过程的思考

---

① Robert I. Wise. The Use of Objectives in Curriculum Planning: A Critique of Planning by Objectives [J]. *Curriculum Theory Network*, 1976, 5(04): 280—289.

都应当依据对学习内容的准确理解和把握才有可能确定。如果把起点、活动和目标理解为一个学习过程的三要素(如图8-1所示),那么学习内容是贯穿始终并且蕴含在每一个环节中的。

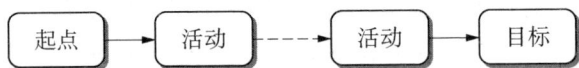

图8-1　学习过程"三要素"示意图

　　比如,教学目标一般指的是教师或课程编制者拟定的,对学生应当学习的内容、程度以及通过学习能够获得发展的"期望"(expectation),带有教师或者课程编制者的主观意愿。这种主观的期望可能包括学生应当学习的知识与技能、学生应当经历的过程与应当习得的方法,以及在情感态度价值观方面可能获得的发展。而这些都是由学习内容的属性特征决定的,学习起点和学习活动的设计更是如此。

　　这里所说的学习内容是由数学知识本身的特点决定的。数学知识中蕴含着的学习内容往往具有隐性的特征,是需要通过考察其本质性、文化性和关联性才有可能挖掘出来的。下面以小学数学课程中"分数的初步认识"为例进行说明。

　　所有"数"(number)都是人依据主观需要创造出来的,这种创造并不是凭空想象出来的,需要建立在一定的客观基础之上。这样的客观基础就是客观存在的"量"(magnitude)。所谓量,指的是人所能感受到的"有大有小"和"可分可合",或者叫作"程度差异"。比如猎物只数的多和少,年龄的大和小,距离长度的远和近,平面区域或容器的大和小,温度的热和冷,重量的重和轻等。量有两种类型,一种叫作离散量,比如苹果的数量、教室里的人数等。另一种量叫作连续量,比如距离、面积、温度等。对于离散量,为了比较多少,人需要"数"(音:shǔ;英译:count),自然数就是这样产生的。对于连续量也是类似,为了比较就需要"量"(音:liáng;英译:measure),其结果同样需要用数进行描述,描述的前提是确定单位,也就是确定"1"。因此"数"可以说是人创造出来用于描述"量"及其关系的语言。

　　由于"量"是有大有小并且可分可合的,因此人们就有描述整体与局部大小关系的需要,比如"半小时"的说法实际上就是把一小时的时间看作整体,这个局部的时间是整体时间的一半或二分之一。这样的关系也可以反过来说成"一小时是半小时的2倍"。从这个意义上说,分数与"倍"是相对的两种同义说法,比如如果说"甲是乙的2倍",反过来与之同义的说法就是"乙是甲的二分之一"。

基于这样的认识,初学分数的学生就应当经历体验这种语言产生的学习活动,并且与类似的语言建立联系。比如,如果以"倍的认识"作为认识起点,可以设计如下的学习活动:

- 把 6 个小圆片分成两堆,让其中一堆的个数是另外一堆个数的 2 倍。
- 用尽可能多的语言,说说这两堆小圆片个数之间的关系。

其中第一项活动的目的是唤起学生对"倍"概念的回忆。第二项活动一方面可以引发学生对于描述两个量之间关系多种语言的回忆,比如"多 2 个"和"少 2 个"等等。另一方面可以引出与"加倍"相对应的"取半",在这样的活动中感受分数作为描述两个量之间关系的语言的必要性。同时,把分数这种新的语言与已经熟悉的语言建立起联系。

类似的方法还有,如果以"元、角、分的认识"作为认识起点,可以设计学习活动:"用尽可能多的语言,说说 1 元与 5 角两张纸币钱数之间的关系。"如果以"时间的认识"作为认识起点,类似的活动为:"思考讨论 1 点半中的'半'表达的是什么意思呢?"这样的设计可以让学生通过"多多少"与"少多少"的相对关系,类比思考"倍"与"半"的相对关系,进而感受到"半"或"二分之一"作为描述量以及量之间关系的语言的必要性。

备课应当思考的基本问题是"学什么"和"怎样学"的问题,思考的基础是对数学知识本质属性的认识,不同属性的数学知识其学习内容与学习活动的设计是有区别的。数学课程内容中的知识大致可以分为两种类型,一种是依据人的需求与主观意愿所发明或创造出来的,比如前面论及的分数就是人发明出来用于描述量的语言。再如,小学数学课程内容中用于计算的"竖式",就是人们为了减轻人计算时的思维负担所创造出来记录计算过程的一种方式。[①] 这种知识具有"人造"的特点,因此也就具有多样性的特征,不妨称之为"主观性知识"。主观性知识中所蕴含的学习内容以及需要经历的学习活动主要包括,知识发生过程中所体现的必要性、发展过程中形式的多样性和形成过程中表达方式的统一性。除此之外,还应当包括与其他知识联系的广泛性以及应用的有效性。

另一种是对客观存在的事实或者规律的描述与判断,比如"平面上任意三角形的三个内角之和等于 180 度",就是对平面上所有三角形所共有的一种客观事

---

① 郜舒竹.回眸历史看竖式[J].教学月刊小学版(数学),2013(06):17—19.

实的描述与判断。此类知识的特点是具有确定性,不以人的意志为转移,不妨叫作"客观性知识"。客观性知识和主观性知识的生成方式不同,自然导致其学习内容和学习活动的差异。其中所蕴含着的学习内容至少应当包括四个方面,第一是发现过程中的观察和思考方式,第二是发现结果的表述方式,第三是对发现结果的评估与确信,第四是对发现过程与结果的总结、应用与拓展。"变教为学"教学研究首先需要研究,如何准确把握这样的学习内容并将其融入到学生的学习活动中去。

第二节 "变教为学"的文化性

一、数学教学的文化性

这里所说的"文化性"是相对于"工具性"而言的。长期以来数学教学的传统,是把数学知识和方法视为数学家创造完成,留待后人学习使用的工具。对于"工具"的使用追求的是正确和熟练。为了让学生能够正确并且熟练地掌握"工具"的使用,课程内容力图做到"模式化"和"程序化",因此使得数学课程内容缺少了知识发生与发展的"过程性"、可以这样还可以那样的"多样性"以及前人创造知识和方法的"人文性"。

依据这种模式化和程序化的课程内容,教师的教法往往是要求学生"认真听讲",追求自身的"讲解清晰",把"讲"等同于"教"。这种教法失去了知其然还要知其所以然的"启发性"、教无定法的"多元性"以及因材施教的"针对性"。在此基础上,学生的学法成为了单一的倾听、模仿与练习,追求的学习效果是"又对又快"。缺失了体验知识发生与发展的思考过程,缺失了自然、自由、自主的思考与交流。凡此也就使得数学教学的过程缺失了"文化性"(cultural),进而使得数学教学的"育人"功能打了折扣。

数学教育中引入"数学文化"这一说法,实质上就是试图改变对数学教学单一的"工具性"认识,让数学课程与教学呈现出"文化性"。"数学文化"是一个异常宽泛的概念,对它的理解多种多样。在我国数学教育领域通常是把历史上的数学典故、数学问题、数学方法、数学观点、数学思想作为区别于工具性知识的数学文化。[①]

事实上,"文化"的本质是"人化",是人或者人与人之间、人与自然之间关系的

---

① 徐乃楠,王宪昌.数学文化热与数学文化史研究[J].自然辩证法通讯,2009,31(03):14—17.

产物。凡是呈现出与人的情感、思维、行为、习惯等因素有关的事物或事件,都可以认为是具有文化性的。位于我国山东省泰安市的泰山号称"五岳"之首,其实论高度泰山并不算很高,论风景也并非最具特色的,之所以成为五岳之首,其原因就在于人的因素,古时皇帝祭天之所,使得泰山具有了独特、高尚的文化,正是这样的文化使得泰山具有了无与伦比的声誉。

　　数学教学的过程是由学生、教师和数学知识三个基本要素构成的,表现为教师与学生的"双边活动"。"以教为主"的课堂教学中,教师是学生与知识之间的媒介,教师通过备课把知识搞明白,而后通过讲解传授给学生(如图 8-2 所示)。

图 8-2　"以教为主"教学模式示意图

　　"变教为学"期望数学教学的过程成为学生、教师以及创造知识的前人的"三边互动"。学生学习的过程不单纯是倾听教师的讲解,更多的是与知识发明者之间的直接互动,经历知识发生与发展的过程,经历知识创造者的思考过程,体验创造知识的成功与失败,经历创造知识出现错误的过程,经历通过反思修正错误的过程。学习的过程不仅有吸收,而且伴随着主动发现与发明的过程。教师不单纯是知识的传授者,更多的作用是启发、鼓励、组织和帮助学生的学习(如图 8-3 所示)。

　　这样的数学教学不是将数学看作是现成的工具,教学的目的也不单纯是正确、熟练地使用这样的工具。而是将数学知识(包括方法)视为人类社会活动的产物,学生学习数学的过程实质上是经历这样社会活动的过程,在这样的过程中获得多方面的经验,同时习得相关的数学知识。正是由于学生、教师和知识创造者在教学活动中各得其所,也就使得数学教学具有了所谓的文化性。

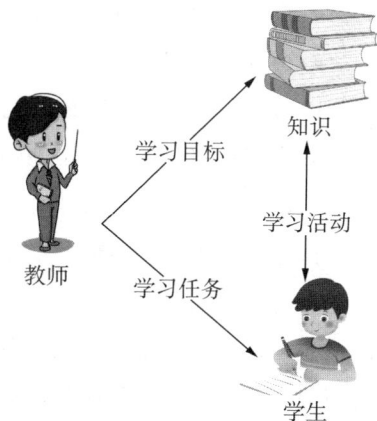

图 8-3　"变教为学"教学模式示意图

二、数学知识与人的活动

概括地说,"变教为学"的文化性主要体现于三个方面。从课程的角度说,是把数学知识呈现于人的社会活动中;从教师教的角度说,是通过布置学习任务使得学生自主或合作地经历这样的活动;从学生学习的角度说,是通过活动提取、总结并评价相关的知识。这一切的核心是建立数学知识与人和人类活动的关系。

比如小学五年级课程内容中"因数"与"倍数"的概念。从数学的角度看,当数 a 被数 b 整除时,数 b 叫作数 a 的因数,同时数 a 叫作数 b 的倍数。举例说,因为 60 能被 12 整除,所以 12 是 60 的因数,同时 60 是 12 的倍数。如果对于因数与倍数的学习仅限于此,只能说是多知道了一点数学知识,而"多知道一点"或者"少知道一点"对一个人的发展来说并不是最重要的。重要的应当是体验到因数与倍数这样的数学知识与人的关系。

数学概念是人发明出来的知识,人的任何发明活动一定是依据人的需要而进行的。学生如果仅仅从定义或实例中知道什么是因数和倍数,并没有体验到人是依据什么样的需要发明出这个概念。因此依据"变教为学"的文化性,首先应当把这样的概念融入到人的社会活动中。

比如在人类历史中,"12"可以说是极其特殊的数。可以随意列举出 12 在人类活动中的广泛应用,比如:

- 一年划分为 12 个月。
- 中国古时将一个昼夜划分为 12 个时辰。
- 中国传统文化中的 12 地支(子,丑,寅,卯,辰,巳,午,未,申,酉,戌,亥)。
- 与 12 地支相对应的 12 生肖(鼠,牛,虎,兔,龙,蛇,马,羊,猴,鸡,狗,猪)。
- 英国 1971 年之前使用的钱币的换算关系为,1 镑(pound)等于 12 先令(shilling)。
- 语言中"一打"(英文为 dozen)代表 12 个。
- 音乐中的 12 平均律等。

一个自然的问题是,古今中外为什么 12 这个数如此受人青睐? 无独有偶,还可以发现许多 12 的倍数也有着广泛应用,比如:

- 一昼夜分为 24 个小时。
- 中国传统中一年有 24 个节气。

- 一个小时等于 60 分钟。
- 古典名著《西游记》中孙悟空能够 72 变。
- 《水浒传》中有一百单八(108)将。
- 圆周角划分为 360 度。

其中 24 是 12 的 2 倍,60 是 12 的 5 倍,72 是 12 的 6 倍,108 是 12 的 9 倍,360 是 12 的 30 倍。凡此都说明 12 这个数一定有其特殊之处。

考察一下能够整除 12 的几个数(不包括 12 本身)的和,也就是 12 的全部真因数之和,可以发现:

$$1+2+3+4+6=16$$

这个和 16 比 12 本身要大。选择其他数看看,比如 8 的全部真因数之和为 (1+2+4=)7,比 8 本身要小。6 的全部真因数之和为(1+2+3=)6,恰好等于 6 本身。

因此,像 12 这样的数之所以应用广泛,一个可能的原因就在于其自身因数个数多,并且因数之和相对于自身来说比较大。古希腊时期人们把像 12 这样的数称为"富裕数"(abundant number)。在此基础上,人们还发现"富裕数"的倍数仍然是富裕数,这也就说明了为什么"12"的倍数也有广泛的应用。比如在 100 以内 60 是因数个数最多的数中最小的一个,一共有 12 个因数,分别是:

$$1,\ 2,\ 3,\ 4,\ 5,\ 6,\ 10,\ 12,\ 15,\ 20,\ 30,\ 60$$

因此规定 1 小时等于 60 分钟,就可以使得把 1 小时平均之后所对应的分钟数是整数的情况最多(如表 8-1 所示)。

表 8-1　"1 小时等于 60 分钟"的分钟数

小时	1	$\frac{1}{2}$	$\frac{1}{3}$	$\frac{1}{4}$	$\frac{1}{5}$	$\frac{1}{6}$	$\frac{1}{10}$	$\frac{1}{12}$	$\frac{1}{15}$	$\frac{1}{20}$	$\frac{1}{30}$	$\frac{1}{60}$
分钟	60	30	20	15	12	10	6	5	4	3	2	1

假如按习惯的百进制规定 1 小时等于 100 分钟,那么表 8-1 就变成了如下表 8-2 所示的形式。

表 8-2　"1 小时等于 100 分钟"的分钟数

小时	1	$\frac{1}{2}$	$\frac{1}{4}$	$\frac{1}{5}$	$\frac{1}{10}$	$\frac{1}{20}$	$\frac{1}{25}$	$\frac{1}{50}$	$\frac{1}{100}$
分钟	100	50	25	20	10	5	4	2	1

对比两种情况就可以发现,规定 1 小时等于 60 分钟的优势就是将 1 小时平分后,所得到的分钟数是整数的情况在 100 以内是最多的。其原因就在于 60 的因数个数在 100 以内是最多的。

三、数学知识与人的情感

在数学的发展历史中,一些数学知识的发生与发展并不是依赖于其实际应用,而是与人的情感因素密切相关的。在 2 000 多年前的古希腊时期,毕达哥拉斯(Pythagoreans)学派把像 6 这样,所有真因数之和等于自身的数叫作"完美数"(perfect number),之后的尼克玛楚斯(Nicomachus,约公元 60—120)把像 12 这样的数,也就是所有真因数之和大于自身的数,叫作"富裕数",像 8 这样的数,全部真因数之和小于自身的数,叫作"贫穷数"(deficient number)。[①] 根据这三种数的特点,把"数"与神话中的"神"做类比。像 6 这样的完美数类比为爱与美的女神维纳斯;像 12 这样的富裕数类比为百手巨人布里亚柔斯(Briareus 或 Aegaeon);像 8 这样的贫穷数类比为独眼巨人库克洛普斯(Cyclops)。

人们还发现,完美数的倍数一定是富裕数,比如完美数 6 的 2 倍即 12 是富裕数,6 的 3 倍即 18 也是富裕数。另外一个发现是,完美数的真因数一定是贫穷数,比如完美数 6 的真因数分别是 1、2、3,这三个数都是贫穷数。100 以内另外一个完美数是 28,它的 2 倍是 56,是一个富裕数。28 的真因数分别为:1、2、4、7、14,这些数都是贫穷数。

古希腊人把这样的关系与人类社会中的人或事物做类比,如果把"富裕"和"贫穷"都看作不好的,视为"坏"(evil),把"完美"视为"好"(good)的。把因数与倍数关系视为"对立"(opposed)的关系。那么就可以发现,"好"与"好"永远不会对立;"好"与"坏"必然对立;"坏"与"坏"可能对立。"好"是极少的,就像 100 以内只有两个完美数(6 和 28),而"坏"是大量存在并且形式多样的。"好"永远是"过分"(excess)与"缺失"(defect)的"平均"(media)。

举例来说,"谨小慎微"(timidity)是一种勇气缺失的表现,而"胆大妄为"(audacity)又显过分鲁莽,二者平均后如果是"智勇双全"(fortitude)就认为是一种完美。再比如,"愚昧"(fatuity)可以看作是文化与智慧的缺失,而"狡猾"(crafty)

---

① L. E. Dickson. Perfect and Amicable Numbers[J]. *The Scientific Monthly* , 1921, 12(04): 349—354.

又似乎是过分聪明,二者平均成为做事"审慎"(prudence)就是最完美的。①

　　凡此可以看出,数学中因数与倍数的概念蕴含着丰富的人文因素。"变教为学"的数学教学并不是期望教师在课堂上讲解这样的内容。而是期望通过教师的引导,让学生经历此类问题的思考过程,在这样的过程中经历、体验并生成出更多的与自身思维、情感和经验有关的内容。这样的过程就彰显出数学教学的文化性了。

第三节　"变教为学"的课堂氛围

　　"课堂氛围"指的是课堂教学过程中,教师与学生的行为共同营造并感受到的一种软环境,表现在学生与学生以及教师与学生的沟通交流之中,这样的课堂氛围对教师和学生的心理和行为产生直接的影响。"变教为学"主旨是把教师"教"的活动为主的教学,改变为以学生"学"的活动为主的课堂教学。目的在于充分发挥学生的主观能动性,把学生从"被动接受者"(passive receiver)改变为"主动学习者"(active learner)。这就需要营造出让每一个学生感受到"自然、自由、自主"的课堂氛围。

一、"变教为学"需要自然的课堂氛围

　　如今我国课堂教学中存在着诸多"形式化"的行为与仪式。比如,开始上课时学生起立师生互致问候,下课时学生起立师生互相道别。这样的仪式伴随着每一位教师的每一节课,同样也伴随着每一位学生从踏入校门之后每一天的成长。这种仪式因为历史的传承而成为了司空见惯的课堂行为。

　　这样的课堂行为实质上是一种约定俗成的习俗。"习俗是一种独特的一致性行动,是通过人们不假思索的模仿而习惯化了的行为"②,是自发地、群众性地、心照不宣地发生在日常教学中的行为。而处于这样课堂习俗中的教师和学生悬置了对它的怀疑,没有去探寻和解释其背后的原因或者目的。只是将它们看作是课堂教学开始和结束的一种手段,而且是一个必须经历的步骤,是不得不走的"过

---

① Thomas Taylor. *Theoretical Arithmetic* [M]. London：A. J. Valpy, 1816：Chancery, Lane, 29.
② 韦伯.经济与社会(上)[M].约翰内斯·温克尔曼,整理.林荣远,译.北京：商务印书馆,1997：61.

场"。当"课复一课"的上课仪式和下课仪式周而复始的时候，教师与学生已经不再去探究这背后应具有的尊师以及礼仪的意义和内涵，剩下的只是不断重复的"形式化"和"机械化"行为。由于这种行为的形式化和机械化，因而也就缺失了参与者的情感表达，成为了一种被动的"不得不为之"的行为，并没有起到师生相互表达尊重或者问候的作用，而只是开课和结课的一种符号。

　　另外，课堂中的仪式通常会追求统一和一致，学生应当站姿挺拔、声音洪亮，动作整齐划一，近乎军队对士兵的要求，营造出的是"紧张"的课堂氛围。紧张的氛围会使得教师和学生产生紧张的情绪。"变教为学"期望每一位学生能够主动地学习和思考，而紧张的情绪会束缚人的思考。因此"变教为学"需要研究的一个问题是如何营造"自然"的课堂氛围，在这样自然的氛围中让每一位教师和学生都有"放松"（relax）的感觉。

二、课堂氛围应当让学生感到"自由"和"自主"

　　每一位教师都会在潜意识中有一种对学生行为"对与错"或者"好与坏"的判断标准。这种标准存在于教师的主观意识中，当学生行为有悖于这样的标准时，教师就会自然而然地产生对学生的不满情绪，进而对学生采取惩罚的行为。比如如果学生在开课仪式中动作迟缓、站姿不规范，或者声音不洪亮，违背了教师潜意识中"动作迅速、站姿挺拔、声音洪亮"的标准，有教师就会要求学生再做一次。这种要求学生"再做一次"其实就是教师对学生的惩罚，借以规范学生的行为，达到控制课堂的目的，同时发泄自己的不满。

　　原本意欲表现师生之间互相尊重的礼仪，却演变成为了教师惩戒学生和控制课堂的一种手段。凡此种种的惩罚，其实就是对学生行为的约束。类似的例子还有，诸如"26＋2"与"26＋3"比较大小的练习题中（如图8－4所示），教师的评判标准是"先计算出答案，再比较大小"，如果学生直接比较大小，有教师就会视为错误，并强令学生修改，甚至采取"不修改完不许回家"的惩罚措施。

　　学生学习的过程应当是"释放思维、分享想法"的过程，释放思维的过程中必然会产生与教师不同的生成。对于这样的生成不仅不应当惩罚，更应当给予鼓励与分享。过于严格和频繁的惩罚给学生带来的是不知所措、无所适从的感觉，引发情绪的不安与焦虑，产生"羞耻"和"负罪"的感觉。长此以往会带来学生对约束的"反抗"心理。这种反抗心理自然会迁移到对正当约束的反抗，当今社会中种种

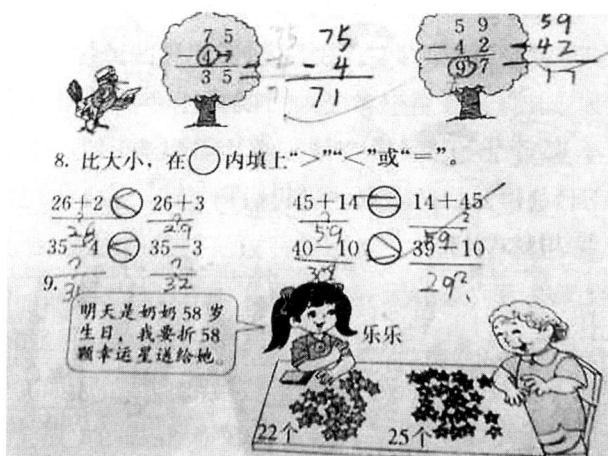

图 8-4　"比较大小"错误示意图

不良现象或许与基础教育中的"约束"所形成的反抗心理有关。

在课堂教学中,教师是社会的代理人,是知识的代表人,是学生心目中的权威。当这种权威受到挑战的时候,教师自然的反应是采取行动捍卫这种权威。前面案例中,教师让全班同学"再做一次",让全体学生共同弥补少数学生的"过失",其实就是利用强权捍卫权威。让每一名学生都意识到教师权威的存在以及不可侵犯性。教师潜意识中的目的是使学生意识到最轻微的错误都可能受到惩罚,同时发泄对触犯权威的愤怒,进而唤起学生对权威的畏惧感。[①]

这种教师权威再认的过程实质上是师生关系"疏离化"的过程。营造出"师"与"生"两种阶层的对立。这样的过程赢得的不是学生对教师的尊敬,而是一种畏惧。长此以往,学生的行为不再是自主的,而是看教师脸色。

"变教为学"的课堂教学期望学生敢想、敢说、敢问,这就需要一个较少约束和惩罚,而相对自由、自主的课堂氛围。在这样的氛围中,学生才有可能自主地产生自己的想法、自由地表达自己的想法。

三、用多样化的方法营造多元化的课堂氛围

"变教为学"需要"自然、自由、自主"的课堂氛围,这种课堂氛围应当通过多样的方法进行营造,不应该被苛求为同一个模式。在国外有许多关于这方面的研

---

① 福柯.规训与惩罚(第4版)[M].刘北成,杨远婴,译.北京:生活·读书·新知三联书店,2012:63.

究,麦克罗兰(McLaren)在加拿大多伦多的圣瑞恩天主学校(St. Ryan Catholic School)开展了为期三个月的课堂氛围改革实验,通过改革使这个曾被认为最难改变的学校的学生展现出了对天主教教义和知识学习的兴趣。[①] 麦克罗兰认为在这个以葡萄牙裔学生为主的社区中,学生由日常生活状态(street-corner state)向学校学生生活状态(student state)转变的过程最重要,这主要体现在学生进入课堂和老师如何开启课程这一过程中。 如果这一过程转换得较好,那么学生的知识学习和信仰塑造就更容易发生。 该研究中所采用的方法主要包括,在教室中悬挂十字架,在教室墙上手工篆刻忏悔经(Act of Contrition)和加拿大国歌,并在上课之前全体合唱。 这些方法对于一个天主教学校产生了较好的效果。 可以看出,灵活多样的方法所营造出的课堂氛围使学生的意识和行为都发生了改变,这种改变是无声的(muted),但是是剧烈的(dramatic),渗透到学生的认知情感中,并慢慢地外化为学生的现实表现。

　　"变教为学"追求的是"教"与"学"的统一,教师"教"的活动不再是权威地告知和讲解,而应当是营造良好的课堂氛围,让每一个学生都感觉到"自然、自由、自主"。自然的课堂氛围可以让学生感到放松,自由的课堂氛围可以释放学生的思维,自主的课堂氛围可以让学生具有自信。为了营造这样的课堂氛围,除了应当减少前面提及的"整齐划一"和"惩罚约束"的活动之外,还应当避免可能导致学生之间"竞争攀比"的言行。诸如"看谁做得又对又快"这样的语言,实质上营造的是运动场上"竞争"的氛围,这种氛围给学生带来的是紧张,而不是放松;再如"别的同学都能做到,怎么你就不能呢",这样的语言实际上营造了"攀比"的氛围,攀比的氛围可能产生的心理是"自愧不如"或者"不服气",对于发挥学生的自主性、增强学生的自信心是有害的。因此为了营造"变教为学"所需要的课堂氛围,需要教师认真研究自身课堂中的语言,识别并改变可能导致整齐化一、惩罚约束和竞争攀比氛围的语言。

第四节　"变教为学"的过程性

　　应当相信,学生的学习是一个循序渐进、螺旋上升的过程。 对知识的理解是

[①] P. L. McLaren. Classroom Symbols and the Ritual Dimensions of Schooling[J]. *Anthropologica* (*New Series*), 1985, 27(1/2): 161—189.

过程性的,是逐步深入的。这样的过程不仅包括对结论的记忆与应用,还应当包括对知识发生与发展过程的经历、体验和感悟。因此,任何知识的学习不可能是短时间可以完成的。在一些地区和学校采用的通过一节课"前测"和"后测"正确率的对比,评价学生的学习效果以及教师的教学效果的做法,有急功近利之嫌,是值得商榷的。

"变教为学"倡导的教学是过程性的,学生的学习是在感知、思考和交流的活动中逐渐感悟的过程。这样的过程所需要的时间可能是相当漫长的,是不能用一时一事的"对与错"或者"好与坏"进行评价的。对知识背后所蕴含的思想性以及方法性内容的理解水平,也不是通过结果的正确与错误能够看出来。

以"十进制"为例,有一种说法认为数学中的十进制的本质就是"位值"(place value),学会了这个内容,就掌握了十进制。因此认为小学一年级"11—20 数的认识"这一课就是学习十进制,这个内容学好了就意味着掌握了十进制。这种认识实际上是误解了十进制的本质及其所包含的内容。

十进制的本质属性是一种"人造"的语言,用以记录和表达数及其运算,因此属于发明的知识。论及发明知识的本质,首先应当揭示出发明的原因,也就是要回答人"为什么发明"这样的问题,发明的原因主要应当包括两个方面,第一是"客观基础",第二是"主观意愿"或者"主观需求"。十进制的起源可以说是源于人类活动中的"数数"(音:shǔ shù)和"测量",也就是对量及其关系的记录和表达。这些活动的客观基础应当是客观存在的量的"多与少"以及"大与小"等等,人类的活动中对于客观存在的量就有记录和表达的主观需求。比如以物易物的交易活动中需要记录多与少,出行时需要记录距离的近与远,做工时需要记录时间的长与短等等。

我国古时出现的"结绳"和"刻痕",实际上就是记录和表达这样过程的方法。正如《易经》中所说:"上古结绳而治,后世圣人易之以书契",其中的"书契"就是在物体上刻痕。① 随着人类文字语言的出现与发展,人们开始用符号记录并表达数数与测量的过程和结果。不同地域、不同文化在历史上出现过许多不同类型的数字符号。比如,古希腊用 27 个希腊字母表示数,古罗马采用的是罗马数字,等等。

---

① 郜舒竹.问题解决与数学实践[M].北京:高等教育出版社,2012:89.

现在普遍使用的十进制数字符号是古代印度发明的,后来经过阿拉伯传到欧洲,因此叫作"印度-阿拉伯记数法",所使用的数字符号叫作"印度-阿拉伯数字",有时也简称为"阿拉伯数字"。

从字形上看,印度-阿拉伯数字与汉语中的数字应当是同源的。比如汉字中的"二"是由两条横线构成的,如果快速书写就会出现连笔,连笔书写的"二"就会成为"**Z**"的形状,与数字"2"的形状基本相同。同样快速连笔书写"三",就会出现"**3**"的形状,与数字"3"形状相同。因此有理由相信印度-阿拉伯数字符号与汉字的数字符号具有同样的渊源。

有了记录数的符号,接下来出现的问题是"数"有无限多,人们不可能发明无限多个符号去表示无限多的数。因此就有了"化无限为有限"的主观需求,用有限多的符号能够记录、表达无限多的数。为此首先想到的应当是"以一代多"。所谓"以一代多"就是将"多个"看作"一个",我国历史上流传至今的"画正字"的数数方法,就是每增加"1"就写一笔,写出一个完整的"正"字,就记录了一个五。因此一个"正"就表示五个一,体现了以一代多的想法。在英语中的一些词汇也反映出历史上人们使用过的方法,比如"quinary"是把"五个"看作"一个"的意思;"duodecimal"是把"12 个"看作"一个"的意思;"vigesimal"是把"20 个"看作"一个"的意思;"sexagesimal"是把 60 个看作"一个"的意思。

实现用有限个符号能够记录、表达无限个数的,除了目前熟悉的印度-阿拉伯记数法之外,在古代欧洲应用最为广泛的应当是"罗马记数法"了。这种方法是用有限的七个符号以及相关的规则,能够表达出所有的数。从"1"到"10"的罗马数字分别为:

$$\text{I ,II ,III ,IV ,V ,VI ,VII ,VIII ,IX ,X}$$

其中仅仅用到了三个基本符号,"I"代表"一";"V"代表"五";"X"代表"十"。用三个符号能够表达十个数,依赖的是人为规定并且约定俗成的组合规则,相当于语言中的语法。表达"二"和"三"运用了对"I"的重复加倍;表达"四"和"九",运用的是"右减左"的规则,比如"IV"就是"5−1=4","IX"就是"10−1=9";类似地表达六、七和八的规则是"左加右",比如"VI"就是"5+1=6","VII"是"5+2=7","VIII"是"5+3=8"。全部罗马数字符号一共只有七个,除了从 1 到 10 中的三个符号之外,还有"L"代表五十,"C"代表 100,"D"代表 500,"M"代表 1 000。

这些符号组合起来表达数的规则主要有四条,前三条分别是前面提及的"重复加倍""右减左"和"左加右"。比如图 8-5 是 16 世纪欧洲出版的一本记载希腊数学的数,封面显示该书的出版年代就是用罗马数字书写的。

M. D. LXXXVIII.

图 8-5　罗马数字表达年代示意图

这个年代用前面介绍的符号和相应的规则可以通过下面的算式计算出来:

$$1\,000 + 500 + 50 + 10 + 10 + 10 + 5 + 1 + 1 + 1 = 1\,588$$

因此可以断定这本书的出版年代是公元 1588 年。

罗马数字表达数的第四个规则是针对大数的,可以叫作"加线乘千",也就是在某符号上面画出横线,就表示将这个数字扩大 1 000 倍。比如"$\overline{\text{L}}$"就代表"$1\,000 \times 50 = 50\,000$"。 罗马记数法包含有两个要素:第一是七个数字符号,第二是将数字符号组合并关联的规则。由此就实现了对无限多数的记录和表达。人们经过对诸如此类记录方法长时间的使用和比较,逐步感受到印度人发明的十进制记数法更加便于掌握和计算,而且与人的 10 根手指相一致。

与罗马记数法类似,印度-阿拉伯十进制记数法同样也有两个类似的要素,第一是 0—9 的十个数字符号,第二是"满十变一"的规则,这一规则在写法上体现为"左移乘十"。比如"22",右边的"2"代表 2 个 1,左边的"2"就代表"$2 \times 10 = 20$"。"22"的写法可以看作是"$2 \times 10 + 2$"的缩写。同样的数字符号放在不同的位置上,就表示不同的值,因此称之为"位值"。与罗马记数法相比,印度-阿拉伯十进制记数法的规则相对简单,便于学习和使用。除此之外,这种记数法还有许多方面的优势。

数作为描述量及其关系的语言,一个重要内容就是比较大小。在整数范围内,印度—阿拉伯记数法比较两个数的大小的方法可以概括为:"位数相同看高位,位数不同长者大",这样的方法简便易行,而且非常直观。相比之下,罗马记数法的大小比较就相对复杂。

十进制记数法的第二个优势是很容易推广到小数。前面所说的"左移乘十"反过来就是"右移缩十",也就是右侧数字的位值是左侧数字位值的十分之一。这样小数与整数的记录方法就统一了。比如整数 22 和小数 2.2 都符合"左移乘十"

和"右移缩十"的规则。这就使得数学中"数系"的建立成为可能。

十进制记数法的另一个优势是便于运算。历史上对于数的运算是一个难题。特别是对于较大数的运算,人们一直追求寻找能够程序化的操作方法。现如今数学课程中的"竖式"就是这种程序化的操作方法,对于建立在数字符号和位值基础上的记数法,只需要做到"数位对齐"就可以进行程序化的运算了。

可以看出,诸如 0—9 十个数字符号;位值;比较整数大小;数与数之间的运算;认识小数;小数比较大小;小数运算等内容都是以十进制记数法为基础的。不仅如此,其中蕴含着的对"有限与无限的关系"的感悟,对"以一代多"的方法的理解,都需要长期的过程,绝不是一节课能够实现的。因此在"变教为学"的实践中,需要耐心地等待,不能期望"浇水后立刻开花"。

第五节 "变教为学"期盼"异想"

根据《现代汉语》的解释,"异想天开"形容想法离奇,不切实际。事实上,如果把"异想"(think different)看作是求异的思维过程,与求同的思维过程相对,在思考过程中追求与众不同、不同寻常的想法。那么"异想天开"就应当成为当今学校教育,特别是课程与教学应当重视的培养目标。

在"司马光砸缸"这个故事中,大家的想法是去水中捞人,而司马光的想法与做法却不同寻常,即通过破缸,实现救人的目的。同样的,在"围魏救赵"这个历史故事中,目的是营救赵国,普遍的做法是迅速派兵赶往赵国,用武力达到救赵的目的;而孙膑的做法却不同寻常,通过围魏,进而救赵,从而不战而胜。这种"救人不捞人、救赵不去赵"的想法都具有异想天开的特征。在数学发展的历史中,类似的例子也很多。

一、赌注分配问题

17 世纪的欧洲,盛行博彩业,人们通过下赌注的方式进行诸如掷色子的对弈游戏,根据点数多少分配赌注。当时著名的法国数学家帕斯卡(Blaise Pascal,1623—1662)和费尔玛(Pierre de Fermat,1607—1665),曾经在相互通信中讨论如何公平分配赌注的问题,这一问题由于成为了概率论研究的起源与基础,因此流传至今,命名为"赌注分配问题",英译为"Problem of Division of Stakes"或

"Problem of Points"。

这一问题的大意是：甲、乙二人进行对弈游戏，游戏的规则为：每一盘赢者得1分，输者得0分。先得3分者为赢家，获得全部赌注。假设甲、乙二人每人下赌注30元。当第三盘结束时，甲得2分，乙得1分，未分胜负。此时游戏因故停止，二人需要公平分配60元赌注后各自离开。那么此时这60元赌注，应当如何分配最公平？①

之前很多人在游戏中都遇到此类问题，通常的想法和做法是，根据二人已经获得的得分按比例分配。因为此时甲得2分，乙得1分。因此应当把60元平均分为3份，甲分得其中的2份，乙分得其中的1份。也就是甲应当分得60元的三分之二，即40元；乙应当分得60元的三分之一，即20元。

帕斯卡认为这样的分配并不公平，对弈游戏尚未结束，公平的分配不仅要考虑目前输赢的结果，还要考虑未完成对弈中，输赢可能性的大小。需要进一步研究在目前甲2分、乙1分的情况下，如果对弈过程继续下去，二人胜负的可能性分别是怎样的？

假定二人继续第四盘对弈，会出现两种可能的结果，分别是甲赢乙输和乙赢甲输。如果甲赢，那么游戏结束，甲为赢家，获得全部60元赌注。如果乙赢，二人都得2分，应当平分赌注，每人分别获得30元。因此对于甲来说，第四盘无论输赢，60元中的30元是确定要获得的，而另外的30元是由二人第四盘对弈结果决定的，甲乙二人第四盘输赢的可能性（概率）是相等的，都是二分之一。因此这30元二人应当平均分配，各得15元。因此公平的分配应当是甲得（30+15=）45元，乙得15元。如果用树图，可以更加清晰地看出未完成游戏输赢可能性的大小关系。

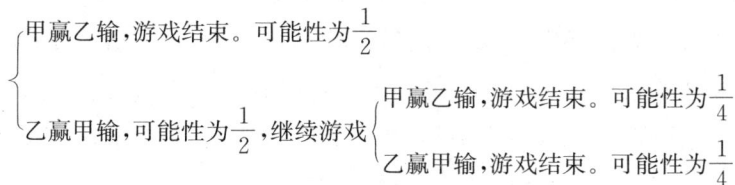

图8-6 输赢可能性示意图

① M. A. Todhunter. *A History of the Mathematical Theory of Probability from the Time of Pascal to that of Laplace* [M]. London and Cambridge: Macmillan and Company, 1865: 9.

通过图 8-6 所示,我们可以明显看出,甲在未完成游戏中获胜的可能性为 $\frac{1}{2}+\frac{1}{4}=\frac{3}{4}$,而乙获胜的可能性为 $\frac{1}{4}$。 因此甲应该分得 $60\times\frac{3}{4}=45$ 元,乙应分得 $60\times\frac{1}{4}=15$ 元。

在问题的思考中,赌注应当公平分配是没有异议的,因此"公平分配"是问题的目标,达到这一目标的方法并不唯一确定。 寻常的想法和做法是按照已经获得的得分,按比例分配。 而帕斯卡的想法与之不同,他是在当前结果的基础上,预测尚未发生游戏结果的可能性大小。 也就是说,如果游戏继续下去,甲最终获胜的可能性是四分之三,而不是目前的三分之二;乙最终获胜的可能性是四分之一,而不是现在的三分之一。 由于将已经发生的结果和尚未发生的结果的可能性综合考虑,因此使得分配更加公平。

在此基础上,帕斯卡对问题进行了推广。 如果在第二盘结束时停止游戏,此时甲两盘全胜得 2 分、乙两盘全输得 0 分。 那么 60 元赌注应当如何分配? 如果仅按照已有结果分配,此时似乎应当甲获得全部的 60 元赌注,乙得 0 分自然应当空手而归。 但帕斯卡按照预测未完成游戏可能性的方法,得到了不一样的分配结果。

可以设想第三盘游戏的结果,如果甲赢,那么甲三盘全胜,得到 3 分,游戏结束,甲为赢家,获得全部的 60 元赌注。 如果甲输乙赢,那么就转化为前面甲 2 分、乙 1 分的情况,甲得 45 元,乙应得 15 元。 因此第三盘甲无论输赢,其中的 45 元是确定得到的,需要平均分配的是 15 元。 因此甲应分得(45+7.5=)52.5 元,乙应分得 7.5 元。

进一步想,如果在甲 1 分、乙 0 分时停止游戏,赌注又应当如何分配? 用同样的方法,设想第二盘如果甲赢,那么问题转化为甲 2 分、乙 0 分的情况,甲应分得 52.5 元,乙应分得 7.5 元。 如果乙赢,二人得分相同,应当各自分得 30 元。 因此 30 元是甲确定得到的,二人应当平分 52.5 元与 30 元相差的部分 22.5 元,因此甲应分得(30+11.25=)41.25 元,乙应分得 18.75 元。

帕斯卡与费尔玛与众不同的异想,不仅解决了困惑已久的问题,而且为数学中可能性问题的研究奠定了基础。 概率论中"数学期望"的概念,就源于这一问题的研究。

二、鸡兔同笼问题

前面讨论过的鸡兔同笼问题所描述的情境是,二足一头的鸡与四足一头的兔在同一笼中。通常叙述为:鸡和兔在同一个笼子中,总头数为 35,总足数为 94。问鸡和兔各有多少只? 最为经典的算法分别为《孙子算经》中介绍的半足术,以及《算法统宗》中介绍的倍头法。

半足术的过程为:"半其足,以头除足,以足除头即得。"[①]即将笼中鸡和兔的总足数 94 取半成为 47。此时相当于笼中的鸡变为一足一头,兔变为二足一头。此时思维中出现的是"一头一足的鸡"和"一头二足的兔",也就是思维中出现了"是鸡又非鸡"和"是兔又非兔"的情境。

倍头法的过程是"倍头、减足、折半是兔"。"倍头"就是把总头数 35 加倍变成 70;"减足"是用总足数 94 减去 70 得到 24;"折半"是取 24 的一半得到兔子的只数为 12。倍头法的第二种算法是先求鸡只数,过程为"四头、减足、折半是鸡"。"四头"就是用 4 乘总头数 35 得到 140;"减足"是用 140 减去总足数 94 得到 46;"折半"是取 46 的一半得到鸡的只数 23。与半足术类似,将鸡与兔总头数加倍,相当于笼中鸡和兔都变成了"二头"或"四头",同样也出现了鸡非鸡、兔非兔的情境。

按照通常的思维,这种情况是难以理解和解释的。通常的思维一般遵循形式逻辑的基本规律,即同一律(law of identity)、无矛盾律(non-contradiction law)和排中律(law of excluded middle)。同一律要求同一思维过程中,任何思维对象应当保持一致,否则就会出现偷换概念的问题。无矛盾律要求任何一个判断或命题不能既真又假,也就是说任何一个判断如果为真,那么其相反的判断一定为假。在此基础上,排中律指的是一个判断或命题或真或假,没有第三种情况。[②] 在鸡兔同笼问题的情境中,默认为真的判断至少有如下三条。

- 判断 1:笼中动物非鸡即兔,没有第三种动物。
- 判断 2:凡鸡都是一头二足,不是一头二足的动物一定不是鸡。
- 判断 3:凡兔都是一头四足,不是一头四足的动物一定不是兔。

如果说半足术中所出现的"一头一足"是鸡,"一头二足"是兔,就是承认了判

---

① 瀚堂典藏.子部集成·科学技术·数理化学·孙子算经·孙子算经(宋刻本)·卷下[EB/OL]. http://www.hytung.cn/.

② 《逻辑学辞典》编辑委员会.逻辑学辞典[M].长春:吉林人民出版社,1983:239.

断 2 和判断 3 既真又假,违背了无矛盾律。

如果不承认一头一足的是鸡,也不承认一头二足的是兔,就使得同一思维过程中,鸡和兔概念的属性发生了改变,违背了同一律的要求。如果把一头一足(鸡)以及一头二足(兔)的对象理解为既非鸡又非兔的第三种动物,又违背了判断 1 所说的笼中动物非鸡即兔,也就是违背了排中律。

因此,半足术和倍头法都违背了通常形式逻辑的思维规律,具有与众不同、不同寻常的异想特征。这样的异想不能被认为是错误的思维,而应当看作是对通常逻辑思维的拓展与提升,应当认为是我国历史文化中人们智慧的体现。同时也说明,基于形式逻辑的思维方式是有局限性的。

从人类历史发展的视角看,人的思维形式多种多样。比如,以辩证逻辑为基础的辩证思维,是以辩证唯物主义普遍联系和运动变化的观念为基础,遵循对立统一(unity of opposite)的思维规律。认为任何事物的存在,一定伴随着对立一方的存在。对立的双方相互排斥,同时也互为条件、互为因果。对立的双方在一定条件下可以相互转化。在思维的过程中,"是"与"非"并非处于截然分离的状态,存在中间地带(middle ground)或过渡区(transitional area),思维对象可能同真、共存和相互转化。[①]

半足术中出现的"是鸡又非鸡"的情境,是解决问题过程中思维的产物,是联结"是鸡"与"非鸡"的中间地带或过渡区,作为思维中的存在是合理的。这种是非相容的思维方式可以概括为:是与非可以同地并存,是与非可以同时为真,是与非可以相互转化。因此可以说,半足术与倍头法都是通过不同寻常的异想得到的算法,其中蕴含着辩证思维的特征。

三、将异想融入数学学习

辩证思维对于数学学习中多视角的理解以及方法的多样化,具有广泛的实际意义。比如,在整数除法运算中,有"余数要比除数小"的规定,与这个判断相对的判断是"余数不比除数小",其中包含着两种情况,一种是"余数等于除数",另一种是"余数大于除数"。按照形式逻辑的无矛盾律,如果规定"余数要比除数小",那

① V. J. McGill & W. T. Parry. The Unity of Opposites: A Dialectical Principle[J]. *Science & Society*, 1948, 12(04): 418—444.

么就应当否定余数等于或大于除数的情况。对于"2÷2",如果遵循余数要比除数小,那么就是商 1 余 0,写成竖式形式就是:

$$
\begin{array}{r}
1 \\
2\,)\,\overline{2} \\
2 \\
\hline
0
\end{array}
$$

如果按照多视角的辩证思维,可以对此产生异想,余数未必一定小于除数,尝试一下余数等于除数会怎样? 将 2÷2＝1······0 改写为 2÷2＝0······2,也就是商 0余 2。写为竖式:

$$
\begin{array}{r}
0 \\
2\,)\,\overline{2} \\
0 \\
\hline
2
\end{array}
$$

这个竖式看起来没有什么意义,如果按照小数除法继续这个竖式的计算,就会得到新的发现,这个异想天开出来的计算过程实际上从除法计算的角度证明了"$0.\dot{9}=1$"。

$$
\begin{array}{r}
0.\,9\,9\,\cdots \\
2\,)\,\overline{2\,0\,0} \\
0 \\
\hline
2\,0\,0 \\
1\,8 \\
\hline
2\,0\,0 \\
1\,8 \\
\hline
2\,0
\end{array}
$$

······

在数学中,许多人为的判断并不是是非分明的,往往具有可能这样,也可能那样的特征。[①] 数学学习应当让学生经历这种具有异想特征的思维过程。

再比如,在数学课程中与"角"有关内容的学习中,有一个"平角"的概念。直观上看平角是一条直线,并不具有通常角的形象,按照形式逻辑的思维方式,就会在思维中产生"平角不是角"的意识。而从辩证思维的眼光看,直观上的"非角"可

① 郜舒竹.数学课程中"人为规定"的思想性[J].课程・教材・教法,2018,(09): 93—98.

以与思维中的"是角"并存,用运动与变化的眼光把直线看作是小于 180 度的角与大于 180 度的角相互转化需要经过的一个瞬间,这样就实现了"非角"与"是角"的相容和统一。

辩证思维对于探索解题方法,实现方法多样化,也同样具有重要作用。比如,小学六年级分数应用题中一个经典的相遇问题:小红从家到小刚家步行需要 10 分钟,小刚从家到小红家需要 15 分钟。二人同时从家出发,多少分钟可以相遇?

通常的算法是,设小红与小刚家之间的距离为"1",那么小红步行速度为 $\frac{1}{10}$,小刚步行速度为 $\frac{1}{15}$,二人相遇所需要的时间为:$1 \div \left(\frac{1}{10} + \frac{1}{15} \right) = 6$(分)。

这一算法是将思维局限于问题所叙述"两家之间"的情境。依照是非相容的辩证思维,可以虚拟题目中没有的情境,拓展"两家之间"的情境。比如可以设想,如果二人都按照同样速度步行 30 分钟,那么小红步行距离就是两家之间距离的 3 倍,小刚步行距离就是两家之间距离的 2 倍。说明在相同时间内,小红和小刚的步行距离是 3 份与 2 份的关系。如果把两家之间距离视为 5 份,相遇时小红走其中的 3 份,小刚走其中 2 份。那么小红步行时间是 10 分钟的 $\frac{3}{5}$,小刚步行时间是 15 分钟的 $\frac{2}{5}$,都是 6 分钟。

这样的思考实质上是将题目中没有的情境视为"有",在思维中出现了"真情境"与"假情境"的共存与相容,与帕斯卡研究赌注分配问题的思维方式类似,都是虚拟出未发生事件的各种可能性。这样的思维方式符合辩证唯物主义"用运动与变化的眼光看待事物"的观点。

如今数学教学倡导变教为学,将以教师教的活动为主的课堂教学改变为以学生学习活动为主的课堂教学。数学教学不再是教师将教科书中单一的、确定的内容传授给学生,而是引导学生积极主动地开展学习活动。在这样的过程中,学生就会产生各式各样异想的结果。

美国苹果公司在题为"异想"的广告词中说:异想的人狂放不羁、不和主流、叛逆传统、制造麻烦、特立独行。但他们是改变世界、推动进步的人。教师在面对学生异想的结果时,如何对待有异想的学生? 如何应对学生异想的结果? 这将成为数学教学改革需要研究的课题。

第九章　如何实现"变教为学"

"变教为学"追求课堂教学中"知识有魅力,学习有活动,人人有机会"。这就需要从习惯的备课和上课方式上做彻底的改变。

第一节　备课方式需要改变

所谓"备课"简单说就是对"上课"的准备过程,这种准备的过程应当是教师主动思考和学习的过程,是脑力劳动,而不是体力劳动。在与一线小学教师共同备课的时候,发现他们对备课的认识存在着误解。

一、备课的误解

第一个误解是把"写教案"等同于"备课"。有学校把定期检查教师的教案作为管理教学质量的手段,认为教案的质量等同于教学质量,导致一些教师养成了为应付检查而写教案的习惯,使得备课成为被动的"抄写"活动,失去了主动的思考和学习,备课并没有成为上课的准备,而成为了"不得以而为之"的负担。备课没有成为主动的脑力劳动,而成为了被动的体力劳动。

事实上,教案就是对课堂教学的一个计划和安排,应当是对备课中思考和学习的一个记录。这个记录可以写出来,也可以不写出来;可以写得很详细,也可以写得很简略,甚至也可以不写出来。教案是为教师自身教学所使用的,因此写出来还是不写出来、写得详细还是粗略,应当由教师依据自身情况和需要自由决定,而不应当按照某一种模式硬性地统一要求。备课的质量是由教师主动"思考和学习"的质量决定的,而不是由写不写教案或者教案写成什么样子决定的。备课的水平决定了教学质量,而教学质量最终是靠培养出来的学生的质量来检验的。因此试图通过检查教案的方式检验教师的教学质量,显然是不妥的。

第二个误解是备课内容追求全面,其结果是备课中需要思考的内容变得"复杂化"和"形式化"。比如,要求书写格式必须包括"课题名称、教学目标、重点难点、教学过程、板书设计"等,其中"教学目标"必须包括所谓的"三维目标"。一些地区开展的说课比赛中,组织者更是规定了"八股文"式的模板,说课内容要包括"指导思想与理论依据,教材分析与学情分析,教学目标与重点难点,教学流程与教具学具,教学评价与方式方法,教学特色与教学反思",其中的"教材分析"必须包括多个版本教科书的对比分析,"学情分析"必须通过所谓"前测"来进行。试想在日常教学中,教师准备 40 分钟的一节课,怎么可能去认真思考如此繁琐的内容? 在这样的模板下,教师的备课不是独立地思考和学习,而是在揣摩"检查者"或"评委"想法的基础上的"东抄西抄",当然也就谈不上发挥教师的主动性和创造性了。这种追求全面的备课要求实质上是"把简单问题复杂化",使人无法聚焦重点,自然就不能使得思考深入,只能是"用华丽的词汇掩盖空虚的内容"。

第三个误解是备课中的思维方式模式化。在不同地区、不同学校经常听到一些模式化的说法。比如:必须要有生活情境,必须要有直观模型,等等。无论是"生活情境"还是"直观模型"都属于教学的方法与手段,方法与手段是为内容和目的服务的。不同的内容和目的所适用的方法和手段可能是不同的。这些模式化的思维方式可能是来源于一线教师对所谓"专家"的迷信,认为专家说的都是正确的。中国教育的一个特点是众多的没有做过中小学教师的专家在指导着中小学教育、教学。这样的指导可以说是利弊参半,最不可取的指导有两种类型:一种是把外国人的话变成晦涩的中文灌输给教师,使得教师误认为"外国的就是先进的""听不懂的就是高深的"理论;第二种是"有想法、没办法"的所谓指导,这种"眼高手低"的指导给人的感觉是高高在上、可望而不可及,空谈理念和意义,对于教育教学中的实际问题说不出解决办法。这样"没错且没用"的指导只会使得一线教师慢慢习惯高谈阔论式的教学研究,而对于教育、教学中的实际问题视而不见。

第四个误解是只关注教学内容,而忽视课堂组织形式的设计。什么样的任务适合独立思考? 什么样的任务适合同伴交流? 什么样的任务适合小组合作? 每一个学习任务需要安排多少时间? 完成任务后应当如何组织汇报? 学生汇报过程中如何组织其他学生的倾听与交流? 这些问题其实都是需要在备课过程中认真思考并有所安排的。

备课作为教师上课前的准备活动,应当是个性化的活动,并没有统一的模式。

备课永远不会有最好的模式,每一位教师都可以创造出最适合自己以及自己学生的备课方式。从某种意义上说,这也是"教无定法"的一种体现。

"变教为学"的教学从知识安排的角度说,强调突出本质和实现关联,所谓"突出本质"就是明晰知识属性,由此可以确定其学习的过程与方法。"实现关联"的一个重要方面是把"新"内容与学生已经熟悉的内容建立联系,实现"化未知为已知"。让学生的学习成为"知识越学越少,问题越学越多"的过程。为此,备课中需要思考和研究的一个重要问题就是辨别"新"知识。

二、辨别"新"知识

辨别新知识是确定学习目标的基础。这样的思考关注哪些内容对学生的学习来说是"新"的,哪些是学生已经熟悉的。这将成为设计"怎样学"的依据。下面以"小数乘法"和"小数除法"为例说明。"小数乘法"是在学习了"整数乘法""小数的认识"以及"小数加减法"之后的内容,应当说是以上内容的重新组合,从数学的角度看,这种"重组"并没有出现什么新知识。但从学生的学习来说,就可能存在着学生所不熟悉的"新"内容。

学生之前对"乘法"的认识是"相同加数求和",如果把这种认识用于对小数乘法的理解就会产生困难。比如小数乘整数的"0.5×3",可以理解为是"3 个 0.5 相加",也就是"$0.5+0.5+0.5$",但是反过来"0.5 个 3 相加"就不好理解了。类似地小数乘小数"0.5×0.3",用"相同加数求和"也很难理解其含义。

"小数除法"也是类似,学生过去所熟悉的整数除法算式一般有两种理解方式,比如对于"$24 \div 4$",第一种理解是"24 中包含有多少个 4";第二种理解是"把 24 平均分为 4 份,每份是多少"。不妨把第一种理解简称为"包含除",第二种简称为"等分除"。对于"$22.4 \div 4$"如果用"包含除"理解,那就是问"22.4 中包含有多少个 4"。这样的理解对于如图 9-1 的竖式计算过程就难以解释了。

图 9-1 计算过程实际上分为两步,用"包含除"的语言说,第一步算出了"22 中包含有 5 个 4",剩余部分是"2.4",比除数 4 小,就无法用"包含除"的语言继续解释下面的"2.4÷4"了。只能用"等分除"的语言叙述为"把 2.4 平均分为 4 份,每份是多少"。如果除数也是小数,同时被除数小于除数,那么无论是用"包含除"还是"等分除"都很难解释除法算式的

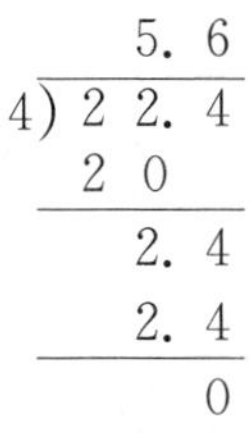

```
      5. 6
   ─────────
4 ) 2 2. 4
    2 0
   ─────────
      2. 4
      2. 4
   ─────────
        0
```

图 9-1　除法竖式图

含义。比如"0.1÷0.2",既不能说成"0.1 中包含有多少个 0.2",也不能说成"把 0.1 平均分为 0.2 份,每份是多少"。

另外,学生学习"整数乘法"和"整数除法"后会不自觉地形成两种认识:第一种认识是"乘法使得结果变大","除法使得结果变小"。[①] 第二种认识是做除法的时候"被除数总是大于除数的"。这两种认识在学习小数乘除法的时候都发生了变化。因此,在学习小数乘法和小数除法之前,首先需要学习的"新"知识不是程序化的"算法",而是针对小数乘法算式和除法算式含义的理解。

三、为新、旧知识搭桥

辨明对学生来说可能的新知识后,需要思考的重要问题是如何把"新"知识变成"旧"知识,也就是把新知识与学生已经熟悉的知识或者经验建立联系。

对于"小数乘法",一种较为普遍的学习方式是借助长方形的面积。图 9-2 正方形 ABCD 的边长为 1,所以面积为 1。

在图 9-2 正方形的 AB 边上截取 0.5 长度,AD 边上截取 0.3 长度。那么长方形 AEFG 的面积就可以用"0.5×0.3"表示。类似于这样的方法在国内外小学数学教科书中普遍采用。

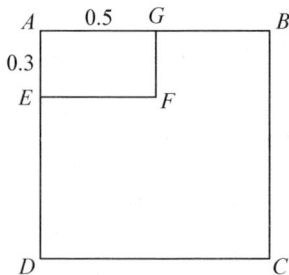

图 9-2　小数乘法面积示意图

在国外的数学教学中把用长方形面积展示小数乘法过程叫作"小数乘法的直观化"(visualization),比如对于"5.7×1.4"的计算过程和结果,就可以用下面的图形直观地展示出来(如图 9-3 所示)。[②]

用长方形面积直观理解小数乘法,实际上是默认了一个前提,就是边长为小数的长方形面积可以用"长×宽"计算,这一点与学生之前的经验并不相符。所谓"长×宽"的长方形面积公式,学生最初是用"数方格"的办法学习的,数字"1"对应的是一个方格,边长都是整数。而在图 9-3 中数字"1"对应的是一个"大方格",其

① Anna O. Graeber & Dina Tirosh. Insights Fourth and Fifth Graders Bring to Multiplication and Division with Decimals[J]. *Educational Studies in Mathematics*, 1990, 21(06): 565—588.

② Margaret Rathouz. Visualizing Decimal Multiplication With Area Models: Opportunities and Challenges [J]. *IUMPST*, 2011(08): 2.

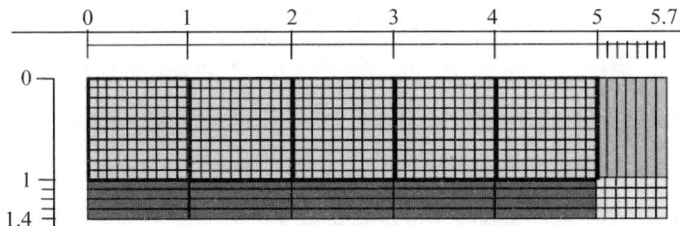

图 9-3　直观化图形展示小数乘法示意图

中还包含了 100 个"小方格",实际上是把小数变成整数进行理解,并没有揭示小数乘法的真正含义,仍然会对学生理解小数乘法构成困难。

对小数乘法算式真正的理解需要借助分数的思维方式,用分数的眼光看待小数及其乘法运算。比如 0.5 可以看作是 $\frac{5}{10}$ 或者 $\frac{1}{2}$,把 0.3 看作是 $\frac{3}{10}$,那么"0.5 ×0.3"就可以理解为"0.5 的 $\frac{3}{10}$"或者"0.3 的 $\frac{5}{10}$",二者的相等关系可以从下面的图 9-4 中看出:

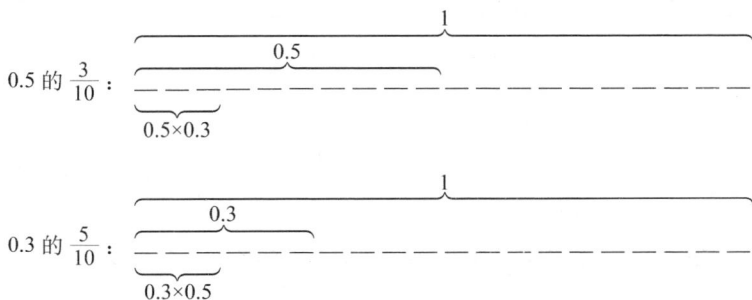

图 9-4　0.5×0.3 的理解图示

在实际的购物问题中就可能出现类似的计算,比如:"一个物品的价格是 0.3 元,买半个多少元?"这个问题可以用"0.5×0.3"来计算,实质上是用求"0.3 的 $\frac{1}{2}$"进行思考的。又如行程问题中,如果一个人的跑步速度是平均每分钟 0.12 千米,那么半分钟跑步距离就可以用"0.12×0.5"来计算,也是运用了"求一个数的几分之几"的思维方式。

在这样理解的基础上,应当可以对小数乘法的结果进行口算或估计。比如"0.5×0.3"是"0.3 的 $\frac{1}{2}$",因此结果应当是"0.15"。再比如"5.7×1.4",由于"5.7"接近 5 和 6，"1.4"接近 1.5。因此可以知道"5.7×1.4"应当比"5 的一倍半"大，比"6 的一倍半"小，也就是这个结果应当介于 7.5 和 9 之间，在没有精确计算的时候，利用分数的思维方式已经估计出了准确结果所在的范围，这对将来算法的学习是十分有益的。

对于小数除法来说，最难理解的情况是"除数是整数部分为 0 的小数，并且被除数小于除数"，对于这样的情况可以利用"比和比例"的思维方式进行理解。比如，一个物品单价为 0.2 元，如果某顾客只有 0.1 元，可以买多少？这个问题可以通过计算"0.1÷0.2＝0.5"来解决。这样的方法实质上是利用了"单价"与"数量"成正比例，也就是说"0.1 元与 0.2 元之间的倍数关系"与"0.5 个物品和 1 个物品之间的倍数关系"是一样的。这样的关系可以从表 9-1 的表格中明显看出：

表 9-1　价格、数量关系表

价格(元)	0.2	0.1	……
数量(个)	1	0.5	……

这个时候"0.1÷0.2"既不是"等分除"，也不是"包含除"，而表达的是 0.1 与 0.2 之间的倍数关系，这实际上就是"比和比例"的思维方式。再比如，中国古代重量的计量单位有"斤"和"两"，二者的关系为 1 斤等于 16 两，因此有一个成语叫作"半斤八两"，表达势均力敌、不相上下的意思。如果在已知"半斤"等于"八两"的基础上问"0.2 斤等于多少两"，其间的数量关系可以用表 9-2 的表格展示出来：

表 9-2　半斤八两示意表

斤	0.5	0.2	……
两	8	?	……

此时用"0.2÷0.5"得到的"0.4"就是 0.2 与 0.5 之间的倍数关系，由于"?"与"8"也符合这样的倍数关系，所以 0.2 斤对应的就是"8×0.4＝3.2(两)"。

因此对于小数乘、除法一种有效的理解方式是充分利用计量单位之间的比例关系。小学阶段含有这种计量单位的"量"(magnitude)主要包括描述物体"大小"的长度、面积、体积；描述物体"轻重"的重量(质量)；描述价值"高低"的人民币；描述经历"长短"的时间；描述"冷热"的温度；描述"快慢"的速度；描述旋转或者"张开程度"的角。凡此都可以成为理解小数乘、除算式的素材，成为沟通新、旧知识的桥梁。虽然比、比例以及正、反比例等都属于六年级的课程内容，事实上，相关的方法和思维方式是在数学课程中贯穿始终的。

以上关于"小数乘、除法"的课程内容具有"似旧不旧"的特点，也就是表面看没有新内容，而实际上存在着与学生已有知识和经验不同甚至相悖的内容。因此备课中应当着力挖掘其中蕴含着的"新"内容，这些新内容将成为学生学习的重点和难点。

四、似新未必新

数学课程中还有一类与"似旧不旧"相对的课程内容，可以叫作"似新不新"，也就是表面看是新知识，而实际上学生之前对其已经具有了相当丰富的知识和经验。备课中一个重要工作就是把"似新"的内容与学生已经熟悉的内容沟通联系，使之成为"不新"的内容。"圆的面积"通常被认为是难教并且难学的课程内容。事实上如果沟通了圆与三角形的关系，学生完全可以自己推导出圆的面积公式。如图 9-5，首先把一个半径为 r 的圆面内部画出若干同心圆。

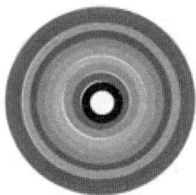

图 9-5　同心圆示意图　　　　图 9-6　同心圆取出示意图

然后想象将这些同心圆逐一取出（如图 9-6 所示）。

接下来想象将图中所有同心圆从某处剪开并拉直，依次摆放在一起（如图 9-7 所示）。

这样就形成了一个两条直角边分别为半径"r"和圆周长"$2\pi r$"的直角三角形（如图 9-8 所示）。

所有变换过程并没有使得面积发生改变，因此图 9-8 三角形的面积与原来圆形面积相等，因此利用三角形面积公式就可以求出圆的面积为 πr^2 了。这样的过程与之前学生所熟悉的将"平行四边形"转化为"长方形"求出平行四边形面积公式的过程是一样的。另外,这样的过程实质上是利用了微积分中所谓"分割、求和、取极限"的方法,也是利用"离散量"研究"连续量"的过程。[①]

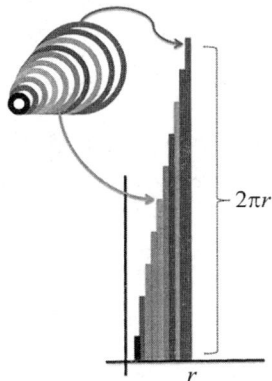

图 9-7 剪开同心圆并拉直示意图   图 9-8 直角三角形示意图

"变教为学"主旨在于让学生自己经历知识的发现与发明,这就要求教师备课中认真研究并且辨别新知识,进而沟通其与旧知识的联系,在此基础上为学生设计有效的学习任务和学习活动。

第二节 如何应对生成

"变教为学"的课堂教学倡导教师少说话,学生多活动。这样的课堂教学必然带来学生的生成多种多样,许多生成会与教师课前的预设不同,甚至出乎教师意料之外,这种情况常常会让教师应接不暇。如何应对来自学生不同于预设的生成,就成为教师关心的问题。

一、忘掉课前预设,专注学生表达

教师备课中对于设计的提问或者任务,通常会做三方面的预设。第一是期望学生的回答是什么;第二是学生可能的回答有哪些;第三是对于学生各种可能回答的应对办法。上课过程中,教师最希望的就是学生的回答与备课中的期望相一致。不一致的时候往往会感到难以应对,可能会置之不理,也可能用"谁来帮帮

---

① 郜舒竹.为教师的微积分[M].北京:首都师范大学出版社,2012:6.

他"之类的语言过渡。一旦出现期望的答案,就会喜形于色,用类似于"你真棒"这样的语言表达满意的心情。由此可以发现教师提问后,心理上有一种对"标准答案"的期待,这种期待一旦实现就会被认为教学设计的效果良好。这种心理导致教师与学生的交流实质上是在"寻找答案",诸如此类"寻找答案"的问答方式在某种程度上存在着对教与学双方不利的因素。

这种不利因素首先是部分学生学习的积极性在某种程度上可能受到伤害。教师课堂中向学生提问的目的是促进学生的思考和交流,当学生经过自身的努力思考并给出答案后,期待的是自己的思考受到重视并产生价值。这种重视与价值应当是反映在进一步的对话中的,如果说得对或者说得好,进一步需要讨论好在什么地方,产生的价值是什么。如果回答错了,就需要进一步讨论错在什么地方,出现错误的原因是什么,其中的合理成分是什么。如果教师仅使用一句"谁来帮帮他"或者"你真棒"之类的语言结束对话,会给学生一种"敷衍"或没有引起老师重视的感觉,因此一定程度上会挫伤学生的积极性。

另外,"寻找答案"式的问答方式可能会逐渐形成学生对教师的一种"迎合"心理,不是去思考"应当是什么",而是猜测"老师想要什么"。得到老师肯定或者赞许时,会有洋洋得意的感觉;遭到老师否定时,就会有懊恼的感觉。教师成为了评判"对与错"或者"好与坏"的"权威"。这种迎合心理对学生今后的学习和工作是非常不利的。在高等院校的教学中,当与学生(包括研究生)个别交流作业或者论文时,经常听到学生询问老师的问题是:"老师,您看行吗?"如果老师给予肯定或者赞许,学生就会兴奋不已;如果老师给与否定并要求修改,学生就会揣摩老师的想法,并且按照老师的想法去修改。这显然是与创新型"人才"所应当具备的自主性和批判性相悖的。

除此之外,褒贬鲜明的交流方式还会逐步养成学生的"争宠"和"投机"心理。"做好事"的目的不是为了把事情做好,而是为了得到老师的表扬;"做坏事"只要不被发现,就没关系。长期"得宠"的学生会自认为是教师心目中的好学生,而"失宠"的学生就会在集体中自认为或者被认为是"弱者"甚至是"坏学生"。这样的心理给人带来的危害主要有两个方面:一方面是"得宠"者可能会得意洋洋而傲视甚至蔑视他人,而"失宠"者可能会对"得宠"者产生不满情绪;另一方面的危害是学生为了"得宠"可能会"不择手段",担心"失宠"而推卸责任。凡此对学生今后的发展都是非常不利的。

　　从教师的角度看,"教"的过程中教师的一项重要任务是诊断学生的学习,也即通过对学生的观察或者与学生的交流,了解学生的思考过程以及存在的问题。这就需要教师在与学生对话的过程中专注地倾听。诊断不仅仅是看结果正确与否,更要关注学生思考的过程,专注地倾听就是要读懂学生思考的过程。把预设作为标准答案去寻找学生正确答案的做法,显然不利于教师对学生思考过程的诊断。

　　因此在学生回答问题或者表达想法时,教师应当"忘掉课前预设,专注学生表达",不应当把预设的答案作为唯一正确的标准答案,倾听时不要把注意力仅仅放在结果的正确还是错误上,应当从多方面关注学生的表达,不仅包括结果,还应当包括过程;不仅包括内容,还应当包括表达方式以及语言运用;等等。

　　即便专注地倾听,也会出现"听不懂"的情况,此时应当通过反问进一步鼓励学生的表达。在听懂的基础上,不要急于给出肯定或者否定的反馈,应当"平等反馈对错,逐步深入交流"。所谓"平等反馈对错"指的是无论学生所说的结果正确与否,教师都应当让学生感受到被重视,这种重视主要反映在"逐步深入交流"上,也就是鼓励学生进一步说出自己的想法,教师及时从学生的想法中捕捉到有价值的信息。同时,学生也可以在进一步思考、表达的过程中,逐步完善自己的想法并且发现、修正错误。

二、减少师生对话,增加生生互动

　　在我国大班额课堂教学的现实中,在有限的时间内让每位学生都有向老师表达想法的机会,教师与每一个学生去做深入交流,显然是难以做到的。为了实现"每位学生都有机会"这样理想的教学,就需要"减少师生对话,增加生生互动"。这种"生生互动"的方式,可以是同桌同学之间的互动,也可以是小组内同学之间的互动。学生在学习过程中出现疑问有机会询问,遇到困难有机会寻求帮助,产生想法有机会与他人分享。

　　这样不仅能够减轻教师"应对生成"的压力,还有益于实现课堂中的公平与和谐。这里所说的"公平"与"和谐"是相对于"差异"与"竞争"而言的。师生对话为主的课堂,教师会不自觉地把表达的机会更多地留给"说得好"的学生,因此课堂成为了强者的舞台,"强者表演,弱者旁观"带来的结果就是强者越来越强,弱者越来越弱。长此以往,学生自然而然地分出了强、中、弱,也就是课堂这个小社会中出现了"阶级"。有阶级就会有竞争,强者希望保持强者地位,对弱者可能会表现出"蔑视"。弱者对强者会表现出"羡慕"或者"嫉妒",甚至会表现出"不满"与"反抗"。凡此就会使得课堂这个小社会不和谐。

课堂中的公平要求"机会均等",这种机会均等的一个重要方面是每一位学生都有受到老师关注的机会。师生对话过多的课堂教学使得教师有被个别学生"缠住"的感觉,自然无暇去关注更多的学生。因此减少师生对话可以解放教师,在学生自主或合作学习的过程中,教师有更多的时间和精力去关注更多的学生,去帮助真正需要帮助的学生。

教学的过程实质上是"育人"的过程,学校教育的一个重要作用就是实现学生从孤立个体向社会成员的转化,简单说就是让学生习得"与人相处"和"与人交往"的经验。与人相处的关键是愿意帮助他人;与人交往的核心是对他人的尊重。这种意识的形成不能依赖于说教,而需要在日常行为中逐步养成。在课堂教学中增加生生互动有益于学生这种社会化的养成教育。比如在课堂教学中经常见到有学生"愿意表达自己,不愿倾听他人",实际上就是对他人表现出的不尊重现象。一种有效的培养方法是学生交流之后,要求学生把同伴的想法讲明白。学生为此就需要认真倾听并且听懂同伴的想法,长此以往就会逐步养成"互相倾听、互相理解、互相表达"的意识和习惯。

在这样的课堂上,学生大部分时间的注意力并不在教师身上,而是在教师布置的任务以及与同伴的交流方面,真正实现"每位学生都有活动,每位学生都有机会"。教师的注意力不是在"讲课"方面,而是在对学生的关注和诊断方面,真正实现"每位学生受到关注"。

三、鼓励困惑疑问,用问题回答问题

在课堂教学即将结束的时候,经常听到教师向学生提出这样的问题:"通过这堂课的学习,同学们有什么收获吗?"这样的问题是期望得到来自于学生关于学习效果的反馈,反馈信息无疑对教师是重要的,但这样的反馈并不全面。教师需要了解的不仅包括学生学到了什么,还应当包括存在的困惑和疑问。因此,教师还可以向学生询问:"通过这堂课的学习,同学们还有什么不明白的?还有什么想知道的吗?"

课堂观察中发现,这种情况下学生会生成许多真实并且出乎意外、教师难以

回答的问题。比如,在六年级"比的认识"一课后,学生提出了这样的问题:"两个数相除叫作两个数的比,那么我们已经学习了除法,为什么还要学习比这个概念呢?"在"方程的初步认识"教学之后,有学生提出了下面的问题:

- 我想知道"含有未知数的等式"为什么用"方程"这两个字。
- 我想知道"$2x-3=5$"中的"2"与"x"之间为什么不写乘号。
- 我想知道"方程"是谁发明的。

应当承认诸如此类的问题都是学生真实的生成,是学生真的想知道的问题。能够提出这样的问题,说明学生是经过了真正的思考。不仅如此,这些问题也是有价值的,牵涉到了数学中原始概念的理解,也牵涉到数学发展历史上的知识。比如对于"有了除法,为什么还要学习比?"这个问题,就关乎数学中"数"与"量"这两个原始概念的关系的理解。19世纪英国伟大的数学家德·莫根(Augustus De Morgan,1806—1871)为此专门写过一本书,书名就是《数与量的关系》。再比如,"含有未知数的等式"为什么用"方程"这两个字? 这个问题与我国数学历史上的《九章算术》有关,同时也和中国文字的历史文化有关,也与清代学者翻译西方数学所使用的语言有关。

要求教师能够具有这些方面的知识,能够准确回答学生这样的问题,显然是不现实的,也是没有必要的。教师不是数学家,更不是通晓一切的百科全书式的人,教师的任务不是传统意义的"解惑",而是引发学生产生疑惑,帮助学生表述问题,鼓励学生解决问题。在这样的过程中,并不在乎问题本身是否得到回答,更重要的是培养学生提出问题的意识和勇于解决问题的勇气。

因此,面对学生提出的问题,教师不应当急于回答,草率地说出答案。应对的策略可以是"用问题回答问题",首先是对学生的问题及其价值进行肯定;而后在可能的情况下对学生的问题进行修饰,同时可以说出与之有关的问题;最后是鼓励学生自行解决问题的勇气。与此同时,应当勇于向学生承认自己"不知道",将学生的问题记录下来,作为自己进一步学习的素材。

四、提问用语准确,避免学生误解

课堂教学中还可能出现的一种情况是"冷场",当教师布置任务或者提问后,学生无人举手应答。比如,在一堂二年级学生的数学课上,教师布置任务要求学生计算"$1+2+3+4+5$"等于多少。当有学生举手,教师示意后学生站起来说："15。"这时，教师追问："为什么得 15 呢？"学生木呆呆地看着老师不说话。教师面向全班同学继续问："谁能帮他说说，为什么得 15 呢？"全班同学无人举手。

这种冷场现象的出现，通常是和教师表述的语言有关。学生如果不明白老师的问题，就会导致思维停顿，不知道如何回答老师的问题。比如前面案例中，教师是想让学生说出得到 15 的过程与方法，提问用语中应当用的特殊疑问词是"怎么"，应当问："你是怎么得到 15 的？"而实际用的是"为什么"，学生就不明白老师究竟想让我说什么。另外一种情况是学生对教师问题的误解。比如在低年级学生学习"方向与位置"中的"左右"时，经常会出现混淆的情况。

在图 9-9 中，如果问学生："最左边的是谁？"学生对这样的问题就会产生歧义的理解，因为这时候如果是观察者的最左边就应当是"男孩"，如果是图中人物的最左边，答案就是"女孩"。课堂中无论是师生交流，还是生生互动，都应当强调语言表达的清晰、准确。这种运用语言的能力，无论对教师还是学生都是重要的。

男孩　　　　老师　　　　女孩

图 9-9　"左右"示意图

应对学生生成的过程实际上是教师与学生沟通交流的过程。在这样的过程中教师的根本任务在于激发学生学习的热情，启发学生进一步思考的灵感，了解学生的思考过程。这样的教法在我国 2 000 多年前的《礼记·学记》中就有记载："君子既知教之所由兴，又知教之所由废，然后可以为人师也。故君子之教，喻也。道而弗牵，强而弗抑，开而弗达。道而弗牵则和，强而弗抑则易，开而弗达则思。和易以思，可谓善喻矣。"大意是说好的教法应当包括三个方面，第一是"引导而不替代和约束，给学生充分的自由，就会使师生关系和谐"。第二是"让学生越来越强，乃至强过自己，而不要抑制，这样就可以使师生双方教学相长"。第三是"让学生打开思路而不要急于告知结果，这样就能使人不断思考"。做到了这样的三方面，就是君子之教的"善喻"了。

20 世纪美国学者沃德(William Arthur Ward，1921—1994)所论及的教师教学的四个层次其实就是"君子之教"的翻版：普通的教师告知(tell)，好点的教师解释(explain)，优秀的教师演示(demonstrate)，出色的教师启示(inspire)。这里的

"启示"就是赋予灵感的意思。无论是君子之教所说的"喻"，还是西方人倡导的"启示"，都说明好的"教学"不是"教知识给学生"，而是"教学生学知识"。因此，应对学生的生成应当遵循的基本原则是"引导而不约束，鼓励而不抑制，启发而不告知"。

第三节　"计算"如何"变教为学"

计算教学在现行小学数学课程中通常包括笔算、口算、简算和估算。其中的笔算、口算和简算是以计算准确为目的，在此基础上计算方法有所差异。而估算是在实际情境中以达成计算者主观意愿为目的的计算，因此具有"情境之中、无需准确、追求简捷、达成意愿"的特征。下面重点谈在"变教为学"的背景下，笔算教学中学习活动的设计。

笔算这一说法是相对于历史上数学课程中的珠算和心算而言的，也就是现在所说的"竖式"计算。传统的竖式教学往往追求的是"又对又快"，因此采用的教学方法是讲解和示范。学生的学习方法是倾听、模仿和练习。这样的教法和学法在某种程度上可以达到"又对又快"的目的，但是缺失了学生的主动思考和不同方法之间的融会贯通，也缺失了学生之间不同方法的表达和交流。"变教为学"期望计算的教学过程成为学生主动的学习过程。这样的学习过程至少应当包括如下的三个环节。

第一是对多种算法的探索和交流。事实上，在历史上笔算竖式的写法是多种多样的，以三位数乘两位数"125×12"为例，如果按从右向左的顺序可以写为：

$$
\begin{array}{r}
1\ 2\ 5 \\
\times\ \ \ 1\ 2 \\
\hline
1\ 0 \\
4\ 0 \\
2\ 0\ 0 \\
5\ 0 \\
2\ 0\ 0 \\
1\ 0\ 0\ 0 \\
\hline
1\ 5\ 0\ 0
\end{array}
$$

如果是从左向右的顺序则可以写为：

$$
\begin{array}{r}
1\ 2\ 5 \\
\times\quad\ \ 1\ 2 \\
\hline
1\ 0\ 0\ 0 \\
2\ 0\ 0 \\
5\ 0 \\
2\ 0\ 0 \\
4\ 0 \\
1\ 0 \\
\hline
1\ 5\ 0\ 0
\end{array}
$$

除了竖式之外,还可以运用"算式重组"的方法,把"125×12"改变为"$(125 \times 4) \times 3 = 500 \times 3$"或者"$125 \times (10 + 2) = 125 \times 10 + 125 \times 2$"等形式进行计算。为了让每一个学生都经历对多样化计算方法的探索和交流,这一环节的学习任务可以设计为"用尽可能多的方法计算125×12,并向同伴讲解你的方法",学生依据这样的任务,借助自己已有的知识和经验,就可以开展探索与交流的学习活动了。

第二是对不同方法的理解与比较。理解算法的有效方法是用其他方式重新表述计算过程。比如可以给学生布置这样的任务:"在算式 □ × □ = 1 500 的方格中填写恰当的数,使得乘积等于 1 500。"学生填写的过程中就会发现诸如"$125 \times 12 = 500 \times 3$"这样的算法的合理性,并且发现其中蕴含着的乘法的"积不变"的规律,即"如果一个因数扩大的倍数,与另一个因数缩小的倍数相同,那么乘法的积不变"。

再比如,还可以利用长方形面积的问题帮助理解。给学生布置这样的任务,"用不同的方法求出下面长方形 ABCD 的面积"。

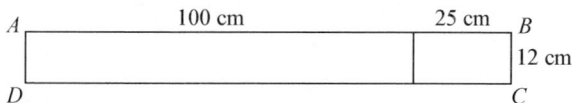

图 9 - 10　长方形面积示意图

学生在不同方法的对比中,自然就会发现"$(100 + 25) \times 12 = 100 \times 12 + 25 \times 12$"的合理性。在充分理解各种计算方法的基础上,就可以引导学生针对不同方法的比较,这样的比较一方面是观察不同方法的相同点和不同点,另一方面是分析每一种方法的优势与不足。需要注意的是,比较的结论应当是开放的,学生的结论只要是自圆其说的,就应当认为是正确的,是需要被尊重的。切忌得出"某种方法好,其他方法坏"的结论。因为方法的价值判断是主观性的,是因人而异的。

　　第三是对计算方法的提升与应用。计算方法通常是操作性的,比如运用乘法"积不变"的规律将"125×12"改变为"500×3",这样的方法可以叙述为"将因数125扩大为原来的4倍,再将因数12缩小4倍"。如果将这样的方法看作对算式"125×12"的解构与重构,也就是分解之后重新组合,那么这样的想法就有了更广泛的应用。数学中许多问题的解决都需要采用类似于此的想法。

　　比如,推导平行四边形的面积公式,通常就是将平行四边形分解后,重新组合为一个面积相等的长方形。再比如,将假分数化为带分数也是分解后重新组合成新的形式。举个例子,要将假分数 $\dfrac{10}{3}$ 化为带分数,首先就需要将分子10分解为3的倍数9与1的和,而后重新组合为 $3\dfrac{1}{3}$,即:

$$\frac{10}{3} = \frac{9+1}{3}$$
$$= \frac{9}{3} + \frac{1}{3}$$
$$= 3\frac{1}{3}$$

　　这样的方法在中学乃至大学的数学学习中会经常用到,比如许多时候需要对诸如 $\dfrac{x^2}{x-1}$ 的代数式进行化简,所采用的方法与前面假分数化为带分数的方法就是一样的,即在分子中分解出分母的倍数,而后重新组合。具体过程为:

$$\frac{x^2}{x-1}$$
$$= \frac{(x^2-1)+1}{x-1}$$
$$= \frac{(x-1)(x+1)+1}{x-1}$$
$$= x+1 + \frac{1}{x-1}$$

　　像上面这样,将一个具体的操作方法提升为一种想法,而后将这种想法应用到更加广泛的问题中,无疑对于建立知识与方法之间的关联,培养学生的思维能力会有所裨益。这样的设计可以用表 9-3 清晰地呈现出来。

表 9-3 三位数乘两位数教学设计

学习目标	经历对"125×12"多种笔算方法的探寻过程;对不同方法的比较过程以及对算法的应用过程。			
子目标	探索多样算法	经历方法比较	联想应用方法	反思总结学习
学习任务	你能用多少种方法写出"125×12"的计算过程?先独立思考,再与同伴交流。	你认为每一种方法的优点是什么?不足之处是什么?把自己的想法说给同伴听。	你认为哪一种方法最好?举一个你自己熟悉的例子说明这个方法的好处。	总结出"三位数乘两位数"与"两位数乘两位数"的计算方法的相同点和不同点。把你的总结写出来。
学习活动	回忆两位数乘两位数的计算方法;思考、书写、表达、倾听不同计算方法。	比较的思考过程;倾听和表达不同的价值判断。	联想的思考过程。	归纳与概括的思考过程;用书面语言表达想法的过程。

计算实质上不是知识的学习,而是学生利用自身经验的探索过程。"三位数乘两位数"的探索实质上是对"两位数乘两位数"所获得的经验的应用和拓展,因此教学中应当充分利用学生已有的经验,引导学生开展自主与合作的学习活动。

第四节 "变教为学"课堂中的教师角色

在一节小学三年级"分数的初步认识"的课堂观察中,出现了两个教学片段。这两个片段都是小学数学课堂中司空见惯的师生对话。仔细分析这样的对话,可以发现其中隐藏着师生"对话错位"的问题。

一、读懂学生

教师通过平均分配猕猴桃和折纸并涂色的方法,让学生初步认识了 $\frac{1}{2}$ 和 $\frac{1}{3}$ 后,要求学生用一张正方形的纸片"折出四分之一,并涂上颜色"。一位已经按教师要求折完并在一个四分之一部分涂上颜色的学生,趁老师经过身边时轻声问道:"老师,是都涂吗?"教师大声回答:"涂出四分之一。"教师回答后离开。这名学生一脸茫然,并犹犹豫豫、小心翼翼地将纸片旋转,并开始涂第二个四分之一。

仔细回味这一问一答,学生对教师的回答似乎并不满意,在这一问一答中教师或许并没有为学生真正地"解惑"。那么这名学生头脑中的疑惑究竟是什么呢?

观察中发现,提问前这名学生已经按照老师的要求,通过对折的方法正确地将正方形纸片平均分成四个部分,并且正确地将其中一个部分涂上颜色。多数学生做到这一步时就不再思考,身体坐直准备汇报了。这名学生此时提出问题,说明他的思考没有停止,而且在思考的过程中出现了困惑。

学生的提问中用到了一个"都"字,这个"都"字在这种情况下可能有两种含义:第一是"涂整张正方形纸片",第二是"涂四个四分之一"。按这两种理解涂色的结果应当是一样的,都是将整张纸片涂满颜色,但是思维过程是截然不同的。这名学生并不是一开始就在整张纸上涂色,是"先涂完一个四分之一后提问,后来又去小心翼翼地涂第二个四分之一"。由此可以推断出,学生所说的"都"是"四个四分之一"的意思,他头脑中的疑惑应当是:"我折出了四个四分之一,老师说涂出四分之一,那么是涂一个呢,还是都涂上呢?"

从教师简练的回答可以看出,教师对学生采取的是否定的态度,由此可以推断老师是将学生提问中的"都"字理解为"整张正方形纸片"了,正是这种对"都"字理解的不同,导致了教师的答非所问,也就是师生的"对话错位"。

在多数学生已经完成前面折纸、涂色的任务后,教师要求学生汇报不同的折纸方法,并将正确的结果粘贴到黑板上做示范。在教师准备结束这一教学环节时问了一个问题:

师:还有谁的方法与黑板上的不一样?

生(一名学生举手高声说道):老师,我的方法与他们不同!

师:那你说吧。

生:我是先对折,再打开,再对折,再打开。

师:你的方法不是与黑板上的第一种一样吗。

生:无语,茫然地坐下。

事实上,黑板上的第一种折法是"对折,再对折"得到的,中间并没有"打开"这一环节。教师和学生对"折纸方法"的理解是不同的,教师头脑中折纸的方法其实是折纸的结果,而学生头脑中的折纸方法不仅包括结果,还包括了"折纸的过程",学生认为他折纸的过程与黑板上的不一样。由于理解的不同,导致了"对话错位"。

这两个片段中学生所表现出的思维过程和所得到的结论都是正确的,而且都超出了教师的课前预设,这种宝贵的"生成"本应得到鼓励并让更多的学生分享,遗憾的是被师生的"对话错位"扼制了。当今小学课堂上,教师或多或少地掌握着主话语权,学生很难有机会与教师争辩是非。师生"对话错位"无意之中对学生产生了"打压"的效果,学生在这样的过程中会产生"犯错"的感觉。长此以往的训练,学生的思维方式就会逐渐成为"老师想要我说什么",而不是"我应当说什么"。这或许对学生创造性思维的培养会产生负面作用。

二、倾听与反问

为什么会出现师生"对话错位"的现象,直接的原因是教师没有准确理解学生想要表达的意思。而导致"没有准确理解"的原因可以从师生两方面来分析。不可否认,小学生受年龄特征和表达能力等因素的影响,在口头表达时经常会出现词不达意的情况,使得教师难以理解;从教师一方来看,往往是由于学生没有说出教师想要的答案而不愿继续倾听,当然就更谈不上理解了。另外,也不可否认教师有时会由于自身知识水平和能力水平的限制,无法理解学生想要表达的意思。为了实现师生在课堂上真正的交流,应当倡导教师在课堂上能够有与学生"脱离教案"的平等交流,这种交流应当表现为教师的倾听和反问。

所谓倾听,就是认真地听学生说话。倾听是理解的前提,而交流应当建立在理解的基础上。当学生说出与预设不同的内容时,应当相信学生是经过思考的,语言的背后一定具有思维的合理因素。下一步的任务是努力寻找并理解这种合理因素。在没有完全理解的情况下,切忌做出主观的判断和武断的回答,而应当进一步地反问,反问的目的是为了进一步的理解。

在前面的第一个片段中,如果在学生提出"是都涂吗"这个问题的时候,教师反问:"你说的都涂是什么意思呢?"这时学生就有可能对前面的提问做出进一步的解释:"有四个四分之一,是涂一个呢,还是都涂上呢?"教师就可以借此机会对这名学生进行鼓励,并把这名学生的想法与全班同学分享。

在第二个片段中,当学生说出自己折纸的方法后,教师首先应当相信学生已经发现了自己折纸的结果与黑板上的是一样的,之所以说不一样,一定有他的道理。如果教师反问:"那你的方法与黑板上的方法有什么不同呢?"学生就有可能说出是折纸的过程不同,这样从某种意义上说就更加体现了"方法多样化"的思想,而且会有更多的学生从中受益。

教师的教应当围绕学生的学而开展,"如何教"的问题要从学生"如何学"中去寻找答案。"倾听和反问"无疑是教师"知惑"的一个有效途径。不可否认,教师在课堂上面对数十名学生的时候,做到"倾听和反问"每一名学生的问题是非常困难的。这里想强调的是,"育人为本"不能仅仅停留在口号上,还应当逐步成为教师的一种行为习惯,而形成这种习惯的前提是教师与学生能够建立平等、尊重和信任的和谐关系。

三、关注动机

前面案例中教师给学生布置的任务是"折出四分之一,并涂色",在教师的理解中这个任务的结果是"唯一确定"的。第一个片段中学生困惑的问题是"涂几个四分之一",第二个片段中学生认为过程不同也是不同的折法。这种教师头脑中的"唯一确定"与学生理解方式的"多样化",就成为课堂教学中的一对矛盾。解决这对矛盾的方法可以是让任务再开放些。

比如前面的案例中,教师布置任务的目的是让学生通过操作,直观感知分数的意义。如果布置任务的方式改变为:"一家四口人分吃一个蛋糕,可以怎样分呢? 用折叠纸片并涂色的方法表示出来。"这样的任务相对于"折出四分之一,并涂色"就增加了开放度,学生的分法可能出现平均分的情况,也可能出现不平均分的情况,而且学生的分法往往会蕴含着某种想法,这些想法事实上都是课堂中宝贵的生成。

类似的内容还有五年级"比较分数大小",教科书以及课堂教学过程中通常是以直接的方式布置学习任务的,即:"比较 $\frac{2}{3}$ 与 $\frac{3}{4}$ 的大小。"或" $\frac{2}{3}$ 与 $\frac{3}{4}$ 哪个大?"这样的学习任务对于学生来说,并不知道为什么要知道哪个分数大,也就是缺少了学习活动的内在动机。对于接下来的学习活动,只是单一地按照固定的程序进行操作,缺少了多样化的思考、交流和展示的活动。由于任务答案的唯一确定 $\left(\frac{2}{3}<\frac{3}{4}\right)$,使得展示的机会仅仅留给了完成任务快的学生,使得慢的学生失去展示自己想法的机会。

如果把任务表述的方式改变一下,情况或许就会改变。比如:"有两个完全一样的蛋糕,其中的一个切下来了$\frac{2}{3}$,另一个切下来了$\frac{3}{4}$。如果让你选择,你希望要哪一块呢?"

遇到这样较为开放的问题,学生的思考内容就会丰富得多。首先学生要根据自己的意愿做出一个判断,这一判断可能有三种情况,分别是"不要""要大"和"要小"。不要或要小的理由可能是"不爱吃"或"留给别人",要大的理由可能是"爱吃"或"饥饿"。这一问题的思考和讨论就与学生的内在需求和意愿结合起来了,而且体现出了"谦让"的德育因素。

无论是"要大"还是"要小"的学生,都需要知道切下来的蛋糕哪一块更大或更小,这个问题的思考就是在比较两个分数的大小。对于"不要"的同学就可以请他们帮助其他同学去思考。值得注意的是,在这个任务中,比较两个分数的大小并不是目的,而是对"想要哪一块"做出判断的思考过程中的一个环节。

在这一环节中,不同需求的学生思考的问题目标是不同的。有些学生在思考"哪一块更大",还有学生在思考"哪一块更小"。由于问题答案的开放性,就会使得讨论和交流更加热烈和有意义,每一个学生都会有机会表达自己的想法。

动机、活动与机会可以说是小学课堂教学的三要素。这里的动机(motivation)指的是学生参与学习活动的主观意愿,也就是"想不想"学习的问题;活动指的是学生自主参与的个体或集体的,多样化的操作、思考、交流和展示的行为;机会指的是每一位学生在活动中都能发挥自己的作用,享受到成功的成就感。"育人为本"在教学中意味着所有教育教学的活动的目的都是指向"育人"的。以上较为开放的任务设计可能会使得课堂教学中知识的容量减少,但是学生的学习的动机、活动和机会的含量增加了,无疑对促进学生的全面发展会更为有益。

四、关注困难

教师备课的教案通常都会要求书写"难点"这样一个内容。顾名思义,难点就是学生学习某内容时可能遇到困难的地方。学生学习过程中什么地方会遇到困难? 会遇到什么样的困难? 教师如何帮助学生有效地克服困难? 诸如此类的问题事实上并不容易回答。

学习过程中的"困难"至少具有三个特征。第一是普遍性,就是说每一个学生在学习过程中都可能遇到困难;第二是因人而异的相对性,不同的学生学习同样的知识所遇到的困难可能是不一样的;第三是规律性,某些数学知识自身的特点决定了几乎所有学生学习时都会感到困难。下面以"除法计算"作为案例阐释一种通过"分解"与"对比"发现难点的方法。

在一节"除法计算"的课堂教学中,教师设计了"$24 \div 2$"和"$72 \div 3$"两道例题。教学过程中,教师首先用"分小棒"讲解利用竖式计算"$24 \div 2$"的方法,把24根小棒(以2捆加4根的形式,每捆为10根)平均分给2个人。第一步先分2捆,每人得到1捆;第二步,再把剩下的4根小棒平均分给2个人,每人得到2根;第三步,把每人分得的1捆和2根相加得到最后结果12根;最后结合分小棒的过程写出竖式。

$$\begin{array}{r} 1\ 2 \\ 2\overline{)\ 2\ 4} \\ \underline{2} \\ 4 \\ \underline{4} \\ 0 \end{array}$$

在这一教学过程中,看不出学生有任何困难。接下来教师出示第二个例题"$72 \div 3$",要求学生用同样方法自主探究计算过程并写出相应的竖式。结果出乎预料,直至下课全班几乎没有一个学生写出正确结果。课后教师反思时,认为这节课很失败,同时产生了一个困惑:"$24 \div 2$"与"$72 \div 3$"同为两位数除以一位数的除法,其竖式形式上也基本相同,为什么第一个题会了之后,第二个题仍有如此的困难呢?

$$\begin{array}{r} 2\ 4 \\ 3\overline{)\ 7\ 2} \\ \underline{6} \\ 1\ 2 \\ \underline{1\ 2} \\ 0 \end{array}$$

应当承认,这两道题从形式上看确实很相似。但学生在自主探究第二个问题中的表现说明,两个问题的思考过程一定存在很大差异,这种差异从表面看难以发现。为了找到这些差异,可以采用"分解"和"对比"的方法,也就是把构成一个整体必不可少的因素分离出来,通过对这些要素之间关系的对比,找出两个整体之间的异同。下面所要比较的整体就是两道例题的思考过程。

用"分小棒"思考此类问题的过程大致可以分为四个步骤。下面的表 9-4 把两道题四个步骤中必须思考的内容分别列举出来,进行对比。

表 9-4　两道题思考步骤对比

思考步骤	24÷2	72÷3
第一步 分整捆	把 2 捆小棒平均分给 2 个人,每人得到 1 捆。	把 7 捆小棒平均分给 3 个人,无法分。 把 7 捆小棒拆分成 6 捆和 1 捆。 把 6 捆小棒平均分给 3 个人,每人得到 2 捆。
第二步 分零根	把 4 根小棒平均分给 2 个人,每人得到 2 根。	把剩下的 1 捆小棒拆开,与原有的 2 根小棒相加得到 12 根小棒。 把 12 根小棒平均分给 3 个人,每人得到 4 根。
第三步 得结果	把每人得到的 1 捆小棒和 2 根小棒相加,得到最后结果 12。	回忆先前得到的每人 2 捆。 将每人得到的 2 捆与 4 根相加,得到最后结果 24。
第四步 写竖式	建立思考过程与竖式的联系。	建立思考过程与竖式的联系。

如果将表中每一个单元格中的思考内容叫作一个"思考点",那么第一个例题有四个思考点,而第二个例题有八个思考点,单从思考点的数量就能看出第二个例题的思维含量大大超过了第一个例题。

不仅如此,第二个例题的八个思考点中有四个都与第一个例题不相同,都是学生在学习第一道例题时没有涉及的思考内容,这些自然就成为了学生思考过程中的障碍。比如,在第一个步骤"分整捆"的思考过程中,第二个例题有三个思考点,其中第三个思考点"把 6 捆小棒平均分给 3 个人,每人得到 2 捆"与第一个例题是类似的,要过渡到这个熟悉的思考点,还要经历"把 7 捆小棒平均分给 3 个人,无法分"和"把 7 捆小棒拆分成 6 捆和 1 捆"这样不熟悉的思考内容,其中的关键是要思考出解决"无法分"的办法,这对学生来说显然是很困难的,从而就成为了继续思考的障碍。

学生学习可能出现困难的内容通常具有两个特征:第一,思考过程过于复杂;第二,与已有的知识和经验没有联系或相悖。第二个例题相对于第一个例题来说，同时具备了这两个特征。因此学生对第二个例题感到困难，也就不足为奇了。

如果教师在教学之初知道第二个例题中存在"无法分"这样一个思维障碍，将教学的着力点放在将"无法分"的情况转化为"可以分"的情况，不仅可以突破难点，还适时渗透了"化未知为已知"的方法论思想。

以上通过分解与对比寻找难点的方法事实上是一种普遍适用的方法。下面用"鸡兔同笼"问题作为例子说明这一点。"鸡兔同笼"问题的结构大致为："有若干只鸡和若干只兔，已知鸡和兔的总只数以及鸡和兔的总腿数，求鸡和兔各有多少只？"这一问题的教学通常采用的解题方法为列表找规律、画示意图以及假设等。而在课堂观察中发现，学生并不喜欢这样的方法，更喜欢"凑"的方法。

比如，如果已知"鸡和兔共有8只"，学生往往会先把鸡和兔的只数平均分为各4只，计算出鸡的总腿数为$(2 \times 4 =)8$条，兔的总腿数为$(4 \times 4 =)16$条。而后计算出鸡和兔的总腿数为$(8 + 16 =)24$条。如果已知总腿数恰好是24条，那么就得到鸡和兔各有4只的答案。如果已知总腿数不是24条，比如是28条，那么学生就会通过"增加2只兔，减少2只鸡"进行调整，而后得到鸡有$(4 - 2 =)2$只，兔有$(4 + 2 =)6$只。

这种"凑"的方法实际上包括了两个步骤。第一个步骤是"分"，就是把鸡和兔的总只数平均分开之后计算总腿数，而后用这个总腿数与已知条件中的总腿数进行比较，如果相同则得到答案，如果不相同就进行调整。学生为什么会认为这样"先分后调"的方法更简便呢？要回答这个问题就需要对"鸡兔同笼"问题的结构作进一步的分析。这种分析就可以采用分解与对比的方法，把"鸡兔同笼"问题中的相关信息列举出来（如表9-5所示）。

表9-5　"鸡兔同笼"问题分解对比

	只　　数	腿　　数
鸡	鸡只数	鸡总腿数
兔	兔只数	兔总腿数
总数	鸡和兔总只数	鸡和兔总腿数

表9-5中数据从横向看可以分为三类，分别是关于鸡、兔和总数的。从纵向看是两类，分别是关于只数和腿数的。这些数据之间的关系可以用下面四个等式描述：

$$鸡只数＋兔只数＝鸡和兔总只数$$

$$鸡总腿数＋兔总腿数＝鸡和兔总腿数$$

$$鸡只数×2＝鸡总腿数$$

$$兔只数×4＝兔总腿数$$

可以看出,"鸡兔同笼"问题除了每只鸡(2 条腿)和每只兔(4 条腿)的腿数之外,一共出现了六个数据。这六个数据并不是相互独立的,如果已知了其中的"鸡只数"和"兔只数",那么另外四个数据都可以轻易地求出。所谓的"鸡兔同笼"问题恰好是反过来的问题,不妨称之为"反问题",即已知的是表中"鸡和兔总只数"和"鸡和兔总腿数",求"鸡只数"和"兔只数"。而仅知道"鸡和兔总只数"是无法直接确定鸡和兔各有多少只的,正是这种"不确定性"成为了解决"鸡兔同笼"问题的障碍,也就是难点所在。

有了这样的分析,就可以理解为什么学生喜欢"凑"的方法了,把"鸡和兔总只数"平均分开,从某种意义上说就相当于分别知道了"鸡只数"和"兔只数",这样实际上是把"反问题"的思考变"正"了,把"不确定"变得"确定"了,把"不熟悉"变得"熟悉"了。因此"鸡兔同笼"问题的教学应当从"凑"的方法入手,"凑"的过程中辅助以图形和表格帮助理解。

我国数学教学历来倡导学科知识教学应当以"懂教材、懂学生"为基础。教师在教学中的一个重要角色定位,就是在学生学习过程中遇到困难时能够实施有效的帮助。因此在教学之初能够了解学生学习中可能出现的困难,应当成为教学设计的基础。掌握分析难点的方法应当成为教师专业的基本功。

第五节　把知识变成问题

"诱人"(engagement)的情境与问题的一个特征应当是"真实"(authentic),也就是问题应当来源于真实发生的社会活动或者自然现象中人的某种需求,历史上许多这样真实的问题吸引了数学家们的注意并使其开展研究,因此导致了数学中重大的发现或者发明。"七桥问题"之所以诱人,从客观的角度看,是人们在日常活动中遇到的真实的事情,从主观的角度看,正是人"占有更多"和"简捷省力"的愿望,导致了人们具有解决这个问题的需求。因此可以说,"诱人"的问题仅有"真实"的特征是不够的,还应当与问题解决者的愿望或者需求有联系。

比如,人们在用现金购物的活动中,经常会出现需要"找零"的情况,对于商家来说有时会出现缺少零钱而不能实现找零的窘境。因此就会出现像例题 9-1 一样的情境与问题。

例题 9-1

某件商品 17 元,顾客付款 20 元,商家应当找回零钱 3 元。如果此时商家恰好没有 3 元零钱,那么有什么办法可以解决这个问题呢?

这样的问题来源于人的日常活动,反映了人们在社会活动中的需求,应当说具有"诱人"的特征。问题的解决至少可以有两个方案。第一个方案是如果商家此时有 5 元纸币,顾客有 2 元零钱,那么就可以请求顾客再付 2 元,而后商家找还给顾客 5 元。思考过程中需要的计算包括:

$$20-17=3(元)$$

$$20+2-17=5(元)$$

第二个方案与此类似,如果商家此时没有 5 元纸币,但有 10 元纸币,顾客恰好有 7 元零钱,那么就可以再付给商家 7 元,商家找还 10 元即可。用到的算式为:

$$20+7-17=10(元)$$

以上过程在实际教学中,不需要教师对解决方案进行讲解。教师可以通过"讲故事"或者"视频"的方式,向学生展示情境的发生与发展,而后组织学生思考并讨论诸如下面的问题:

- 要解决的问题是什么?
- 可以怎样解决?
- 解决过程用到了哪些知识和方法?

其中"要解决的问题是什么"的思考与讨论,目的是引导学生经历"发现问题、理解问题、表达问题"的过程。也就是让学生在这个思考和讨论的过程中,能够感受到问题的存在,理解问题的含义,能够用自己的语言表述。

对于"可以怎样解决"这一问题,其实是引导学生经历对于解决问题的过程与方法的设计过程。这一过程期望学生经历每一个解决方案的细致思考,以及对不同方案的交流和比较。

关于"解决过程用到了哪些知识和方法"的思考,其实是对解决问题后的反思或总结的过程。前面问题的解决实际上运用的是"凑整"的想法,是在减法运算中为减法的结果"凑五"或"凑十",用到了减法的一个运算规律,即"如果减数不变,那么被减数增加或减少多少,差也增加或减少多少"。用算式表达出来就是:

$$(a+c)-b=(a-b)+c$$
$$(a-c)-b=(a-b)-c$$

由于这一问题的解决所用到数学知识相对简单,因此适合低年级学生的计算以及解决问题的教学。对于中年级学生学习混合运算的时候,可以引导学生研究下面的问题。

例题 9-2

学校每天上午上 4 节课,每节课 40 分钟。上午的一次课间为课间操,时间为 30 分钟,其余课间休息每次时间为 10 分钟。如果早晨第一节课 8 点整开始,那么上午最后一节课什么时间结束?

这一问题显然与学生每天在学校的活动息息相关,自然会唤起学生愿意去思考并解决的愿望。思考过程会用到"倒推"的思路,为了知道"什么时间结束",需要知道"共用多少时间";为了知道共用多少时间,先要知道"上课共用时间"和"课间共用时间"。这样的思考过程可以用图 9-11 的流程图直观地表现出来。

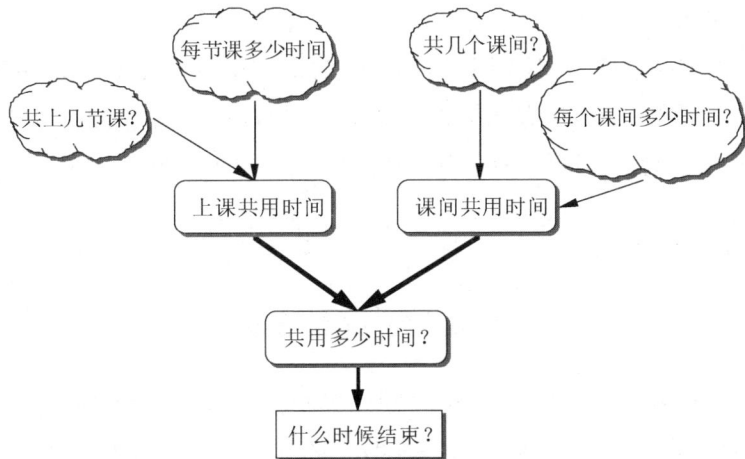

图 9-11 解决问题流程图

有了以上分析,就可以通过计算解决问题了。因为一个上午共 4 节课,每节课 40 分钟,因此一个上午上课共用时间为:

$$40 \times 4 = 160(分)$$

又因为共有 3 次课间,其中有两次的课间每次是 10 分钟,另一个课间操需要 30 分钟,所以课间共用时间为:

$$10 \times 2 + 30 = 50(分)$$

所以共用时间为:$160 + 50 = 210(分)$

核算出 210 分钟是 3 个半小时,因此从 8 点开始上课,到最后一节课结束共经过 3 个小时 30 分钟,因此最后一节课结束时间应当是上午 11 点半。

在实际教学中,重点是引导学生对问题进行分析和转化。也就是要引导学生理解下面这些问题,并且理清这些问题之间的关系:

- 最后一节课什么时候结束?
- 从早晨 8 点开始上课,到最后一节课结束共经过多少时间?
- 上课共用多少时间?
- 课间共用多少时间?
- 一个上午一共上几节课?
- 一节课多少分钟?
- 一个上午有几次课间?
- 每个课间多少分钟?

在问题的解决过程中,不仅用到了混合运算的知识与方法,而且还用到了"植树问题"的模型。在"一个上午有几次课间"这个问题的思考中,因为一个上午共 4 节课,因此其中会出现 3 次课间,这实际上就是植树问题的模型(如图 9 - 12 所示)。

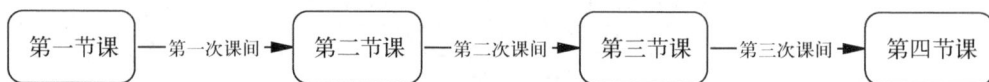

图 9 - 12　"植树问题"模型图

学生在学习数学的过程,对于数学知识是分门别类进行学习的。而在解决实际问题的时候,知识的应用往往是综合的。这就需要学生逐步形成一种能够甄别、选择和使用所学知识的能力。为了锻炼这种能力,就需要给学生更多这样的机会去经历和体验。

在人的日常活动中往往有对于"日期"和"星期"相互转换的需求,比如:

在不查看日历的情况下,如何能够迅速知道 2015 年 12 月 18 日是星期几?

这一问题的思考所依据的基本原理是数学中的"余数"。观察日历表可以发现 12 月 18 日的星期数与 12 月 4 日、11 日、25 日的星期数是一样的,原因是 4、11、18、25 除以 7 的余数相同。由于这四个日期数均匀分布于整月中,因此,有一种方法就是利用所熟悉的特殊日期进行推算,例如,如果 12 月 6 日恰好是自己或亲朋好友的生日,因此对于 12 月 6 日是星期日印象深刻,由此推算 12 月 4 日是星期五,因此 12 月 18 日也是星期五。

另外一个简便的方法是记住 12 月第一个星期日的日期数,比如 2015 年 12 月第一个星期日的日期数是 6 号,从 6 号开始过 1 天是 7 号,就是星期一,过 2 天是 8 号,就是星期二,依次类推,从 6 号开始算起,经过几天就是星期几。因此要想求出 18 号的星期数,只要用 18 减去 6,结果为 12,说明从 6 号到 18 号共经过 12 天。用 12 除以 7,余数为 5,说明经过 12 天与经过 5 天的星期数相同,因此 5 就是 18 号的星期数,即星期五。

在小学数学课程中有"探索规律"的课程内容,所谓"探索规律"就是在运动与变化的过程中寻找不变因素[1],一旦发现这样的不变因素,就意味着发现了规律,进而就可以实现"预见未来"(prediction)的目的。如果把从 12 月 6 日到 12 月 18 日的变化过程用图 9 - 13 表示出来,就可以明显地看出这样的规律:

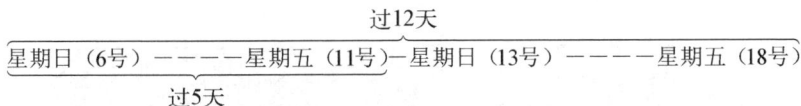

过12天
星期日（6号）－－－－星期五（11号）－星期日（13号）－－－－星期五（18号）
过5天

图 9 - 13 星期变化示意图

在实际教学中,应当引导学生把注意力放在运动与变化,以及其中蕴含着的不变因素方面。在图 9 - 13 的变化过程中存在着两个不变因素:第一是从 6 号开始过几天就是星期几,比如过 5 天是 11 号恰好是星期五;第二是从任何一天经过

[1] 郜舒竹."探索规律"释义[J]. 课程·教材·教法,2015(01): 102—107.

7 天的星期数是相同的,比如从 6 号(星期日)经过 7 天是 13 号,也是星期日。抓住了这样两个不变因素,就可以方便地计算出本月任何一天是星期几了。

这种在现实中与人的需求息息相关的真实情境与问题是很多的,需要教师善于观察发现,并且能够与教学内容建立联系。比如,地铁作为一种公共交通工具,不仅准时舒适,而且环保,图 9-14 是北京地铁 1 号线线路图。

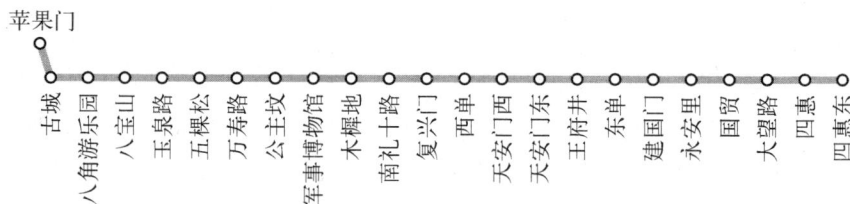

图 9-14   北京地铁 1 号线线路图

这样的情境与小学数学课程中的"植树问题"就有紧密的联系。对于有过乘坐地铁经验的学生来说,诸如下面的问题都可以成为学生思考讨论的真实问题。

- 地铁运行一站大约需要多少时间?
- 从某地到某地共有多少站?
- 从某地到某地共经过多少站?
- 从某地到某地需要多少时间?
- 从某地到某地大约几点能够到达?
- 从某地到某地应当几点出发?

再比如,我国许多地区都有过年包饺子的习俗,饺子通常会摆放在圆形"盖帘儿"上(如图 9-15 所示)。

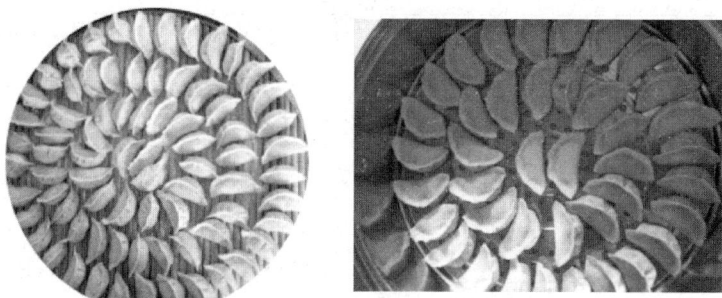

图 9-15   饺子摆放圆形示意图

在包饺子过程中,人们通常需要知道"是否够吃",也就是需要迅速知道一个盖帘儿上大约摆放了多少饺子,如果一个一个去数,会比较麻烦。因此就有寻找简便的估算方法的需求。其中实际上蕴含着一个有关圆面积与圆周长之间关系的数学知识,即圆周长的一半与圆半径的乘积等于这个圆的面积。如果用字母 r 表示圆的半径,圆周长的一半就是 $\dfrac{2\pi r}{2}$,与半径 r 的乘积为 $\dfrac{2\pi r}{2} \times r = \pi r^2$。由于 $\dfrac{2\pi r}{2} = 2\pi \times \dfrac{r}{2}$,因此这一关系还可以理解为:圆面积等于中间位置的同心圆的周长与圆半径的乘积(如图 9 - 16 所示)。

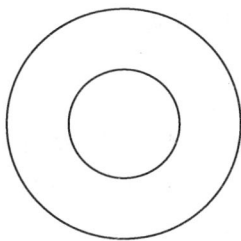

图 9 - 16　同心圆示意图

图 9 - 17　饺子摆放长方形示意图

估算饺子数量的方法与此相关。在图 9 - 15 第一个图中,中间一圈的饺子数量是 25 个,总共可以看作是摆放了 3 圈,因此这个盖帘儿上大约摆放了(25×3=)75 个饺子。第二个图也可以用类似方法估算出来。对于小学中低年级学生来说,关于乘法认识、长方形面积等数学内容,可以用图 9 - 17 中的摆放方式进行探究。

让学生经历真实情境与问题的思考与研究,其目的一方面是使学生感受到数学知识与方法的实际意义,进而诱发学生数学学习的动机。另外对于学生在真实情境中善于发现问题、提出问题、分析问题、解决问题的习惯养成和能力提升,都会有所裨益。真实情境中的问题往往具有开放性,也就是其条件、结论以及过程与方法未必是唯一确定的。因此,这对于学生综合并且灵活运用知识和方法的能力的逐步提升也会起到积极作用。凡此都需要教师不断开发并积累这样的案例。

第十章 "变教为学"需要的眼光

"变教为学"教学改革,意在育人,重在经历,贵在生成。课程内容方面期望"突出本质,渗透文化,实现关联";学习过程方面期望"每个学生受到关注,每个学生都有活动,每个学生都有机会"。

第一节 用"素养"的眼光看教学

随着中国学生发展核心素养研究成果的发布,各种"基于核心素养"的改革纷纷出现。对于刚刚熟悉了"三维目标"的基层学校和一线教师来说,又将面临"素养导向"的挑战。事实上,无论是"三维目标",还是素养导向,其核心都是期望教师把教学的过程视为教育的过程,学生学习的过程同时是身心健康发展的进程。这就需要用"素养"的眼光看问题。

一、什么是"素养"

素养一词很常用,但又不容易说清楚其含义。在日常使用中,主要有三种类型。第一是作为个体为人处世的一般素养,比如做事细致、全面,为人包容、亲和,等等。第二是作为公民的社会素养,比如遵纪守法,遵守交通规则,热衷公益事业,肯于奉献,等等。第三是在某一领域中的专业素养,比如出口成章表现出的文学素养,逻辑思维缜密表现出的数学素养,等等。

以上这样的理解是将素养的主体指向了人。对于素养的另外一种理解方式是从人的行动中来归纳的。以"驾驶汽车"为例,如果把"驾驶"看作人的行动,那么行动的质量至少应当具有两条标准,第一是保证安全,不出事故;第二是为营造良好的交通环境做贡献。为此,驾驶员首先需要诸如机械常识、交通规则、路况判断、情况预见等知识和经验,除此之外还需要车辆操控熟练以及应急措施恰当等技能。然而,优秀的驾驶员仅有这样的知识与经验以及方法与技能显然是不够的。驾车上路实际上就是进入了社会,就需要与其他车辆以及行人打交道。因此成功的驾驶至少应当包括"自身驾驶"和"对待他人"两个方面的素养。

从这两个方面来说,驾驶员除了相关知识与经验以及方法与技能之外,还应当有"安全第一"与"善待他人"的观念,在此基础上就会形成"谨慎驾驶"与"尊重他人"的态度。在这样观念与态度的基础上,自然从驾驶行为上就会做到遵守交通规则、礼让其他车辆与行人、不随意鸣笛等。这样就可以归纳出驾驶行动所应当拥有的素养框架,要包括观念与态度、知识与经验、方法与技能三个方面。

表 10 - 1　驾驶素养框架

观念与态度	安全第一,谨慎驾驶 和谐社会,善待他人
知识与经验	交通法规,机械常识 路况观察,情况预见
方法与技能	车辆操控,应急措施

这种理解方式把素养与人的行动联系在一起,也就是把素养的主体定位于"人的行动"。把"人的素养"改变为"人行动的素养"。正如经济合作与发展组织(Organization for Economic Co-operation and Development,以下简称经合组织或OECD)将"素养"(competence)定义为"成功行动所具有的先决条件"。[①] 因此"素养"相对于人来说,具有隐性特征,这种隐性的内容外显于人的行动方式和结果上。如果把"驾驶"看作人的行动,那么是否经常违章,是否随意鸣笛,是否礼让其他车辆或行人,是否经常发生交通事故等行为方式和结果,就表现出驾驶员在观念与态度、知识与经验以及方法与技能方面的驾驶素养。

另外从前面的分析可以看出,"素养"是比知识与技能更加广泛的概念。经合组织的报告中指出:胜任具有一定复杂性的任务,不仅需要相关的知识和技能以及应用这些知识和技能的策略,而且还需要相应的情感与态度以及对这些因素的有效管理。这一点在中国发展核心素养课题组对于核心素养的定义中也有体现:"学生发展核心素养,主要是指学生应具备的,能够适应终身发展和社会发展需要的必备品格和关键能力。"[②]其中的"品格"属于知识与技能之外的心理因素。"素

① OECD. The Definition and Selection of Key Competencies:Executive Summary[EB/OL]. (2005 - 05 - 27)[2019 - 12 - 30]. http://www.oecd.org/pisa/35070367.pdf, 2005 - 05 - 27.
② 核心素养研究课题组.中国学生发展核心素养[J].中国教育学刊,2016(10):1—3.

养"这种宽阔于知识与技能的含义其实与素质教育、育人为本、三维目标等说法具有一致的意义，都是对"双基"目标导向的拓展，把教育、教学的目标定位于"全面发展的人"。

需要指出，汉语中的"素养"与英文中的"competence"并不同义。在《现代汉语词典》中，把"素养"等同于"修养"，对于"修养"一词的解释为："指理论、知识、艺术、思想等方面的一定水平；指养成的正确的待人处事的态度。"中国学生发展核心素养课题组将核心素养分为"文化基础、自主发展、社会参与"三个方面，综合表现为人文底蕴、科学精神、学会学习、健康生活、责任担当、实践创新六大素养。这些表达都将"素养"指向"人之本身"。

而英文中"competence"或者"competencies"指向的是"人之行动"。在经合组织对于核心素养（key competencies）的表述都使用的是动词（动名词）以及修饰这些动词的副词：

- 自主并且反思地行动（acting）

其中的"行动"含义很广泛，可以是为了完成一项任务（task）要做的所有事情，也可以是为了满足自身意愿（demand）所做的事情。修饰这个词汇的两个副词分别是"自主"和"反思"。其中"自主"指的是在行动中维护自身权利和利益，"反思"指的是行动中能够在自主的基础上适应环境并关注到他人利益，能够遵守约定俗成的规则。

- 互动地使用（using）工具

其中的"工具"指的是人在行动中所需要的一切，属于能力范畴。比如使用语言、使用信息技术等。"互动地使用"指的是，不仅能够熟练使用，而且了解工具的作用以及对人的重要作用。

- 在群体中融入（joining）并且贡献（functioning）

这一条涉及个体在群体中的关系问题，所谓"融入"就是被接纳的意思，所谓贡献就是个体在群体中应当发挥作用的意思。

凡此都表达出素养一词是与人的行动联系在一起的。而在汉语中对于素养以及核心素养的表述多为名词形式，比如文化基础等，这些表述并不联系人的具体行动。

如果把素养理解为"人之行动"的素养，那么就可以在人的具体行动中对各种各样具有特殊性的素养进行归纳，进而逐步形成自己在自身领域中对于素养的理解。比如,可以把数学学习中的解决问题看作是一项"人之行动",那么成功地解决问题所需要的先决条件就是解决问题这个行动的素养,可以命名为"解题素养"。类似于此,与学生日常学习活动密切相关的还可以有阅读素养、写作素养、交流素养、表达素养、劳动素养等。

不同的行动可能出现很多不同的素养,从中通过对比就可以发现具有共性的内容,这些具有普遍意义的素养就成为所谓的核心素养。这种用归纳的方法去逐步理解素养以及核心素养,对避免"炒词"或者"穿靴戴帽"的现象会有所裨益。

如果把素养理解为"人之本身"的修养,那么"数学素养"就可以理解为数学专业工作者或数学家所拥有的专业修养。依据这样的理解很难演绎出"数学素养"作为一个概念所包含的内容(外延),当然也就无法将数学素养与学生学习数学的活动建立联系,因此作为数学教师也就无法将其落实到日常的数学教学及其评价之中。究竟应当如何理解数学素养,如何在数学教学中真正实现"素养导向",就成为亟待回答的问题。

二、如何理解"数学素养"

如果把对素养的理解指向"人之行动",把"人的素养"与"人的行动"联系在一起,也就是把素养看作是人能够成功行动的先决条件,那么素养这一具有抽象性的概念就具体化并且行为化了。据此,数学素养就可以演绎为是人能够成功实施与数学相关的行动所具备的条件。其中的行动可能是对事物的观察,对概念的理解;可能是数学中的计算,对数学符号的使用;也可能是应用数学知识解决实际问题;等等。这样的素养不仅包括数学知识和技能,同时也包括诸如情感、态度,以及经验、方法等。

在经合组织所开展的"国际学生评价项目"(The Programme for International Student Assessment,以下简称 PISA)的数学素养测试中,明确指出"所测试的数学素养是针对 15 岁学生在义务教育结束时,对于日常生活活动中使用数学的能力。"[①]因此,PISA 所说的数学素养实质上是与"用数学"的行动联系在一起的,其测试内容并不是与数学相关的全部行动及其素养。

---

① César Sáenz. The Role of Contextual, Conceptual and Procedural Knowledge in Activating Mathematical Competencies (PISA)[J]. *Educational Studies in Mathematics*, 2009, 71(02): 123—143.

综上,如果把数学教学的目标定位于素养导向,那么就应当把数学素养理解为学生在学习数学过程中,在经历各种与数学相关的学习活动中所能够习得的素养。鉴于数学素养与数学学习活动的这种关系,那么素养导向的数学教学的基本原理就应当是创造机会和环境,让学生"亲身经历"与数学相关的学习活动。接下来的问题是学生在学习数学的过程中可能经历什么样的活动? 这样的问题,很难作出全面、准确的回答,因此需要通过具体案例进行归纳并且积累。

2016 年 11 月,在杭州举办的"第一届西湖之秋全国小学数学课程与教学研讨峰会"中,有一节主题为"密码中的规律"的展示课。该节课的核心内容选用的是组合数学中的一个著名的排列问题:将六个数字:1,1,2,2,3,3 排成一排,使得两个 1 之间有一个数字,两个 2 之间有两个数字,两个 3 之间有三个数字。这虽然是专业的数学问题,其实是源于一个经典的儿童积木的游戏。

这一问题最早于 1958 年 10 月刊登于英国一个名为"Mathematical Gazette"的期刊[①]。提出问题的作者是苏格兰的一位名叫杜德利·兰福德(Dudley Langford)的数学家,因此这个问题被后人称为"兰福德问题"(Langford Problem)。兰福德发现这一问题的灵感来源于对年幼的儿子玩弄彩色积木的观察(如图 10-1 所示)。

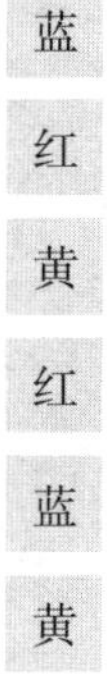

一共有 6 个木块,其中红色、黄色和蓝色各有 2 个,自下而上摆成一列后发现,2 个红色木块之间有 1 个木块,2 个黄色木块之间有 2 个木块,2 个蓝色木块之间有 3 个木块。兰福德改用数字 1、2、3 分别代表红、黄、蓝三种颜色的木块,就得到了一个有规律排列的六位数:312132。

| 蓝 |
| 红 |
| 黄 |
| 红 |
| 蓝 |
| 黄 |

图 10-1
儿童搭积木
示意图

无论是 6 个木块还是 6 个数字,排成一排可以有各式各样的排法,能够注意到其中的"312132",实际上就是感知到了其中的某种规律,这一规律可以表述为:两个几之间就有几个数。也就是 1 和 1 之间、2 和 2 之间以及 3 和 3 之间数字个数的一种共性,正是这样的共性沟通了不同对象之间的联系,使得不同对象共同构成有机的整体。这种不同对象之间的联系就是通常所说的规律,因此可以说"312132"是一个按照一定规律排列的六位数。

这样"异中求同"的想法可以应用于许多对事物的认识中,比如几何中对圆形

---

① C. D. Langford Problem[J]. *Mathematical Gazette*, 1958(42):228.

的认识,如果在圆周上随便选取两个不同位置的点,其共同的属性是:到圆心的距离都一样。正是这样的"异中之同"沟通了圆周上不同位置点之间的联系,进而决定了圆形的形状,使得圆形成为了一个有规律的图形。

学生在学习数学的过程中,经常经历这样"异中求同"以及"动中求静"的观察与思考,对于逐步养成与"观察"以及"理解"行动相关的素养,无疑会有所裨益。

三、从特殊到一般

在发现了有规律排列的六位数"312132"后,接下来要思考的问题是:符合规律的排列方法是不是唯一的? 如果不是唯一的,如何找到所有符合这样规律的答案? 回答这样的问题具有一定的复杂性,数学家通常的思路是采用"特殊化"(specialization)的方法,也就是选择一个相对容易的地方入手,这种相对容易的地方往往处于"极端情况"。

上面问题中两个"1"之间只能摆放一个数字,因此就是一个相对容易的极端情况。这个数字只有 2 和 3 两种可能性,可以逐一进行试验。如果两个 1 之间是 2,就可以排出三个数字:121;这时左右两边只能是两个 3,即排出了五个数字:31213;还剩下一个 2,放在左右两边都可以满足要求:231213、312132;因此就得到了本题的两个答案。另外一种可能性是两个 1 之间是 3,排出三个数字为:131;这时在右边只能排 2,即:1312,这样另一个 2 就无处可放了,说明两个 1 之间不能是 3。所以本题的答案只能是"231213"和"312132"。

解决这一问题还有一个思路,是从最大的极端情况入手,即从两个 3 之间进行思考(如图 10-2 所示)。

(a)

(b)

图 10-2 六位数排列第一步示意图　　图 10-3 六位数排列第二步示意图

虽然两个 3 之间需要摆放三个数字,较为复杂,但两个 3 所处的位置的可能性较少,只有图 10-2 中(a)和(b)两种可能,因此也相对容易入手。如果两个 3 按图 10-2(a)方式摆放,那么左数第二个位置不能是 2(否则另一个 2 与右数第二个位置的 3 重叠),因此只能放 1(如图 10-3 所示)。

剩下两个空位恰好放置两个 2,因此得到的答案是"312132"。对于图 10 - 2 (b)的情况也可以用完全相同的方法得到答案"231213"。

"312132"和"231213"这两个答案从形式上看是不一样的,但在数学家眼里二者是没有区别的,因为无论哪一个,如果从右向左看与另外一个答案就完全相同,因此二者仅是观看顺序的不同,而没有本质的差别。所以问题的答案可以认为是唯一的。

像上面这样面对复杂问题所采用的"特殊化"的方法,实际上就是辩证唯物主义方法论中"化繁为简,化难为易"的具体体现。自然应当是学生学习数学过程中应当习得的数学素养。

至此,对于有规律地排列六位数的兰福德问题可以说已经得到解决。但对于问题的思考并没有停止,我们应当自然而然地进一步去想有没有类似的问题,或者具有更广泛意义的问题。这种思维方式通常叫作"一般化"(generalization),即一个相对具体的问题解决后,总要设法将其推广到更大的范围,使其具有更广泛的意义。

如果把本题的六个数改为八个数:1,1,2,2,3,3,4,4,将这八个数排一排,使得两个几之间就有几个数,用前面的方法不难得到答案"23421314""41312432"。如果不考虑观看顺序的差别,那么这两个答案同样也可以看作是一样的,也就是对于有规律地排列八位数的兰福德问题,答案也是唯一的。

从旧的问题去发现并提出新的问题,如此反复进而形成"问题链",应当说是数学发展历史中常见的现象。当然也应当成为学生在学习数学过程中应当经历的重要活动,进而培养学生逐步形成"问题生问题"的意识,这应当说也是数学素养的一个方面。

四、可能性思维

在前面问题解决的基础上,进一步需要思考的问题是:如果最大数改为两个 5 的十个数字:1,1,2,2,3,3,4,4,5,5,怎样排出满足要求的十位数? 这样的叙述,是延续了前面的思维方式,是在排法"存在"的前提下提出来的。但是经过反复试验,怎么也排不出来。面对这种"排不出来"的困境,应当想到会有两种可能性:

- 排法存在,还没找到;
- 排法根本不存在。

究竟哪一种可能性比较大,目前并没有足够的理由作出准确的判断,如果相信"排法存在",下一步的工作将是继续努力寻找;如果相信"排法不存在",那么下一步努力的方向就不再是寻找排法,而是设法说明"不存在"的理由,也就是证明不存在。

人在遇到困难或者身处困境的时候,既不应当因气馁而退缩,也不应当盲目地蛮干。智慧的表现应当是能够全面地列举有可能摆脱困境的各种可能性,并对各种可能性的大小作出判断。像这样对可能性的思考,以及在没有足够证据的情况下所作出判断的思维过程,就是数学家经常使用的"直觉"(intuition)思维,由此获得的判断叫作"猜想"(conjecture)。

如果猜想排法不存在,接下来就要去说明"排法"不存在的道理。可以采用"填格"的办法,将五个方格和五个圆圈相间地进行排列(如图 10-4 所示)。

图 10-4　十位数图形排列示意图

对两个相同的偶数,比如"2,2"来说,因为二者之间间隔偶数个数字,因此无论怎样排,必然是一个放在□中,另一个放在○中,一共有两对偶数"2,2"和"4,4",所以这四个数字就占据了两个□和两个○,还剩下三个□和三个○。

对于两个相同奇数来说,无论怎样排,必然放在同样的图形内,要么都是□,要么都是○。而现在还剩下三对奇数:"1,1""3,3""5,5",如果两个 1 占据两个□,两个 3 占据两个○,剩下一个□和一个○,两个 5 就无法放置在相同图形内了。

因此可以得出结论:对最大数为两个 5 的十个数来说,这样的排法是不存在的。用同样的方法也可以说明对于最大数为两个 6 的 12 位数,满足要求的排法也是不存在的。证明了"不存在",在数学研究中也被认为是解决了问题。现在可以说针对兰福德问题,已经解决了最大数分别为 3、4、5、6 的情况。

排法有时存在,有时不存在,数学家通常就会叙述出涵盖特殊情况的一般问题。对于 $2n$ 个数:

$$1,1,2,2,3,3,\cdots\cdots,n,n$$

前面问题的结果说明:当 $n=3$ 或 $n=4$ 时,满足要求的排法存在,而且在不考虑观看顺序的情况下,排法是唯一的。当 $n=5$ 或 $n=6$ 时,满足要求的排法不存在。进一步需要研究的问题是：当 n 满足什么条件时，这样的排法存在？对于排法存在的情况，一共有多少种不同的排法？

用与前面类似的方法可以得到结论为：如果 n 是 4 的倍数或者是被 4 除余数为 3 的整数，那么排法存在。如果 n 是被 4 除余数为 1 或 2 的整数，那么排法不存在。

比如，当 $n=5$ 时，被 4 除的余数为 1，排法不存在。当 $n=6$ 时，被 4 除的余数为 2，排法也不存在。当 $n=7$ 时，被 4 除的余数为 3，排法存在，比如"73161345726425"就是其中的一种排法。同样，当 $n=8$ 时，8 是 4 的倍数，排法存在，一种排法为"6274258643751318"。

五、真实的问题带来真实的学习

自兰福德问题 1958 年出现后，吸引了许多人的关注。已故美国著名的数学游戏专家马丁·加德纳(Martin Gardner,1914—2010)分别在 1967 年 11 月—12 月以及 1968 年 3 月的《科学美国人》(Scientific American)期刊上，三次讨论过这个问题。[①] 这一问题目前已经成为一些"组合数学"和"数论"教科书中的经典例题。在中国数学会普及工作委员会于 1986 年举办的"第一届全国数学冬令营数学竞赛"中，也采用了这一问题对于"$n=1986$"时的情况作为试题之一。

迄今为止，兰福德问题并没有得到彻底解决，目前对于排法存在的情况，如何找到全部排法仍然是个难题。一些数学家为了追求完美的结论，仍然在探索着。比如对于 $n=7$ 的情况，已经发现有 26 种不同的排法(如表 10 - 2 所示)。[②]

表 10 - 2　$n=7$ 兰福德问题排法

序　号	排　法	序　号	排　法
001	73625324765141	005	71416354732652
002	72632453764151	006	71316435724625
003	72462354736151	007	74151643752362
004	73161345726425	008	72452634753161

① Martin Gardner. *Mathematical Magic Show: More Puzzles, Games, Diversions, Illusions & Other Mathematical Sleight-of-Mind from Scientific American* [M]. New York：Vintage Books, 1978：70, 77—78.

② P. R. Lloyd. Letter to editor[J]. *The Mathematical Gazette*, 1971, 55(391)：73.

（续表）

序　号	排　法	序　号	排　法
009	57263254376141	018	26721514637543
010	37463254276151	019	36713145627425
011	57416154372632	020	51716254237643
012	57236253471614	021	23726351417654
013	17126425374635	022	41716425327635
014	57141653472362	023	52732653417164
015	17125623475364	024	35743625427161
016	27423564371516	025	35723625417164
017	62742356437151	026	24723645317165

兰福德问题是数学界真实出现的问题，将这种真实的问题引入数学课程，自然会带来学生真实的学习活动。选用兰福德问题作为数学课程内容主要基于三点理由。

第一个理由是对国家课程中所规定的相关内容进行补充和完善。在国家课程"数与代数"领域中有"探索规律"的内容，不过教科书中所出现的相关内容多为观察方向单一，或者循环排列的数列。而兰福德问题中的规律更倾向于"图案"（pattern）的特征，观察的着眼点在于相同数字之间数字的个数与这两个相同数字之间的相等关系，与诸如"112233"这种从左到右有规律的排列，或者"123123"这种从左至右同时具有循环规律的排列，都是不一样的。因此，让学生经历这样内容的学习，有益于拓展学生对于探索规律这一课程内容的视野。

第二个理由是在兰福德问题的思考与解决过程中，蕴含着丰富并且真实的与数学研究相关的活动。比如：在观察过程中感受规律并描述规律的活动；面对复杂问题经历特殊化的思考活动；解决问题之后运用从特殊到一般的思维方式经历问题生问题的活动；遇到问题难以解决的困难时，经历运用直觉的思维方式进行猜想的活动；以及对于数学问题追求其完美解决的活动；等等。学生经历如此丰富的活动，自然有益于数学素养的养成。

第三个理由是兰福德问题认知起点较低，富于趣味性和操作性。马丁·加德纳曾经在《科学美国人》期刊中提及，可以用扑克牌直观操作探索兰福德问

题。比如对于"312132"的排列,可以用扑克牌表示为图 10 - 5 所示的形式(图中"A"代表数字"1"):

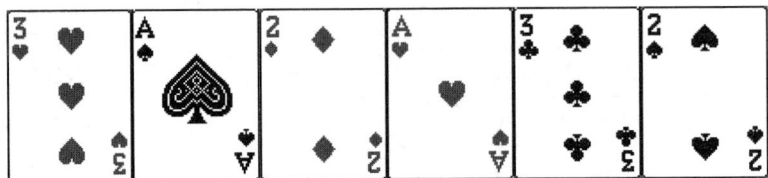

图 10 - 5　扑克牌排列示意图

在实际教学中,为了让学生感受到此类问题的实际意义,还可以针对现实生活中人们在使用诸如支付宝、微信钱包、网上银行等活动中,需要编制既私密同时又易记的密码的需求,让学生感受到这一内容的实际应用,进而产生探索的动机。

第二节　用怀疑的眼光看教材

教材(教科书,教学参考书)是教师教学的依据,但也不必完全依赖。随着时代的发展,人们认识水平的进步,可以发现现行教材中存在着各式各样的问题。用怀疑的眼光看教材,发现其中存在的问题,进而对其进行完善,应当成为教学研究的重要内容。

小学数学课程中,"圆面积公式"的学习通常安排在小学五年级或者六年级,是在已经学习了长方形(包括正方形)、平行四边形、三角形、梯形面积公式,以及圆的周长公式之后学习的内容。学习活动设计的基本思路是"化未知为已知",即将圆形通过"剪"与"拼"的过程,改变成为一个面积相等的长方形,而后利用长方形面积公式推导出圆面积公式。这样的方法通常叫作"重组"(rearrangement),也就是把圆形剪开之后重新组合、重新安排的意思。

重组过程初看起来,是将圆形转化为学生已经熟悉的图形,而后利用学生已有的知识和经验进行新知识的学习,是符合学生认知规律的。但在教科书以及实际教学中,却存在着违背数学中逻辑规律的误教(mis-teaching)现象,进而导致学生对圆面积公式推导过程产生疑惑与误解(misunderstanding)。

一、"因为像,所以是"的推理

在实际教学中,"重组"的过程通常是先将一个圆形等分为若干扇形,而后将这些扇形剪开后,重组为一个形如长方形的图形,这样的图形可以称为"准长方形"(quasi-rectangular),指的是形状像长方形,但并不是真的长方形。比如,首先将圆形等分为四个扇形,而后重组为一个准长方形(如图 10-6 所示)。

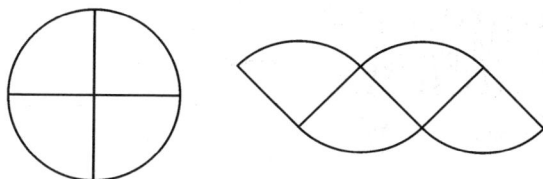

图 10-6 四等分准长方形示意图

进一步可以将等分的扇形数量增加,引导学生发现分割出来的扇形越多,每一份就会越小,因此重组出来的准长方形的形状就会更接近真正的长方形。比如六等分之后的图形为如图 10-7 所示的形式。

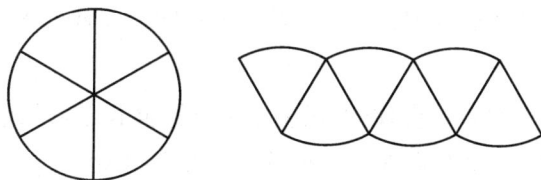

图 10-7 六等分准长方形示意图

类似地还可以更加细化为八等分、十六等分等。十六等分后重组后的准长方形为如图 10-8 所示的形式。

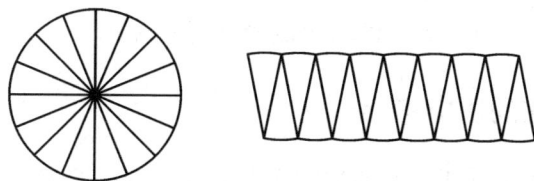

图 10-8 十六等分准长方形示意图

以上过程中可以发现三个事实:第一是面积不变,无论怎样分割,重组出来的准长方形的面积与分割前圆形面积相等;第二是边长不变,无论怎样分割,重组出来的准长方形的"长"都等于圆周长的一半,"宽"的长度等于圆半径;第三是形状变化,等分的扇形越多,扇形就越小,重组出来的准长方形的形状越来越接近于真正的长方形。

在人民教育出版社出版的小学数学教科书六年级上册中,用图 10 - 9 呈现出了以上事实,而后就推理出可以利用长方形面积公式得到圆形面积公式,即用长方形的长(圆周长的一半)与长方形的宽(圆半径)相乘。

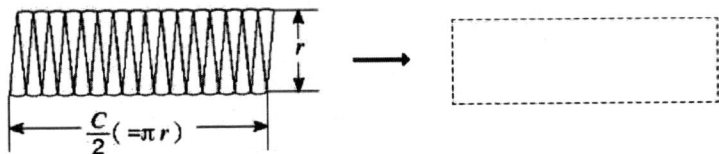

图 10 - 9 人教版教科书示意图

这样的设计容易产生的误解是:在一个不是长方形的准长方形上使用长方形面积公式。因而,自然会产生如下疑惑:

- 无论将圆形分割为多少份扇形,重组出来的都是准长方形。
- 无论准长方形与真正长方形多么接近,也不是真正的长方形。
- 既然不是真正的长方形,为什么能够使用长方形面积公式来得到圆形面积公式呢?

这样的疑惑是真实并且合理的,反映出关于圆面积学习活动的设计本身就存在的逻辑上的漏洞。具体反映为一个明显错误的因果推理,也即因为图 10 - 9 所示的左侧的准长方形形状与右侧长方形接近,所以可以利用长方形面积公式。

这种"因为像,所以是"的推理在逻辑上是不成立的,"像"并不能成为"是"的充分条件,正如从"猫像老虎"不能推理出"猫是老虎"的结论。这样的逻辑漏洞,使得小学阶段圆面积教学实质是一种误教。为了厘清重组方法推导圆面积公式的真实过程,有必要对这一方法的历史渊源进行考察。

二、重组方法的历史考察

论及使用"重组"方法推导圆面积公式历史的早期文献,是美国数学家史密斯·大卫·尤金(Smith David Eugene, 1860—1944)与日本数学家合作编写,并于 1914 年在美国芝加哥出版的《日本数学史》。该书第 131 页介绍了由日本学者禅洲模顺(Sato Moshun)所著,于 17 世纪末的 1698 年出版的题为"*Tengen Shinan*"的日文古籍中的方法(如图 10 - 10 所示)。[1]

---

[1] Smith David Eugene, Mikami Yoshio. *A History of Japanese Mathematics* [M]. Chicago: The Open Court Publishing Company, 1914: 131.

其中的重组过程与如今教科书中的方法基本相同,是将圆形等分为 32 个扇形,其中黑色 16 个,白色 16 个。将这 32 个扇形重组为与圆形面积相同的准长方形,长方形两条边长度分别为圆周长的一半和圆半径,二者相乘即得到圆面积。但书中对重组过程没有给出任何解释,由此看出这样的逻辑漏洞是有历史渊源的。

三、修正

就职于美国科拉多大学的工程学教授彼得·贝克曼(Peter Beckmann,1924—1993)于 1976 年出版了《圆周率的历史》一书,其中也提及了日本古籍中的这一方法,书中用无限过程中"不变量"(invariant)的思想,对重组方法的合理性进行了解释。[①] 解释过程中利用了图 10-11 所示的(a)、(b)、(c)、(d)四个图形(如图 10-11 所示)。

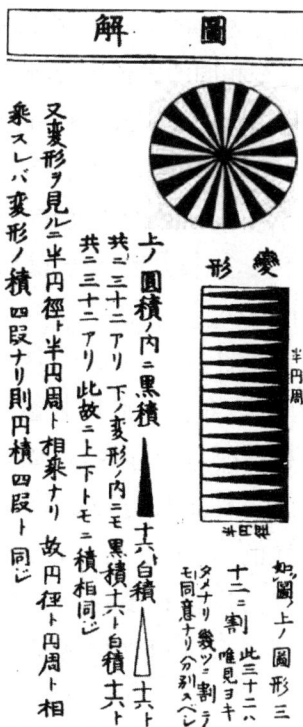

图 10-10 日本历史文献重组
方法扫描图

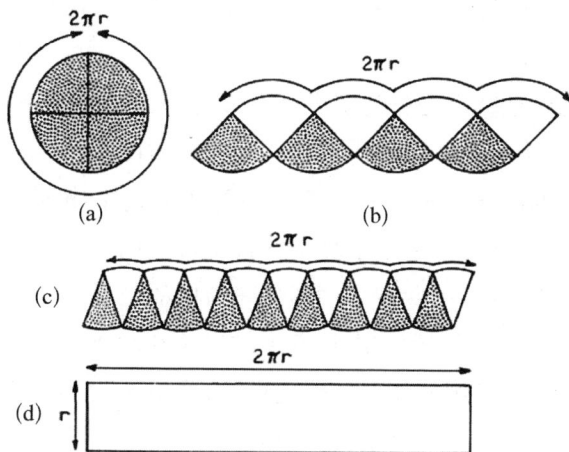

图 10-11 不变量解释重组方法示意图

---

① Peter Beckmann. *A History of* π (*pi*) (2nd ed)[M]. Boulder, Colo: Golem Press, 1971:36—39.

首先将图 10‐11 中圆形(a)等分为黑色阴影扇形,剪开后依次排列,而后用四个完全相同的白色扇形补齐,形成一个准长方形(b)。这个准长方形的长和宽分别等于圆周长和圆半径,面积等于圆面积的 2 倍。

如果等分的扇形更多,那么重组后的准长方形的形状就会越来越接近真正的长方形,但是边的长度和图形面积是不会改变的。如果将这样细分的过程不停地做下去,准长方形就会无限趋近于真正的长方形(d),而边的长度和图形面积仍然保持不变。

从图 10‐11 中(b)变化到(c),准长方形形状改变了,而且随着分割份数的增加,准长方形形状越来越接近真正长方形(d),但边长和面积保持不变。这种不变量的存在,反映出变化过程的稳定性。正是这样的稳定性,有理由推断出真正长方形(d)的边长与前面准长方形(b)和(c)对应边的长度都是一样的,也就是长方形的长等于圆周长,宽等于圆半径。利用长方形面积公式就可以得到图形(d)的面积。同样利用面积的不变量特征,反过来就可以得到图形(c)和(b)的面积,进而得到圆(a)的面积是前面各个图形面积的一半。

这个解释实际上应用了高等数学中极限理论的一个基本定理——"常量的极限保持不变"。其大致含义是一个具有无穷项的序列,如果其中的每一项都保持不变,那么这个序列就无限趋近于一个唯一确定的结果,而且这个结果与序列中保持不变的项是一样的。

重组方法中无论把圆形等分为多少个扇形,份数的变化导致的是重组后准长方形形状的变化,而边的长度和面积都保持不变。因此,随着等分份数的增加,就可以依次把重组后的准长方形看作一个无穷序列。这个序列中不断改变的是准长方形的形状,这个形状无限趋近于真正的长方形。而其中每一个准长方形的边长和面积都是保持不变的,因此这个序列最终指向的结果是一个唯一确定的真实长方形,这个长方形与前面序列中准长方形的边长和面积都是一样的。所以可以运用长方形面积公式求得圆面积。依据这种"形变量不变"的解释,圆面积公式的学习过程至少应当包括如下三个阶段。

- "分割与重组":引导学生将一个圆形等分为若干扇形,然后重组为准长方形的活动。
- "观察与想象":将不同份数的准长方形依次排列后观察,随着等分的扇形数量的不断增加,想象准长方形的形状是如何变化的? 哪些数量是保持不变的(如图 10-12 所示)?

- ● "推理与计算":在前面观察与想象的基础上,在无限趋近于的真实长方形上使用长方形面积公式,通过计算推导出圆面积公式。

这样的过程在原来基础上,增加了对准长方形序列中边长与面积保持不变的观察活动,体验了从准长方形到真长方形的质量互变过程,经历了在运动与变化过程寻找不变的过程。同时,长方形面积公式是在真实长方形上使用,而不是在准长方形上使用。进而也就避免了"因为像,所以是"的推理,使得误教得到了修正。

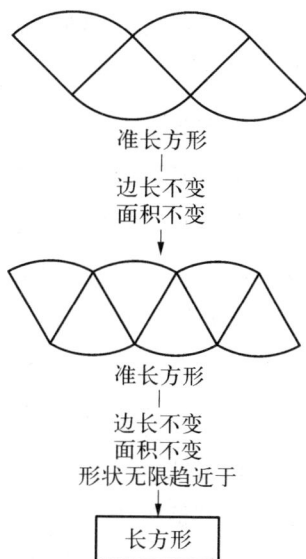

图 10-12 观察想象示意图

第三节 用欣赏的眼光看生成

"变教为学"倡导以学习活动为中心,当学生主动性充分发挥的时候,就会产生诸多教师难以预料的生成。如何面对并应对学生多样的生成,就成为教师现实的挑战。一个基本观点是:向学生学习,读懂学生做法中隐藏着的想法,将其提升为有价值的课程资源,应用于学生学习活动的设计。

一、协变思维

协变思维也可以叫作协变推理(covariational reasoning),指的是针对两个或多个协同变化的变量,进行协调或转化的思维形式[1]。比如"人多力量大"这一说法,针对"人数"和"力量"两个量,认为二者协同变化的规律是"人数越多,力量越大",是一种"越多—越大"(more-more)的协变思维。

数学学习中,协变思维的应用非常普遍。比如,在问题情境中出现若干只鸡,

---

[1] Marilyn Carlson, Sally Jacobs, Edward Coe, Sean Larsen and Eric Hsu. Applying Covariational Reasoning While Modeling Dynamic Events: A Framework and a Study[J]. *Research in Mathematics Education*, 2002, 33(05): 352—378.

对于鸡头数和鸡脚数两个量,其协变关系可以表述为"鸡头数的 2 倍等于鸡脚数";同样如果有若干只兔,那么兔头数和兔脚数的协变关系就是"兔头数的 4 倍等于兔脚数"。

更为复杂的情况是情境中出现更多的变量。比如鸡兔同笼,若干只鸡和若干只兔在一起,这时就出现兔头数、兔脚数、总头数、总脚数四个变量。某变量的变化或转换,会引起多个变量的变与不变。如果增加 3 只鸡,那么总头数增加 3,同时总脚数增加 6。1 只鸡换为 1 只兔,总头数不变,总脚数增加 2。如果将 2 只鸡换为 1 只兔,那么总脚数不变,总头数减少 1。

我国小学和初中数学课程中的鸡兔同笼问题,是我国历史上流传至今的名题。概括地说,解决问题的做法主要是《孙子算经》中的"半足术"、明代《算法统宗》中的"倍头法",以及在初中阶段学习的方程。

如果鸡兔同笼问题叙述为:若干只鸡和若干只兔在同一个笼子中,总头数为 35,总脚数为 94。求鸡和兔各有多少只?

"半足术"做法的第一步是"94÷2=47",相当于把鸡变为"独脚鸡",兔变为"双足兔",使得每只鸡的脚数和头数相同。这样"47−35=12",就得到兔的只数。"倍头法"做法第一步是"35×2=70"或"35×4=140",想法是将每只动物的头数变为 2 或 4,与鸡或兔的脚数相同,便于进一步解决问题①。

下面介绍三种在四年级和五年级课堂中发现的学生做法,这些做法中蕴含着丰富的,与协变思维相关的"大想法"(big idea)。

二、盈亏互补

课堂观察中发现学生的一种做法的第一步是,用总头数 35 去平均分配总脚数 94(如图 10−13 所示)。

其中第一步算式为"94÷35=2⋯⋯24",可以理解为,用 35 个头平均分配 94 只脚,也就是如果每只动物 2 只脚,就会多余 24 只脚。换言之,如果 35 只动物都是鸡,就多余 24 只脚。因此需要在总头数不变的情况下,总脚数增加 24。

因为一只鸡变为一只兔,头数不变,脚数增加 2。因此图 10−13 的做法中的第二步"24÷2=12",就是将 12 只鸡换为 12 只兔,使得头数不变,脚数增加 24,

① 郜舒竹.鸡兔同笼问题中的辩证思维[J].课程・教材・教法,2019(09):88—93.

得出共有 12 只兔。第三步"35－12＝23"（图 10-13 中学生笔误：34 应为 35），求得鸡只数为 23。类似于此的第二种做法是写为分数形式（如图 10-14 所示）。

$$94 \div 35 = 2(\text{只}) \cdots\cdots 24$$
$$24 \div 2 = 12(\text{只})$$
$$34 - 12 = 23(\text{只})$$

图 10-13 学生做法一

$$94 \div 35 = 2\frac{24}{35}$$
$$4 - 2 = 2$$
$$24 \div 2 = 12$$

图 10-14 学生做法二

这样做法背后隐藏的想法，既不同于《孙子算经》中的半足术，也不同于《算法统宗》中的倍头法。半足术与倍头法都是意图将动物的头数与脚数变为相同，也就是"变异为同"。而学生这样的做法首先是"平均分配"，分配之后，再对剩余部分进行调整。其中调整的过程所运用的，就是协调鸡只数与兔只数相互转换中变与不变的协变思维。

协调变量协变过程中的变与不变，也可以叫作"盈亏互补"（compensation），是一种应用广泛、具有一般意义的思维形式。比如，图 10-15 大正方形内部有三个形状、大小完全一样，但颜色不同的小正方形，露在外面部分的面积如图 10-15 所示。求大正方形的面积。

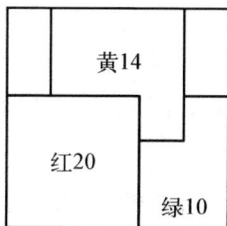

图 10-15 正方形问题示意图

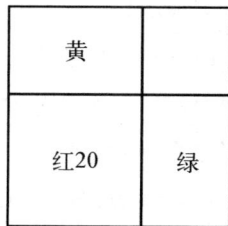

图 10-16 正方形问题变形示意图

初看题目，似乎无从下手。可以运用协变思维，将黄色正方形向左侧平移，移动过程中，黄色正方形露出面积越来越小，而绿色正方形露出面积越来越大，减少部分与增加部分保持相等，二者盈亏互补。移到尽头后成为如图 10-16 所示的形状。

这时黄色和绿色两个正方形露出面积相等,由于移动过程中两个正方形露出部分面积相互之间盈亏互补,其总和是不变的。所以图 10-16 中黄色和绿色正方形露出部分面积均为 $(14+10)\div 2=12$。在此基础上,问题就不难解决了。

像这样从解题的具体做法中提取出具有一般意义的想法,在西方国家通常叫作"大想法"。大想法的一个特征就是可迁移,可以应用于更广泛的其他问题。

三、配对分组

课堂观察中发现的第三种做法,是将一只鸡和一只兔绑定为一组,使得每一组中包含一只鸡和一只兔,因此头数为 2,脚数为 6(如图 10-17 所示)。

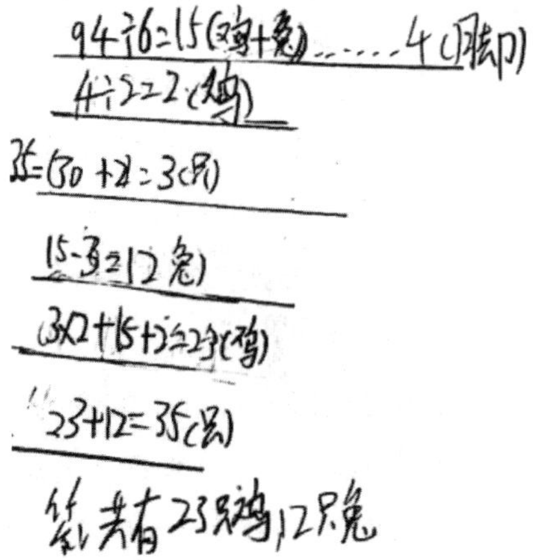

第一步,$94\div 6=15\cdots\cdots4$,是用总脚数 94 除以每组脚数 6,说明一共有 15 组,多余 4 只脚。也就是如果鸡和兔各有 15 只,这时就会多出 4 只脚。

第二步,$4\div 2=2$,是将剩余的 4 只脚分配给 2 只鸡,此时就有 15 只兔、17 只鸡,总头数是 $30+2=32$。

第三步,$35-(30+2)=3$,表明总头数少了 3。如果用一只兔换为 2 只鸡,能够使得头数增加 1,脚数不变。

图 10-17　学生做法三

第四步,$15-3=12$ 和第五步 $3\times 2+15+2=23$,就是将 15 只兔中的 3 只变为 $(3\times 2=)6$ 只鸡。因此得到兔有 12 只,鸡有 23 只。图 10-17 最后一步 $23+12=35$,是对结果的检验。

这一做法运用配对分组(grouping)的想法,将一鸡和一兔视为一个整体,而后再对剩余部分进行调整,调整的过程同样用到盈亏互补的大想法。

配对分组不仅是一种解决问题的做法,还可以迁移到其他问题,具有一般意义的大想法。比如下面著名的"百僧问题"。

100 个和尚吃 100 个馒头,大和尚 1 人吃 3 个,小和尚 3 人吃 1 个。问大和尚和小和尚各有多少人?

运用分组的想法,将 1 个大和尚和 3 个小和尚视为一组,这样每一组中大和尚

1 人,小和尚 3 人,一共 4 人,吃馒头 4 个。这样就将 100 个和尚和 100 个馒头分为了 25 组。因此得到答案:大和尚 25 人,小和尚 75 人。

配对分组作为一种思维形式,实质是将不同对象关联起来,视为整体。运用不同对象之间的异同、因果关系进行思考。比如马丁·加德纳曾经发表过一个命名为"corner to corner"(点对点)的几何问题:

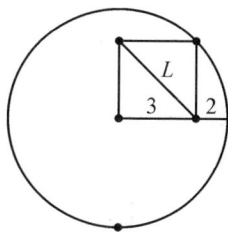

图 10-18 圆内长方形示意图

圆内一个长方形,求长方形对角线 L 的长度(如图 10-18 所示)。[①]

如果眼睛只盯着图中对角线 L,就无法将其与已知数据 3 和 2 建立联系。运用配对的想法,长方形有两条对角线,而且长度相等,可以发现另外一条对角线其实就是圆半径,因此立刻知道对角线 L 长度其实就是圆半径长度:$3+2=5$。

四、先取半,再调整

观察中还发现第四种做法,有学生第一步是用总头数 35 除以 2(如图 10-19 所示),相当于先假定鸡只数为 17,兔只数为 18;或者反过来,鸡只数为 18,兔只数为 17。

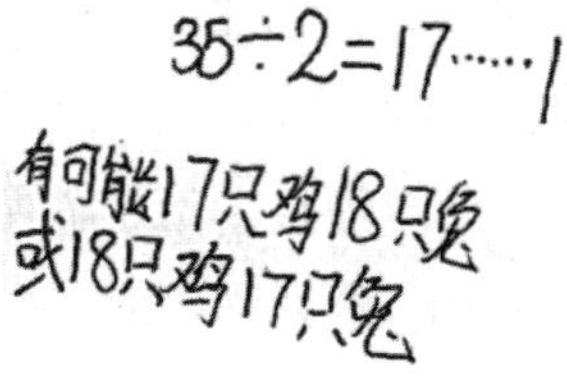

这样的做法可以概括为"先取半,再调整"。同样运用了鸡和兔相互转换的协变思维。如果鸡只数是 17,兔只数为 18,那么总脚数为 $17\times2+18\times4=106$,比实际总脚数多了 $106-94=12$。只需要将 6 只兔换

图 10-19 学生做法四

为 6 只鸡,使得总头数不变,总脚数减少 12。因此鸡只数为 $17+6=23$,兔只数为 $18-6=12$。这种"先取半,再调整"的做法也蕴含着可迁移、具有一般意义的大想法。比如下面的"和差问题"。

全班共有 35 名学生,男生比女生多 3 人。男、女生各有多少人?

通常的做法是通过"和加差"或者"和减差"解决问题。如果按照"先取半,再调整"的想法,第一步可以先将全班 35 人取半,具体做法为:$35\div2=17.5$。相当于假定男女学生各有 17.5 人。这种不符合实际的情境并不真实,因为不可能出现"0.5 人"的情况。

---

① Martin Gardner. *Entertaining Mathematical Puzzles* [M]. New York: Dover Publications, 1986: 37.

　　心理学中有一个叫作"意境"(mental imagery)的概念,指的是"心眼所见"(seeing in the mind's eye)的情境①,这样的情境往往有悖于亲眼所见的"真相"。在和差问题的思考过程中,"0.5 人"的意境,作为思考过程中的一个环节,虽然违背真实,但对于问题解决的思考仍然是有效的。

　　接下来,将意象中的"17.5 个女生"中的"1.5 个女生"改变为"1.5 个男生",这时总人数守恒不变,男生人数增加为 17.5+1.5=19(人),女生人数减少为 17.5-1.5=16(人),符合题目中男生比女生多 3 人的要求,也就得到了问题的答案。

　　"取半"(halving)作为一种分配活动中的大观念,其应用十分广泛。《孙子算经》中对鸡兔同笼问题解决的半足术,就是对总脚数 94 取半。与其相关的大想法还有"加倍"(doubling)和"等分"(equivalence grouping)等,比如《算法统宗》中的"倍头法"就用到了"加倍"。前面谈及的"配对分组"实际也是等分想法的体现。

　　日常的数学教学,解题是必不可少的教学活动,教师多多留意并积累学生不同的做法,从中挖掘具有一般意义的大想法,并将之应用于其他问题的解决,应当成为教师自身专业发展的有效途径。

　　如今的数学教学倡导"变教为学",期望教师将"讲为主"的教学,改变为学生"学为主"的教学。对于教师的挑战是如何面对学生不同于预设的生成。这样的生成可能是正确的,可能是错误的,也可能是合理但不完善的。所有应对策略的前提是:用欣赏的眼光看生成,耐心地听,努力地读,广泛地用。

第四节　用透视的眼光看错误

　　学生主动学习的过程,伴随着自主的思考,思考中所表达出来的生成,有时会出现"错误"。这样的错误一定有其合理的原因。用透视的眼光看错误,就是努力找到这样的原因,进而发现学生学习过程中的认知规律。

　　数学学习中经常需要对应思考,比如将"三百二十一"写为"321"的过程,就需

---

① Nigel J. T. Thomas. Mental Imagery [EB/OL]. (2014-09-12) [2019-08-26], https://plato.stanford.edu/index.html.

要对数的汉语表达与数字表达二者之间进行对应思考。在计算中需要对参与运算的数之间进行对应思考。解决文字问题时需要对文字信息与算式或者图形之间进行对应思考。学生在进行此类对应思考过程中,经常出现依据自身直觉产生的理解,其中一些理解具有普遍性和必然性,因而也就具有规律性。努力发现这样的直觉规律(intuitive rule),有益于教师透视学生错误的合理性,理解学生思维的规律性。

一、语言转换中的直觉与误解

在思考与两个或者多个结构之间对应关系有关的问题时,人们潜意识中会对不同结构之间的对应关系有一种自己直觉的理解,而后的思考就会沿着这样的理解继续下去。比如,在思考将"我是一名教师"这句话翻译为英文的时候,潜意识中会把这句话看作是一个由"我""是""一名"和"教师"四个元素构成的结构,直觉的理解是只需要将对应元素的英文单词与相应的汉字或者词汇一一对应地组合起来,做到"元素数量相同、元素顺序相同、元素意义相同",这样就完成了翻译(如表 10-3 所示)。

表 10-3 翻译结构

元　素	元素 1	元素 2	元素 3	元素 4
中　文	我	是	一名	教师
英　译	I	am	a	teacher

而事实上,这样直觉的理解在有些情况下是可以的,在许多情况下却是不适用的。比如,将两人见面时常说的问候语"你好"翻译为英文,就不能采用一一对应的方式翻译为"You good","早上好"也不能翻译为"Morning good",等等。因此这种"数量相同、顺序相同、意义相同"的直觉理解,实质上是结构之间对应关系的误解(misconception)。学生在数学学习中所出现的许多错误,其实也源于这样语言转换过程中的误解。

例如,在多位数读写过程中,如果读出或用汉字写出"四百三十二万零六十五",学生在写出相应阿拉伯数字的时候,往往会出现如图 10-20 所示的错误。

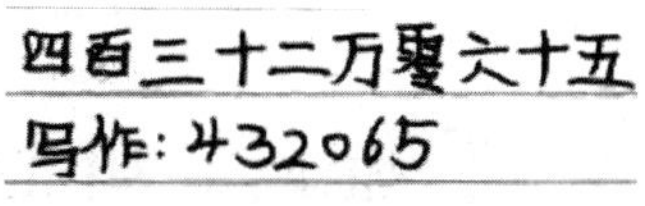

图 10-20 多位数读写错误

这样的问题与前面英汉翻译的过程类似,学生潜意识中将"四百三十二万零六十五"看作是一个由"四百三十二""零"和"六十五"三个元素构成的结构,将三个要素分别翻译为"432""0"和"65",而后保持原有顺序依次排列,就得到"432065"。这个过程可以用表 10-4 直观地表示出来。

表 10-4　多位数读写对应误解一

元　素	元素 1	元素 2	元素 3
汉字(读法)	四百三十二	零	六十五
写　法	432	0	65

类似的错误极为普遍,比如将"二十一万三千",写为"2013000"等(如图 10-21 所示)。

这种"一一对应"的误解导致的错误还经常出现在"单位转换",以及钟表上时间读写的过程中,比如,将"4.25 时"转换为"2 时 25 分",将"3.2 时"转换为"3 时 2 分",等等(如图 10-22 所示)。

图 10-21　多位数读写对应误解二　　　图 10-22　单位转换对应误解

初学认识钟表的学生会将钟表上直观显示的"时针指向 11,分针指向 2",读或写作"11:02",将"时针指向 8,分针指向 6"读或写作"8:06"。他们遵循的是视觉上的"意义相同"(如图 10-23 所示)。

用于数学课程内容表达的语言主要包括文字、图形和符号,学习数学的过程中经常需要进行语言之间的转换,这种转换一旦出现元素数量、元素意义或者元素之间的顺序发生变化的情况,就不符合学生的直觉思考,也就成为容易出现误解和错误的内容。

图 10-23　时间对应误解

二、加、减计算中的直觉与误解

类似的情况在计算过程中也会出现。比如,低年级学生在计算"523+25"时,会出现如图 10－24 所示的错误答案：

$$\begin{array}{r} 5\ 2\ 3 \\ +\quad 2\ 5 \\ \hline 7\ 4\ 8 \end{array} \qquad \begin{array}{r} 5\ 2\ 3 \\ +\quad 2\ 5 \\ \hline 9\ 4\ 8 \end{array} \qquad \begin{array}{r} 5\ 2\ 3 \\ +\quad 2\ 5 \\ \hline 4\ 8 \end{array}$$

(a) (b) (c)

图 10－24 加法竖式计算错误示意图

像“523＋25”这样的计算，通常会被教师认为是很简单的，学生出现错误是不应该的，因为计算过程中并没有出现“进位”的情况。在加法竖式计算中，只有出现进位的情况，才是学生最容易出错的。但在调查中发现，对于低年级学生来说，没有出现进位的“523＋25”，相比出现进位的“593＋25”，错误率要高。其中的原因就与对应思考中的直觉与误解有关。

在学生对于加法计算的经验中，潜意识里至少会有两个理解：第一，加法应当是在至少两个数中才可以进行的，一个数不能做加法；第二，两个加数的各个数位上的数字应当一一对应。基于这样的理解，当面对“523＋25”的竖式时(如图 10－25 所示)，其中个位“3＋5”和十位“2＋2”都顺利计算后，对于孤立存在的“5”，学生就会有一种不知所措的感觉。

$$\begin{array}{r} 5\ 2\ 3 \\ +\quad 2\ 5 \\ \hline \end{array}$$

图 10－25 加法竖式

在潜意识里“加法需要两个加数”想法的驱使下，就努力寻找“能够与 5 做加法的数”。按照就近原则，就可能用到临近的数字“2”，得到“523＋25＝748”(如图 10－24(a)所示)；也有可能用到临近的数字“4”，就得到“523＋25＝948”(如图 10－24(b)所示)；另外一种可能是认为对于“5”，加法运算没有发生，就会出现“523＋25＝48”(如图 10－24(c)所示)。

相对于出现进位的计算题“593＋25”，其中十位数字“9＋2”的计算等于 11，需要向百位进一，此时与学生头脑中“加法需要两个加数”的想法吻合，因此可以顺利地通过“5＋1＝6”完成计算。因此对一些学生来说，出现进位的“593＋25”，相比没有出现进位的“523＋25”更符合对应思考中的直觉规律，因此错误率更低。

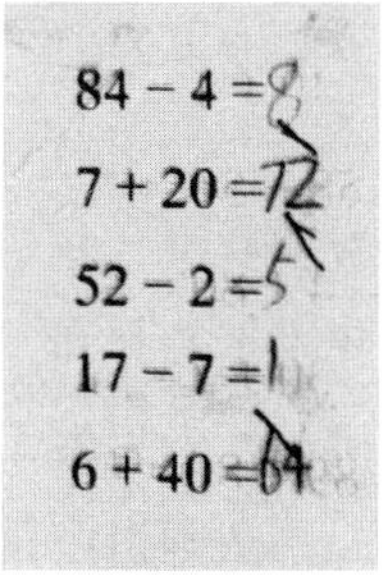
84 - 4 =8
7 + 20 =72
52 - 2 =5
17 - 7 =1
6 + 40 =64

图 10－26 加减计算错误

在加法计算中，两个加数位数不同时出现的错误，对于低年级学生极其普遍(如图 10－25 所示)，一个重要的原因是源于学生对应思考中的误解。这种对应误解产生的错误在减法计算中也同样会出现。比如对于"276－14",在调查发现,学生会得到错误结果"162",原因在于当计算完个位和十位的减法计算后,被减数百位出现孤立的"2",因此学生在"需要寻找一个减数"想法的驱使下,就会选择临近的数字实现与"2"的减法计算。

综上可以看出,学生许多计算题出现的错误并不是因为"粗心、马虎、不认真"的"算错",而是依照自己的直觉构建了另外一个题目或算法。比如,在图 10-26中所示的"84－4＝8",学生潜意识的直觉中是把"84"看作一个由"8"和"4"构成的结构,而不是"80"和"4"构成的结构,因此学生所完成的计算是"从 8 和 4 中减去4",而不是原题所要求的从"80 和 4 中减 4"。其根本原因在于对于"84"这个符号表达产生了误解。由此也进一步说明低年级儿童认识"位值"其实是相当困难的,困难的原因是与低龄儿童的直觉规律(intuitive rule)相违背。凡与直觉规律相违背的内容,通常叫作具有"反直觉"(counter intuitive)的特征。

用透视的眼光看错误,事实上已经体现了教学中的"研究",而我们通常所说的"读懂学生"其实就是用研究的眼光看学生。

第五节　用研究的眼光看学生

用研究的眼光看学生,首先应当相信:生成是创新,生成必多样,生成是财富;错误是必然的,错误是普遍的,错误是有理的,错误是有用的。为错误找到理由,使之成为教学资源。这种研究的眼光体现为"发现""辨别""解释""预见""应用"的过程。下面用与"天鹅问题"类似的案例详细说明"用研究的眼光看学生"。

2020 年上半年,在某培训机构的网络课程中,看到一个一年级小学生的错题讲解。"小猴子说:我吃了 3 个桃子,还剩下 4 个桃子,原来有多少个桃子?"学生答案为:7－3＝4(个)。

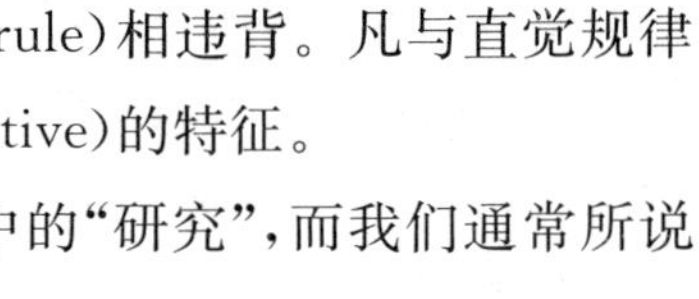

图 10-27　学生"错"题

教师讲解的大意是,这样列式计算是错误的,正确答案应当是"3＋4＝7(个)"。此类"加减混淆"的现象在低年级学生作业中极其普遍,是不同于教师预设的生成,不妨叫作"异样生成"。

一、"异样生成"是好事

面对学生的异样生成,如果采用"是非分明"的态度,将不同于标准答案的生成一律视为"错误",并将之归因为"没学好、不认真听讲"或"粗心、马虎、不认真",简单地让学生对照标准答案改错,在学生面前表现出"愤怒＋指责＋厌恶"的态度,那么带给学生的自然是"恐惧＋盲从＋气馁"的负面效应。

学生学习过程中出现不同于预设的异样生成,是正常的,还是反常的?是好事,还是坏事?如果把异样生成视为学生经过自主思考,产生独特的、个性的想法,当然就是多样的。因此面对异样生成,包括错误,应当采取肯定和接纳的态度,异样生成可以成为研究学生思维规律的"数据",进而成为教师的教学资源。这样的教学研究至少应当包括"辨别""解释""应用"三个方面的研究内容。

所谓"辨别",就是需要回答"错没错"的问题。错没错的辨别标准,往往会以教科书或教学参考书、命题专家给出的标准答案为参照,简言之就是以成人事先的预设为标准,而这样的标准明显具有主观性和局限性。学生的认知是一个复杂的过程,具有动态的过程性和多样的差异性。错误的答案可能蕴含着合理的思维,错误的过程可能得到正确的结果,独特的生成可能隐藏着创新的思维。因此,辨别错误应当站在学生的立场上,从学生的思维过程中寻找规律,寻找其合理成分。

在辨别的基础上,解释学生的生成指的是需要回答"为什么"的问题。应当相信,任何事物都有存在的理由,任何现象都有出现的原因。学生的生成是认知过程的结果,这个结果必然与认知过程中的某些规律相关。努力寻找并发现这样的规律,为学生的生成找到理由,对于教师丰富关于学生以及学生学习的认知,提升教学水平,无疑是重要的。

有了相对准确的辨别和解释,就可以实现应用生成开展学习活动的教学,让学生生成(包括错误),成为教学资源。让学生和学生之间有机会交流、分享,让学生有机会自我评价、自我反思,让学生能够在反思、交流中自我评价、自我否定。我们应当相信:生成是创新,生成必多样,生成是财富。

二、为"错"说理

人的理解,通常体现为三个方面的互动:第一是对情境的感知,第二是在感知过程中无意识的判断，第三是符号表征。法国的格拉德·沃格诺德（Gérard Vergnaud）把这样三个方面的综合叫作"理解域"（conceptual field）①。就是说，感知、思维和表征三个过程并不是依照时间顺序进行的，而是交互地相互影响的。

前面"猴子吃桃"的情境，是一个在时间、空间和数量三个方面体现运动与变化的"事件"（event）。任何事件都是从始到终的过程，从时间顺序上涉及三个要素：起始状态、变化过程、终极状态。这三个要素表现在"猴子吃桃"情境中，分别为：

- 起始状态：原有桃子；
- 变化过程：吃掉桃子；
- 终极状态：还剩桃子。

如果把起始状态"原有桃子"的全体视为一个类，个别桃子视为类中的对象或元素，联系到熟悉的容器思维（容器图式），这个事件在头脑中的意境就成为：

- 起始状态：容器中有物品；
- 变化过程：取出部分物品；
- 终极状态：还剩部分物品。

应用格拉德·沃格诺德所说的理解域，头脑中会无意识地形成如下判断，容器中的物品数量：

- 放入会增加；
- 取出会减少。

"放入会增加"指的是起始状态和终极状态之间的数量关系，也就是如果变化过程是向容器中放入，那么终极状态的数量应当多于起始状态的数量。反过来说，起始状态的数量应当少于终极状态的数量。同样地，"取出会减少"指的是终极状态的数量应当少于起始状态的数量，或起始状态的数量应当多于终极状态的数量。

格拉德·沃格诺德把这样在情境感知中不知不觉的判断叫作"行动中的定理"（theorem in action），它是支配后续行为的重要因素。头脑中形成了这种判断，接下来是用符号表征这样的事件。延续前面"放入会增加、取出会减少"的判断，自然推理出新的判断：

---

① Gérard Vergnaud. Cognitive and Developmental Psychology and Research in Mathematics Education：Some Theoretical and Methodological Issues[J]. *The Learning of Mathematics*，1982，3(02)：31—41.

- 增加应当用"加";
- 减少应当用"减"。

"猴子吃桃"事件与"从容器中取出"相对应,头脑中起支配作用的判断自然是容器中数量减少,减少应当用减法。这样的思维过程自然就会导致"7－3＝4"的符号表征。

另外,用算式表征情境,相当于涉身认知理论中的"隐喻"(metaphor),指的是不同领域之间的"对应"(mapping),也可以认为是"类比"(analogy)推理。这样的对应通常会遵循"同构"(isomorphism)的对应原则,同构就是结构相同的意思,表现为三个方面的"一一对应"(one-one mapping):

- 对象与对象对应;
- 动作与动作对应;
- 关系与关系对应。

在"猴子吃桃"情境中,"桃子"与"数"的对应可以认为是对象与对象的对应,"吃了"与"减"的对应是动作与动作的对应,情境中的时间顺序与符号表征从左到右的顺序保持一致,可以认为是关系与关系的对应。具体表现为,起始状态的"原有"与"被减数"对应,"吃了的桃子"与"减数"对应,终极状态的"还剩"与"差"对应,保持了事件"发生—发展—结束"的时间顺序,与算式中被减数、减号、减数、差从左向右的空间位置关系保持一致。这种在隐喻映射中保持不变的内容,在认知科学中叫作"不变量"(invariance 或 uniformities)[①]。

表 10-5　"猴子吃桃"情境中时间、空间和数量的变化

事　　件	起始状态	变化过程	终极状态
猴子吃桃	原有	吃了	还剩
容　　器	原有	取出	还剩
算　　式	7	－3	＝4

因此这个对应完全符合"对象与对象、属性与属性、关系与关系"的同构原则。学生对于"猴子吃桃"问题列出算式"7－3＝4",符合涉身认知中隐喻思维规律。

---

① George Lakoff. *Women, Fire, and Dangerous Things. What Categories Reveal about the Mind* [M]. Chicago and London: The University of Chicago Press, 1987: 211.

从时间顺序说,是从起始开始,经历变化,到终极结束;从属性上说,是从多到少的变化过程;从事件的发生、发展说,是从开始到结束。可以用图 10-28 直观表示这样的隐喻过程。

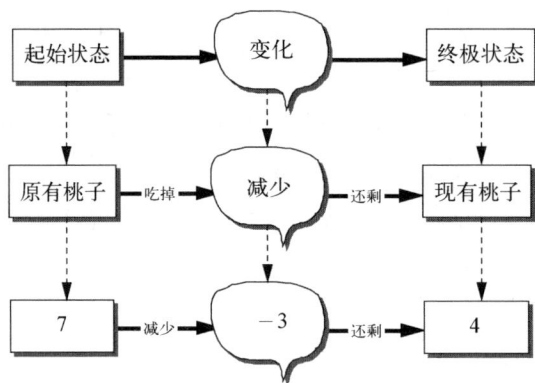

图 10-28 同构对应示意图

像这样同构对应的思维方式,在语言转换或互译中也很普遍。比如,在英语学习中,"Nice to meet you."这句话,对于母语为汉语的中国人不会感觉困难,因为与汉语"很高兴见到你"的字词及其顺序基本相同,也即英语表达与汉语表达相互之间的对应符合同构原则(如图 10-29 所示)。

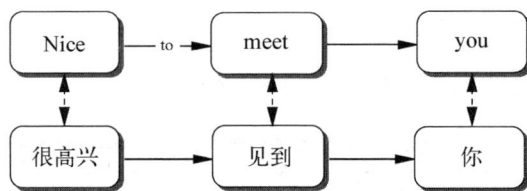

图 10-29 英—汉同构对应

中文的"谢谢你"转换为英文"Thank you",如果"谢谢"对应"Thank","你"对应"You",同样具有同构的对应,也很容易理解。反过来,中文回应感谢时常说"不用谢",在英文中就不存在具有同构对应的说法,回应"Thank you"时,不能说"Not thank"或"No thanks"。可能的说法是:

- You are welcome.
- It's okey.
- No problem.

这些说法都无法与"不用谢"建立同构对应,自然就会成为英语学习的难点。因此可以说,同构对应思维会成为违背同构关系对象认知的障碍。这也就解释了在"猴子吃桃"情境中,为什么学生对"3+4=7"难以接受。原因就在于算式"3+4=7",破坏了从情境到算式的同构对应。元素之间的对应,打乱了时间顺序关系以及数量增加、减少的属性变化规律。

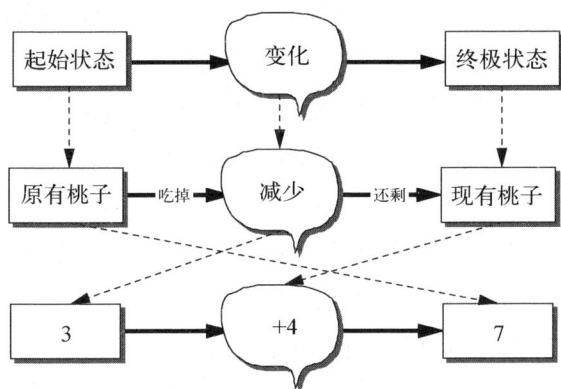

图 10 - 30　非同构对应示意图

三、互逆关系

接下来的问题是,如何将算式"3+4=7"与"猴子吃桃"情境之间建立合乎思维规律的联系。原题事件整个过程是由于"吃掉",从而"减少"的过程,与符号表征"7−3=4"具有同构对应关系。而"3+4=7"需要想象反过来的过程,也即"补回",进而"增加"的过程。

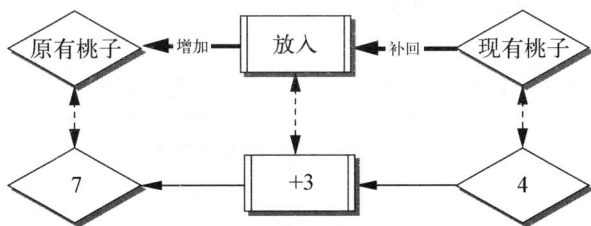

图 10 - 31　互逆过程示意图

这个反过来的过程在"猴子吃桃"的事件中并未发生,属于"虚构的"(fictive)事件,具有"想象"(imaginary)的特征,把想象的过程用算式描述出来,实际是两步计算。

$$7-3+3$$
$$=4+3$$
$$=7$$

第一步"$7-3=4$"对应"吃掉"或"减少"3个,还剩4个;第二步"$4+3$"对应"补回"或"增加"3个,得到原有桃子数量。这样的过程,对于一年级低龄儿童显然具有难以理解的复杂性。加与减作为运算的"互逆"(inversion)关系,需要许多涉身活动经验的积累才有可能逐步理解。比如:

- 前进10步后,倒推10步,回到原地。"前进"与"倒推"具有互逆关系。
- 上学是从家到学校,放学就是原路返回,回到家中。"上学"与"放学"具有互逆关系。
- 收拾书包准备上学是向书包中放入书本;到学校准备上课,从书包中取出书本。"放入"与"取出"具有互逆关系。
- 工资的"收入"与消费的"支出",具有互逆关系。

诸如此类的涉身活动,都可以成为隐喻加、减运算互逆关系的涉身经验。这种"增"与"减"的互逆关系,是沟通这两个运算联系的基本规律。数学家建构代数结构时,运算的互逆关系起着基础性的重要作用。

四、预见错误

通过解释学生的异样生成,可以帮助教师预测学生的认知困难以及可能出现的错误。以上案例分析可以得到一个结论:凡违背隐喻对应同构的现象,学生都会出现类似的理解困难,进而写出与教师期望不同的算式。将"猴子吃桃"推广到一般的事件,其基本结构可以用图 10‐32 表示。

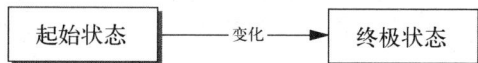

图 10‐32　一般事件示意图

从时间顺序关系上看,分别为起始状态在"前",变化过程在"中",终极状态在"后"。事件发生、发展的顺序遵从"从前到中"和"从中到后"的规律。学生熟悉的问题自然是符合事件发生、发展顺序的"知前想后":已知有7个桃子,小猴子吃了3个,还剩几个? 可以轻易得到"$7-3=4$"的算式。

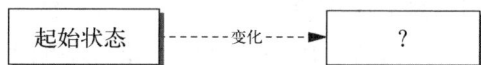

图 10-33 "知前想后"示意图

前面"猴子吃桃"的问题之所以困难,是已知"中、后",求"前":

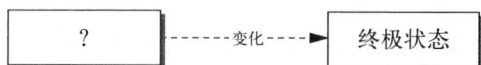

图 10-34 "知后想前"示意图

相当于时间倒流,与学生熟悉的"知前想后"的顺序相悖。如果题目更改为:有 7 个桃子,小猴子吃了一些,还剩 4 个,问小猴子吃了几个? 信息结构为已知"前、后",求"中",同样破坏了事件的时间顺序。

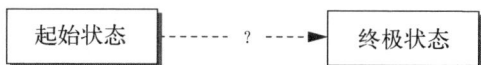

图 10-35 "求中"示意图

可以预测,一定会有学生写出"7-3=4"的算式,而不是期望的"7-4=3"。原因就在于按照从左到右的顺序看,"7-3=4"符合题目叙述事件的事件顺序。有了这样的理解,就不难预测下面几个问题对于学生的难易程度,以及可能出现的异样生成。

- 小明有 5 块巧克力糖,需要增加多少块,才能拥有 8 块巧克力糖?
- 小明有 8 块巧克力糖,给了小红一些后还剩 5 块。小明给了小红多少块巧克力糖?
- 小明有 8 块巧克力糖,给了小红 3 块。小明还剩多少块巧克力糖?
- 小明有一些巧克力糖,小红给了她 3 块后,她共有 8 块。小明最初有多少块巧克力糖?

以上问题从表面上看都是相同的情境,但由于语言表述以及顺序差异,会给学生带来不同的认知困难。因此"运算"作为一类数学学习活动,是多元的、复杂的。计算教学仅限于针对算式的算法和算理是远远不够的。把计算拓展为运算,把运算与涉身认知活动联系起来,实质是"情境、判断、符号"之间的互动过程。

应当承认,我国社会目前对于基础教育中的学科教学的认识仍然囿于"应试"思维,"办老百姓满意的教育"就成为顺应这种思维的教育。评价学校教育质量看分数,评价教师教学质量看分数，教学"质量"的高低与"分数"的高低成为了正比例关系。

在这样的现实中，家长、教师"厌恶"学生的"错"，是顺理成章的，因为"错"是"低分"的根源。因此教学的改变需要时间，需要政府管理和评价的改变，需要家长乃至社会观念的改变，需要学校教学管理的改变，由此才有可能带来教师教学真正的改变。

作为最基层、最普通的教师，不妨从"发现并收集、解释与应用"学生的错误入手，让"错"发挥教学资源的作用，这样的做法或许会获得"素质教育"与"应试教育"的双丰收。

主要参考文献

[1] 松村勇夫.关于代数及几何的字源[J].中国数学杂志,1951(01):18—20.

[2] 许莼舫.轨迹[M].北京:中国青年出版社,1952.

[3] 杜石然."九章算术"中关于"方程"解法的成就[J].数学通报,1956(11):11—14.

[4] 杰.几何不是 Geo 的译音[J].数学通报,1959(11):31.

[5] 许慎.说文解字[M].北京:中华书局,1963.

[6] 《逻辑学辞典》编辑委员会.逻辑学辞典[M].长春:吉林人民出版社,1983.

[7] 罗素.人类的知识——其范围与限度[M].张金言,译.北京:商务印书馆,1983.

[8] 赵仲邑.古代汉语[M].南宁:广西人民出版社,1984.

[9] 蒋南华.也谈古代文学作品中的十二时问题[J].贵州教育学院学报(社会科学版),1992(03):28—32.

[10] 轩辕轲.中华民族教育思想纂要[M].北京:教育科学出版社,1994.

[11] 中国社会科学院语言研究所词典编辑室.现代汉语词典.商务印书馆,1996.

[12] 韦伯.经济与社会(上)[M].约翰内斯·温克尔曼,整理.林荣远,译.北京:商务印书馆,1997.

[13] 邵启昌.中国数学若干概念汉语词义研究[J].四川师范学院学报(自然科学版),1998(02):3—5.

[14] 李继闵.《九章算术》导读与译注[M].西安:陕西科学技术出版社,1998.

[15] 裘明.21 世纪第一年为何年?[J].科技术语研究,1999(01):3—5.

[16] 司马迁.史记·卷一百三十(集解引如淳语)[M].北京:中华书局,1999.

[17] 郑玄注,孔颖达疏.礼记正义[M].龚抗云,整理.北京:北京大学出版社,1999.

[18] 莫绍揆.试论初等数学符号的改进[J].数学通报,2000(12):28—30.

[19] 艾思奇.大众哲学[M].北京:中国社会出版社,2000.

[20] 李淑文.日本新编中学数学教材的特点评析[J].数学教育学报,2003,12(04):20—23.

[21] 何金松.汉字文化解读[M].武汉:湖北人民出版社,2004.

[22] 郜舒竹,徐春华.对旋转体体积的再认知[J].数学通报,2005(01):54—57.

[23] 平山谛.东西数学物语[M].代钦,译.上海:上海教育出版社,2005.

[24] 燕学敏.晚清数学翻译的特点——以李善兰、华蘅芳译书为例[J].内蒙古大学学报(自然科学版),2006(03):356—360.

[25] 张景中.感受小学数学思想的力量——写给小学数学教师们[J].人民教育,2007(18):32—35.

[26] 谷衍奎.汉字源流字典[M].北京:语文出版社,2008.

[27] 王文锦.大学中庸译注[M].北京:中华书局,2008.

[28] 郜舒竹.欧拉究竟是怎样解决"七桥问题"的[J].数学通报,2009(07):56—58.

[29] 郜舒竹.为何"探究不出来"——兼谈教学难点的分析方法[J].人民教育,2009(08):41.

[30] 郜舒竹."小问题"系列①都是"必须"惹的祸——谈数学教学中的提问[J].人民教育,2009(Z2):70—71.

[31] 吴彩强.意向性和背景[J].自然辩证法通讯,2009,31(01):22—26.

[32] 徐乃楠,王宪昌.数学文化热与数学文化史研究[J].自然辩证法通讯,2009,31(03):13,14—17.

[33] 郜舒竹,刘莹.儿童数学学习中思维的自然结构及其正误辨别[J].课程·教材·教法,2010(07):42—45.

[34] 邹大海.从《墨子》看先秦时期的几何知识[J].自然科学史研究,2010,29(03):293—312.

[35] 郜舒竹,张平仁,王智秋.数学术语的隐喻歧义及其人文内涵[J].课程·教材·教法,2011(02):51—57.

[36] 王瑾,史宁中,史亮,等.中小学数学中的归纳推理:教育价值、教材设计与教学实施——数学教育热点问题系列访谈之六[J].课程·教材·教法,2011(02):58—63.

[37] 郜舒竹.算法背后的想法[J].教学月刊小学版(数学),2012(09):20—23.

[38] 郜舒竹."鸡兔同笼"算法源流[J].教学月刊小学版(数学),2012(Z2):26—29.

[39] 福柯.规训与惩罚(第4版)[M].刘北成,杨远婴,译.北京:生活·读书·新知三联书店,2012.

[40] 郜舒竹.为教师的微积分[M].北京:首都师范大学出版社,2012.

[41] 郜舒竹.问题解决与数学实践[M].北京:高等教育出版社,2012.

[42] 中华人民共和国教育部.义务教育数学课程标准(2011年版)[S].北京:北京师范

大学出版社,2012.

［43］郜舒竹.回眸历史看竖式［J］.教学月刊小学版（数学）,2013(06)：17—19.

［44］郜舒竹."探索规律"释义［J］.课程·教材·教法,2015(01)：102—107.

［45］核心素养研究课题组.中国学生发展核心素养［J］.中国教育学刊,2016(10)：1—3.

［46］郜舒竹.数学课程中"人为规定"的思想性［J］.课程·教材·教法,2018(09)：93—98.

［47］郜舒竹.鸡兔同笼问题中的辩证思维［J］.课程·教材·教法,2019(09)：88—93.

［48］中国社会科学院语言研究所词典编辑室.现代汉语词典（第 7 版）［M］.北京：商务印书馆,2019.

［49］［清］御制数理精蕴：下编卷一［M］.钦定四库全书子部.

［50］［唐］李淳风.孙子算经（卷下）［M］.武英殿聚珍版书本.

［51］瀚堂典藏.子部集成·科学技术·数理化学·孙子算经·孙子算经（宋刻本）·卷下［EB/OL］. http://www.hytung.cn/.

［52］Anna O. Graeber & Dina Tirosh. Insights Fourth and Fifth Graders Bring to Multiplication and Division with Decimals ［J］. *Educational Studies in Mathematics*, 1990, 21(06)：565—588.

［53］Ann Dowker. Computational Estimation Strategies of Professional Mathematicians ［J］. *Research in Mathematics Education*, 1992, 23(01)：45—55.

［54］Augustus De Morgan. *The Connection of Number and Magnitude: An Attempt to Explain the Fifth Book of Euclid*［M］. London：Taylor and Walton, 1836.

［55］Augustus De Morgan. *The Elements of Algebra* (2nd ed)［M］. London：Taylor and Walton, 1837.

［56］Augustus De Morgan. *The Elements of Arithmetic* (2nd ed)［M］. London：Taylor and Walton, 2008.

［57］Barrow. *Euclid's Elements*［M］. London：W. Redmayne, 1714.

［58］Bhascara Achary. *A Treatise on Arithmetic and Geometry*［M］. Bombay：Samurl Rans, 1816.

［59］C. D. Langford. Problem［J］. *The Mathematical Gazette*, 1958(42)：228.

［60］C. Louis & Karpinski. Two Twelfth Century Algorisms［J］. *Isis*, 1921, 3(03)：

396—413.

[61] César Sáenz. The Role of Contextual, Conceptual and Procedural Knowledge in Activating Mathematical Competencies (PISA)[J]. *Educational Studies in Mathematics*, 2009, 71(02): 123—143.

[62] David Eugene Smith. *History of Mathematics*[M]. Volume Ⅱ. Boston, New York: Ginn and Company, 1925.

[63] Deborah R. Levine. Strategy Use and Estimation Ability of College Students [J]. *Research in Mathematics Education*, 1982, 13(05): 350—359.

[64] Dorothy Rice. History of π (or PI)[J]. *Mathematics News Letter*, 1928, 2(05): 6—8.

[65] Education Development Center. *Think Math, Student Work Text, Lesson Activity*[M]. Chicago: Harcourt School Publishers, 2009.

[66] Elias Loomis. *Elements of Analytical Geometry and of the Differential and Integral Calculus* (9th ed)[M]. New York: Harper & Brothers Publishers, 1851.

[67] F. J. Van Den Brink. Numbers in Contextual Frame Works[J]. *Educational Studies in Mathematics*, 1984, 15(03): 239—257.

[68] George Lakoff. *Women, Fire, and Dangerous Things. What Categories Reveal about the Mind*[M]. Chicago and London: The University of Chicago Press, 1987.

[69] George Peacock. *A Treatise on Algebra*[M]. Volume I. London: Cambridge University Press, 1830.

[70] Gérard Vergnaud. Cognitive and Developmental Psychology and Research in Mathematics Education: Some Theoretical and Methodological Issues[J]. *The Learning of Mathematics*, 1982, 3(02): 31—41.

[71] Irving Tallman, Robert K. Leik, Louis N. Gray & Mark C. Stafford. A Theory of Problem-Solving Behavior[J]. *Social Psychology Quarterly*, 1993, 56(03): 157—177.

[72] Isaac Newton. *The Method of Fluxions and Infinite Series with Its Application to the Geometry of Curve-lines*[M]. London: Henry Woodfall, 1736.

[73] Jennifer Suggate, Andrew Davis & Maria Goulding. *Mathematical Knowledge*

for Primary Teachers (5th ed)[M]. London: Routledge, 2017.

[74] J.M. Wilson. *Elementary Geometry*[M]. London and Cambridge: Macmillan and Company, 1868.

[75] L. E. Dickson. Perfect and Amicable Numbers[J]. *The Scientific Monthly*, 1921, 12(04): 349—354.

[76] Margaret Rathouz. Visualizing Decimal Multiplication With Area Models: Opportunities and Challenges[J]. *IUMPST*: 2011(08): 2.

[77] Marilyn Carlson, Sally Jacobs, Edward Coe, Sean Larsen and Eric Hsu. Applying Covariational Reasoning While Modeling Dynamic Events: A Framework and a Study [J]. *Research in Mathematics Education*, 2002, 33(05): 352—378.

[78] Martin Gardner. *Entertaining Mathematical Puzzles* [M]. New York: Dover Publications, 1986.

[79] Martin Gardner. *Mathematical Magic Show: More Puzzles, Games, Diversions, Illusions & Other Mathematical Sleight-of-Mind from Scientific American* [M]. New York: Vintage Books, 1978.

[80] Martin Levey. Abraham Savasorda and His Algorism: A Study in Early European Logistic[J]. *Osiris*, 1954(11): 50—64.

[81] Mathematical Association of America. S. T. S. On the Nature of Mathematical Reasoning[J]. *Mathematics News Letter*, 1929, 3(06): 1—3.

[82] M. A. Todhunter. *A History of the Mathematical Theory of Probability from The Time of Pascal to that of Laplace*[M]. London and Cambridge: Macmillan and Company, 1865.

[83] Nigel J.T. Thomas. Mental Imagery[EB/OL]. (2014 - 09 - 12)[2019 - 08 - 26], https://plato.stanford.edu/index.html.

[84] N. Rheta, Rubenstein & K. Schwartz Randy. Circles Around, About, Across, & Through[J]. *Math Horizons*, 2003, 11(02): 20—23.

[85] OECD. The Definition and Selection of Key Competencies: Executive Summary [EB/OL]. (2005 - 05 - 27)[2019 - 12 - 30]. http://www.oecd.org/pisa/35070367.pdf, 2005 - 05 - 27.

[86] Patrick Thompson & Tommy Dreyfus . Integers as Transformations [J].

Research in Mathematics Education，1988，19(02)：115—133.

[87] Peter Beckmann. *A History of* π (*pi*) (2nd ed)[M]. Boulder, Colo：Golem Press，1971.

[88] Phares O'Daffer, Randall Charles, Thomas Cooney, John Dossey $\&$ Jane Schielack. *Mathematics for Elementary School Teachers* (4th ed)[M]. New York：Pearson Scott Foresman，2008.

[89] P. L. McLaren . Classroom Symbols and the Ritual Dimensions of Schooling [J]. *Anthropologica* (*New Series*)，1985，27(1/2)：161—189.

[90] P. R. Lloyd. Letter to editor[J]. *The Mathematical Gazette*，1971，55(391)：73.

[91] Robert E. Reys, James F. Rybolt, Barbara J. Bestgen $\&$ J. Wendell Wyatt. Processes Used by Good Computational Estimators[J]. *Research in Mathematics Education*，1982，13(03)：183—201.

[92] Robert I. Wise. The Use of Objectives in Curriculum Planning：A Critique of Planning by Objectives [J]. *Curriculum Theory Network*，1976，5 (04)：280—289.

[93] R. Steele. *The Earliest Arithmetics in English*[M]. Oxford：Oxford University Press，1923.

[94] Russell Jay Hendel. Proof without Words：Area of a Disk Is πR^2 [J]. *Mathematics Magazine*，1990，63(03)：188.

[95] S. G. Tollemache Heatly, ESQ[J]. *The Asiatic Society of Bengal*，1842，14 (01)：230.

[96] Sir Thomas Heath. *A History of Greek Mathematics*[M]. Volume 2. NewYork：Dover Publications，1981.

[97] Smith David Eugene, Mikami Yoshio. *A History of Japanese Mathematics* [M]. Chicago：The Open Court Publishing Company,1914.

[98] T. A. Romberg $\&$ C. D. Grouws. A. Learning to Add and Subtract[J]. *Research in Mathematics Education*. Monograph，1987(02)：itvii—viii，1—178.

[99] Thomas Taylor. *Theoretical Arithmetic*[M]. London：A. J. Valpy，1816.

[100] V. J. McGill $\&$ W. T. Parry. The Unity of Opposites：A Dialectical Principle [J]. *Science* $\&$ *Society*，1948，12(04)：418—444.